FORUM
ARBEITS- UND SOZIALRECHT

Herausgegeben von
Prof. Dr. Meinhard Heinze und Prof. Dr. Horst Konzen

Band 17

Die Koordinierung der Leistungen der sozialen Pflegeversicherung in der Europäischen Union

Barbara Schneider

Centaurus Verlag & Media UG 2003

Die Autorin, geb. 1974, studierte Rechtswissenschaft an der Universität Bonn und absolvierte am Europa-Kolleg Hamburg und an der Universität Hamburg einen Ergänzungsstudiengang zur Europäischen Integration mit Abschluss zur Magistra Legum (LL.M. Eur.). Sie promovierte 2002 an der Universität Bonn und ist derzeit als Richterin am Sozialgericht Duisburg tätig.

Bibliographische Information der Deutschen Bibliothek

Schneider, Barbara:
Die Koordinierung der Leistungen der sozialen
Pflegeversicherung in der Europäischen Union /
Barbara Schneider. - Herbolzheim : Centaurus-Verl., 2003
  (Forum Arbeits- und Sozialrecht; Bd. 17)
  Zugl.: Bonn, Univ., Diss., 2002
  ISBN 978-3-8255-0423-6   ISBN 978-3-86226-365-3 (eBook)
  DOI 10.1007/978-3-86226-365-3

ISSN 0936-028X

Alle Rechte, insbesondere das Recht der Vervielfältigung und Verbreitung sowie der Übersetzung, vorbehalten. Kein Teil des Werkes darf in irgendeiner Form (durch Fotokopie, Mikrofilm oder ein anderes Verfahren) ohne schriftliche Genehmigung des Verlages reproduziert oder unter Verwendung elektronischer Systeme verarbeitet, vervielfältigt oder verbreitet werden.

© *CENTAURUS Verlags-Gmbh & Co KG, Herbolzheim 2003*

Umschlaggestaltung: DTP-STUDIO, Antje Walter, Hinterzarten
Satz: Vorlage der Autorin

Meinen Eltern

Vorwort

Die vorliegende Arbeit wurde im Wintersemester 2002/2003 von der Rechts- und Staatswissenschaftlichen Fakultät der Rheinischen Friedrich-Wilhelms-Universität Bonn als Dissertation angenommen. Rechtsprechung und Literatur sind für die Veröffentlichung bis Januar 2003 berücksichtigt.

Meinem verehrten Doktorvater Herrn Prof. Dr. Meinhard Heinze gilt mein Dank für die wohlwollende Begleitung der Arbeit und dafür, dass er die Veröffentlichung in der Schriftenreihe "Forum Arbeits- und Sozialrecht" befürwortet hat. Für die Aufnahme der Arbeit in die vorliegende Reihe bedanke ich mich auch bei dem Mitherausgeber Prof. Dr. Horst Konzen. Herrn Prof. Dr. Raimund Waltermann danke ich für die zügige Erstellung des Zweitgutachtens.

Darüber hinaus bedanke ich mich recht herzlich bei Herrn Prof. Dr. Richard Giesen, der mich bei der Auswahl des Themas beraten hat, und bei Herrn Dr. Oliver Ricken für die Hilfe während des Promotionsverfahrens.

Frau Verena Jost und Frau Richterin Ulrike Harrjes danke ich sehr für ihre Unterstützung.
   Besonders herzlich bedanke ich mich bei Herrn Rechtsanwalt Dr. Joachim Tebben, LL.M.. Seine wertvollen Anregungen, Korrekturen und sein großes Interesse an der vorliegenden Arbeit haben ganz wesentlich zu ihrem Gelingen beigetragen.

Die Arbeit ist meinen Eltern gewidmet, in Liebe und Dankbarkeit.

Düsseldorf, im März 2003   *Barbara Schneider*

Inhaltsübersicht

Einleitung 13

§ 1 Leistungen der sozialen Pflegeversicherung und deren gemeinschaftsrechtliche Einordnung 17

    A. Grundzüge des Rechts der sozialen Pflegeversicherung 17
    B. Einordnung der Leistungen des SGB XI in die Koordinierungsvorschriften der VO 1408/71 28
    C. Gang der Darstellung 39

§ 2 Die Rechtsstellung des Pflegebedürftigen - Beschäftigte 43

    A. Zusammenrechnung von Versicherungszeiten 43
    B. Prinzip der aushelfenden Sachleistungsgewährung 46
    C. Export von Pflegegeld 109

§ 3 Die Rechtsstellung des Pflegebedürftigen - Rentenberechtigte 114

    A. Zusammenrechnung von Versicherungszeiten 114
    B. Prinzip der aushelfenden Sachleistungsgewährung 115
    C. Export von Pflegegeld 117
    D. Blockade von Pflegeversicherungsansprüchen durch Krankenversicherungansprüche 118

§ 4 Auswirkungen auf die Versicherer 124

    A. Zusammenrechnung von Versicherungszeiten 124
    B. Prinzip der aushelfenden Sachleistungsgewährung 127
    C. Export von Pflegegeld 129
    D. Exkurs: Pflegeversicherungsmonopol und EG-Vertrag 130

§ 5 Auswirkungen auf die Erbringer von Pflegeleistungen 139

    A. Vorgaben der Dienstleistungs- und Warenverkehrsfreiheit für die grenzüberschreitende Erbringung von Pflegeleistungen 140
    B. Vorgaben der Niederlassungsfreiheit 158

§ 6 Die Koordinierung de lege ferenda 161

    A. Bisherige Aktivitäten auf Gemeinschaftsebene 162
    B. Diskussionsstand in der Literatur 165
    C. Stellungnahme und eigener Lösungsvorschlag 172

§ 7 Zusammenfassung 180

Literaturverzeichnis 182

Inhaltsverzeichnis

Einleitung 13

§ 1 Leistungen der sozialen Pflegeversicherung und deren gemeinschaftsrechtliche Einordnung 17

- A. Grundzüge des Rechts der sozialen Pflegeversicherung 17
  - I. Strukturen des SGB XI 17
    1. Grundsätze 17
    2. Versicherungspflicht 18
    3. Leistungsberechtigung 19
    4. Leistungserbringung 19
    5. Finanzierung 20
  - II. Leistungsarten des SGB XI 21
    1. Leistungen bei häuslicher Pflege 22
    2. Leistungen der stationären Pflege 25
    3. Leistungen für Pflegepersonen 27
    4. Kostenerstattung 28
- B. Einordnung der Leistungen des SGB XI in die Koordinierungsvorschriften der VO 1408/71 28
  - I. Einordnung durch den Bundesgesetzgeber 29
  - II. Einordnung durch die Literatur 30
    1. Die Leistungen des SGB XI als Leistungen im Sinne von Art. 4 Abs. 1 VO 1408/71 31
    2. Das Pflegegeld als Geld- oder Sachleistung in Form des sog. Sachleistungssurrogats 32
  - III. Einordnung durch den EuGH 34
    1. Sachverhalt und Gang des Verfahrens 35
    2. Urteil 36
- C. Gang der Darstellung 39

§ 2 Die Rechtsstellung des Pflegebedürftigen - Beschäftigte 43

- A. Zusammenrechnung von Versicherungszeiten 43
  - I. Konsequenzen der Einordnung durch den EuGH 43
  - II. Primärrechtliche Beurteilung 45
- B. Prinzip der aushelfenden Sachleistungsgewährung 46
  - I. Konsequenzen der Einordnung durch den EuGH 48
    1. Mitgliedstaaten, die Sachleistungen bei Pflegebedürftigkeit vorsehen 50
    2. Mitgliedstaaten, die Sachleistungen bei Pflegebedürftigkeit nur sehr eingeschränkt vorsehen 54
    3. Mitgliedstaaten, die keine Sachleistungen bei Pflegebedürftigkeit vorsehen 56
  - II. Beurteilung anhand der primärrechtlichen Arbeitnehmerfreizügigkeit 61
    1. Anwendungsbereich der Arbeitnehmerfreizügigkeit 63
       - a. Begriff des Arbeitnehmers 65
         - aa. Arbeitnehmerbegriff im Sinne des Art. 39 EG 65

		bb.	Arbeitnehmerbegriff im Sinne des Art. 42 EG und im Sinne der VO 1408/71 66

- bb. Arbeitnehmerbegriff im Sinne des Art. 42 EG und im Sinne der VO 1408/71 66
- cc. Schnittmenge/Ergebnis 66
- b. Grenzüberschreitender Sachverhalt 68
- c. Ergebnis 72
- 2. Beeinträchtigung der Arbeitnehmerfreizügigkeit 73
  - a. Soziale Sicherheit als Arbeitsbedingung 73
  - b. Unmittelbare Diskriminierung aufgrund der Staatsangehörigkeit 73
    - aa. Benachteiligung durch Art. 19 Abs. 1 lit. a VO 1408/71: Bildung von Vergleichsgruppen 74
    - bb. Differenzierungskriterium 76
  - c. Mittelbare Diskriminierung 76
- 3. Rechtfertigung mittelbarer Diskriminierungen 79
  - a. Die Rechtsprechung des EuGH zur Rechtfertigung mittelbarer Diskriminierungen im Rahmen der Grundfreiheiten außer der Arbeitnehmerfreizügigkeit 79
  - b. Rechtfertigung mittelbarer Diskriminierungen im Rahmen der Arbeitnehmerfreizügigkeit 80
- 4. Rechtfertigung des Prinzips der aushelfenden Sachleistungsgewährung 81
  - a. Ziele 82
    - aa. Berücksichtigung der Eigenheiten der nationalen Systeme der sozialen Sicherheit und Praktikabilität 82
    - bb. Kostendämpfungsmaßnahmen der anderen Mitgliedstaaten 84
  - b. Verhältnismäßigkeit 85
    - aa. Legitimität der Ziele 85
    - bb. Geeignetheit 86
    - cc. Erforderlichkeit 86
    - dd. Angemessenheit 87
- 5. Vorläufiges Ergebnis: Primärrechtswidrigkeit 91
- 6. Zweckgerichtete Auslegung 91
  - a. Rechtsprechung des EuGH zu Art. 22 Abs. 1 lit. c VO 1408/71 in den Rechtssachen Decker und Kohll 92
    - aa. Sachverhalte 92
    - bb. Urteile 93
  - b. Übertragung der Grundgedanken der Rechtsprechung 95
  - c. Übertragung der Lösungsmöglichkeit der Rechtsprechung 96
  - d. Ausgestaltung 99
- 7. Ergebnis 103
- III. Beurteilung anhand der primärrechtlichen Niederlassungsfreiheit 103
  - 1. Anwendungsbereich der Niederlassungsfreiheit 104
  - 2. Beeinträchtigung der Niederlassungsfreiheit 105
  - 3. Ergebnis 106
- IV. Beurteilung anhand der primärrechtlichen Vorschriften über die Unionsbürgerschaft 106
  - 1. Unionsbürgerschaft, Art. 17 EG 106
  - 2. Recht auf Freizügigkeit, Art. 18 EG 107
  - 3. Bedeutung für die aufgeworfene Fragestellung 108
- V. Ergebnis 109
- C. Export von Pflegegeld 109

    I.   Konsequenzen der Einordnung durch den EuGH 109
    II. Primärrechtliche Beurteilung einer Anpassung der Höhe nach 111

§ 3 Die Rechtsstellung des Pflegebedürftigen - Rentenberechtigte 114

    A. Zusammenrechnung von Versicherungszeiten 114
    B. Prinzip der aushelfenden Sachleistungsgewährung 115
        I.   Konsequenzen der Einordnung durch den EuGH 115
        II. Beurteilung anhand der primärrechtlichen Arbeitnehmerfreizügigkeit und der
            Niederlassungsfreiheit 116
        III. Beurteilung anhand der primärrechtlichen Vorschriften über die
            Unionsbürgerschaft 117
    C. Export von Pflegegeld 117
    D. Blockade von Pflegeversicherungsansprüchen durch
        Krankenversicherungansprüche 118
        I.   Art. 27, 28 VO 1408/71 118
        II. Wohnsitz in einem Mitgliedstaat mit Einwohnersicherungssystem, Art. 28a
            VO 1408/71 120

§ 4 Auswirkungen auf die Versicherer 124

    A. Zusammenrechnung von Versicherungszeiten 124
        I.   Konsequenzen der Einordnung durch den EuGH 124
        II. Lösung 125
    B. Prinzip der aushelfenden Sachleistungsgewährung 127
        I.   Deutsche Pflegekasse als zuständiger Träger 127
        II. Deutsche Pflegekasse als aushelfender Träger bei gleichzeitiger primärer
            Leistungspflicht des Trägers eines Mitgliedstaats ohne Pflegeversicherung 128
    C. Export von Pflegegeld 129
    D. Exkurs: Pflegeversicherungsmonopol und EG-Vertrag 130
        I.   Maßstab Dienstleistungsfreiheit 131
        II. Maßstab Wettbewerbsregeln 132
        III. Gemeinsame Kriterien der Zulässigkeit 135
            1.   Sozialer Zweck der Pflegeversicherung 135
            2.   Grundsatz der Solidarität 136
            3.   Ergebnis 136
        IV. Verhältnismäßigkeit der Monopolstellung 137
        V.   Ergebnis 138

§ 5 Auswirkungen auf die Erbringer von Pflegeleistungen 139

    A. Vorgaben der Dienstleistungs- und Warenverkehrsfreiheit für die
        grenzüberschreitende Erbringung von Pflegeleistungen 140
        I.   Versorgung durch ambulante Pflegeeinrichtungen (Pflegedienste) 143
            1.   Geltung der Dienstleistungs- und Warenverkehrsfreiheit 143
            2.   Zulässigkeit von Beeinträchtigungen 145
                a.   Gesundheitsschutz durch Qualitätssicherung 146
                b.   Finanzielles Gleichgewicht des Systems der sozialen Sicherheit
                    (Kontrolle der Gesundheitskosten) - ausgewogene, allen
                    Versicherten offen stehende ärztliche und klinische Versorgung 148
        II. Versorgung in stationären Pflegeeinrichtungen (Pflegeheime) 151

    1. Gesundheitsschutz durch Qualitätssicherung..151
    2. Finanzielles Gleichgewicht des Systems der sozialen Sicherheit
     (Kontrolle der Gesundheitskosten) - ausgewogene, allen Versicherten
     offen stehende ärztliche und klinische Versorgung......................................152
  III. Versorgung mit Pflegehilfsmitteln und technischen Hilfen...................................155
  IV. Ergebnis..157
 B. Vorgaben der Niederlassungsfreiheit...158
  I. Begriff der Niederlassung...158
  II. Inhalt der Niederlassungsfreiheit..158
  III. Anwendung...159
  IV. Ergebnis..160

§ 6 Die Koordinierung de lege ferenda 161

 A. Bisherige Aktivitäten auf Gemeinschaftsebene 162
  I. Erste Ideen der EG-Kommission (1994) 163
  II. Vorschlag zur Aufhebung und Ersetzung der VO 1408/71 (1998/1999) 163
 B. Diskussionsstand in der Literatur... 165
  I. Form... 166
    1. Auslegung und Ergänzung der Koordinierungsvorschriften für
     Leistungen bei Krankheit 166
    2. Neues Kapitel zur Pflege 167
  II. Inhalt... 167
 C. Stellungnahme und eigener Lösungsvorschlag... 172
  I. Stellungnahme... 172
    1. Form 172
    2. Inhalt 173
  II. Eigener Lösungsvorschlag.. 175
    1. Inhalt der Vorschriften... 176
    2. Umsetzung.. 179

§ 7 Zusammenfassung... 180

Literaturverzeichnis 182

Einleitung

Die Pflegebedürftigkeit ist ein Risiko, das in Europa erst im letzten Jahrzehnt in den Vordergrund getreten ist und als vorsorgerelevant erkannt wurde. Grund dafür ist vor allem die Änderung der demographischen Strukturen, die einen deutlichen Zuwachs des Anteils der älteren Bevölkerung an der Gesamtbevölkerung bewirkt hat[1]. Mittlerweile sehen alle Staaten in der Europäischen Union (EU) Regelungen in ihren Sozialschutzsystemen vor, die Leistungen an Pflegebedürftige zum Inhalt haben[2]. Diese Regelungen sind jedoch in sehr unterschiedliche Sozialschutzsysteme eingegliedert, die von Mitgliedstaat zu Mitgliedstaat im Hinblick auf die Rechtsformen von Organisation und Finanzierung sowie auf die Funktionszusammenhänge innerhalb des jeweiligen Systems divergieren[3]. So gibt es einwohnerbezogene und beschäftigungsbezogene Sozialschutzsysteme, solche, die sich durch Beiträge finanzieren, die steuerfinanziert sind oder Elemente beider Finanzierungsformen vereinen[4]. Mit dieser Unterschiedlichkeit der Sozialschutzsysteme ist verbunden, dass die einzelnen Mitgliedstaaten auch bezogen auf das Sicherungsniveau und den Anteil der Sozialausgaben am Bruttoinlandsprodukt wesentlich voneinander abweichen[5].

Der Gemeinschaftsgesetzgeber hat auf die Vielfalt der nationalen Sozialschutzsysteme reagiert und erkannt, dass eine vollständige Verwirklichung des Binnenmarktes und insbesondere der Freizügigkeit der Arbeitnehmer ohne flankierende

---

[1] So auch in seinem Vorwort Sieveking, in: Sieveking (Hrsg.), Soziale Sicherung bei Pflegebedürftigkeit, S. 9. Zur Entwicklung des Begriffs der Pflegebedürftigkeit in der europaweiten und internationalen Terminologie und zu dessen Einbettung in die gesellschaftliche, sozialpolitische und sozialrechtliche Wahrnehmung vgl. nur Igl, in: Sieveking (Hrsg.), Soziale Sicherung bei Pflegebedürftigkeit, S. 19ff. Zur Überalterung der Gesellschaft (steigende Lebenserwartung bei sinkenden Geburtenraten) als Problem der Gesundheitspolitiken in Europa vgl. Schmid, Wohlfahrtsstaaten, S. 178f.; Becker, JZ 1997, S. 534 (534); Greisler, in: Hopp/Mehl (Hrsg.), Versicherungen in Europa, S. 583 (584/585). Nach dem Weissbuch der Kommission "Europäische Sozialpolitik - Ein zukunftsweisender Weg für die Union", KOM (94) 333 endg. vom 27. 07. 1994, VI Nr. 2 (S. 50) wird sich der Anteil der 60-jährigen bis zum Jahre 2010 von 20% 1990 auf 23% erhöhen, während der Anteil junger Menschen bis zu 20 Jahren im gleichen Zeitraum von 24% auf 21% zurückgehen wird.

[2] Siehe dazu ausführlich und im Einzelnen unten § 2 B I 1-3.

[3] Greber/Kahil-Wolff, ZIAS 2000, S. 1 (3).

[4] Haverkate/Huster, S. 44 (Rn. 18, 19).

[5] Siehe Tabelle bei Stahlberg, S. 26; Haack, KrV 1998, S. 235 (238); Haverkate/Huster, S. 43/44 (Rn. 17) mit dem Hinweis, dass gerade die Unterschiede im Sicherungsniveau im Zuge der Osterweiterung der Europäischen Union noch deutlicher hervortreten werden.

Maßnahmen zur Aufrechterhaltung erworbener Sozialrechtsansprüche nicht möglich ist. Der Erlass der Verordnung (EWG) 1408/71 vom 14. Juni 1971 über die Anwendung der Systeme der sozialen Sicherheit auf Arbeitnehmer und Selbständige sowie deren Familienangehörige, die innerhalb der Gemeinschaft zu- und abwandern[6], trägt dem Umstand Rechnung, dass der EG-Vertrag die Kompetenz für die Regelung der Sozialschutzsysteme bei den Mitgliedstaaten belassen und dem Gemeinschaftsgesetzgeber mit Art. 42 EG[7] lediglich eine Koordinierungsfunktion zugebilligt hat[8]. Ziel ist, dass die Vorschriften der Mitgliedstaaten über den internationalen Geltungsbereich ihrer Sozialrechte inhaltlich übereinstimmen[9]. Die VO

---

[6] ABl. EG Nr. L 149 v. 05. 07. 71, S. 2 - in der heute geltenden Fassung. Die Verordnung wird im weiteren Text mit VO 1408/71 abgekürzt. Sie hat die Verordnung Nr. 3 vom 25. September 1958 über die soziale Sicherheit der Wanderarbeitnehmer, ABl. EG v. 16. 12. 58, S. 561/58, ersetzt. Zur Bedeutung der Verordnung Nr. 3 für die Auslegung der VO 1408/71 siehe Holloway, S. 134f. Zur Durchführung der VO 1408/71 ist die Verordnung (EWG) Nr. 574/72 v. 21. 03. 72 ergangen, ABl. EG Nr. L 74 v. 27. 03. 72, S. 1, die ihrerseits die zur Durchführung der Verordnung Nr. 3 ergangene Verordnung Nr. 4, ABl. EG v. 16. 12. 58, S. 597/58, abgelöst hat. Sie wird im Folgenden durch VO 574/72 abgekürzt. Die VO 1408/71 und die VO 574/72 sind beide am 1. Oktober 1972 in Kraft getreten. Zur Einbeziehung der selbständig Erwerbstätigen siehe unten Fn. 388.

[7] Im Hinblick auf die Zitierweise der Europäischen Verträge in diesem Text sei auf die durch den EuGH zum 1. 5. 1999 neu eingeführte Zitierweise für die Bestimmungen der Verträge verwiesen. Danach werden bei Bezugnahme auf einen Artikel in der *nach* dem 1. 5. 1999 geltenden Fassung der Zahl des Artikels die zwei Buchstaben angefügt, die den jeweiligen Vertrag bezeichnen: EU für den Vertrag über die Europäische Union, EG für den EG-Vertrag. Dies wird in der vorliegenden Arbeit in der Regel der Fall sein. Wird hingegen auf einen Artikel in der *vor* dem 1. 5. 1999 geltenden Fassung Bezug genommen, wird der Zahl des Artikels in der dann geltenden Nummerierung die Angabe EG-Vertrag bzw. EU-Vertrag folgen. Darüber hinaus erhalten diese Artikel bei ihrer erstmaligen Nennung im Text einen Zusatz, in dem auf die entsprechende Bestimmung des jeweiligen Vertrags in der *nach* dem 1. 5. 1999 geltenden Fassung verwiesen wird und darauf, ob durch den Vertrag von Amsterdam eine Änderung des Wortlautes stattgefunden hat. Die *vor* dem 1. 5. 1999 geltende Fassung wird im Rahmen dieser Arbeit vor allem bei der Wiedergabe von Entscheidungen, die vor diesem Datum ergangen sind, relevant. Siehe zu der neuen Zitierweise auch den Überblick in EuZW 2000, S. 14/15.

[8] Zur Koordinierungsfunktion des freizügigkeitsspezifischen Sozialrechts: Weissbuch der Kommission der Europäischen Gemeinschaften über "Europäische Sozialpolitik - Ein zukunftsweisender Weg für die Union", KOM (94) 333 endg., vom 27. 07. 1994 IV., B - Soziale Sicherheit und Freizügigkeit, Nr. 8 (S. 39); Haverkate/Huster, S. 40 (Rn. 7 a. E.); Altmaier, in: Eichenhofer/Zuleeg (Hrsg.), Rechtsprechung des EuGH, S. 71 (75).

[9] Von einer "Vereinheitlichung des internationalen Sozialrechts der Mitgliedstaaten" spricht Eichenhofer, in: Hailbronner (Hrsg.), 30 Jahre Freizügigkeit, S. 75 (77); ders., SGb 1992, S. 573 (573); ders., in: Due/Lutter/Schwarze (Hrsg.), FS für Everling, S. 297 (299). Ebenso Wicke, EuroAS 1997, S. 74 (74); Devetzi, S. 164; Sesselmeier, S. 34 (42). Dazu, dass die Zielvorgabe des Art. 42 EG noch bei weitem nicht erreicht ist, siehe Schulte, SDSRV Bd. 36, S. 7 (21) unter Bezugnahme auf den früheren Art. 51 EWGV. Altmaier, in: Eichenhofer/Zuleeg

1408/71 koordiniert die Leistungen bei Eintritt der in Art. 4 Abs. 1 VO 1408/71 genannten Risiken Krankheit und Mutterschaft (lit. a), Invalidität (lit. b), Alter (lit. c), Tod (lit. d, f), Arbeitsunfall und Berufskrankheit (lit. e), Arbeitslosigkeit (lit. g) sowie die Familienleistungen (lit. h). Die Pflegebedürftigkeit ist als eigenständiges Risiko nicht erfasst. Bei der Erkennung neuer Risiken auf mitgliedstaatlicher Ebene und deren Eingliederung in das jeweilige nationale Sozialschutzsysteme stellt sich daher stets die Frage der "Passfähigkeit" in das gemeinschaftsrechtliche Koordinierungssystem. In der Rechtssache C-160/96 Manfred Molenaar, Barbara Fath-Molenaar gegen Allgemeine Ortskrankenkasse Baden-Württemberg hat der Gerichtshof der Europäischen Gemeinschaften (EuGH) in seinem Urteil vom 5. März 1998[10] eine Einordnung der Leistungen der deutschen sozialen Pflegeversicherung in die bestehende VO 1408/71 vorgenommen.

In der vorliegenden Arbeit soll deshalb, nach Darstellung der Grundzüge des Rechts der deutschen sozialen Pflegeversicherung[11] und deren gemeinschaftskoordinationsrechtlichen Behandlung durch den Bundesgesetzgeber[12] und die Literatur[13], zunächst das Urteil des EuGH in seinen wesentlichen Zügen wiedergegeben werden[14]. Im Anschluss werden die Folgen der von ihm vorgenommenen Einordnung für die an einem Pflegeverhältnis Beteiligten aufgezeigt und an den Vorgaben des primären Gemeinschaftsrechts beurteilt[15]. Die Untersuchung wird zeigen, dass nicht nur die Mitgliedstaaten bei der nationalen Absicherung neuer Risiken deren gemeinschaftsrechtliche Koordinierungsfähigkeit beachten müssen. Vielmehr muss auch der Gemeinschaftsgesetzgeber mit nationalen Entwicklungen mithalten, die Koordinierungssysteme mithin modern und zukunftsorientiert ausgestalten, ohne das Prinzip der Subsidiarität[16] zu verletzen[17]. Zum Ende der Arbeit werden dann

---

(Hrsg.), Rechtsprechung des EuGH, S. 71 (76) spricht in diesem Zusammenhang von der Koordinierung als einem dynamischen Prozess. Diese Formulierung findet sich auch im Weissbuch der Kommission der Europäischen Gemeinschaften über "Europäische Sozialpolitik - Ein zukunftsweisender Weg für die Union", KOM (94) 333 endg., vom 27. 07. 1994 IV., B - Soziale Sicherheit und Freizügigkeit, Nr. 8 (S. 39).

[10] EuGH, Urteil v. 5. März 1998, Rs. C-160/96 (Molenaar), Slg. 1998, I-843ff.
[11] Siehe § 1 A.
[12] Siehe § 1 B I.
[13] Siehe § 1 B II.
[14] Siehe § 1 B III.
[15] Siehe §§ 2-5.
[16] Zur uneingeschränkten Geltung des Subsidiaritätsprinzips im Bereich der europäischen Sozialpolitik und des europäischen Sozialrechts, siehe nur Heinze, in: Döring/Hauser (Hrsg.), Soziale Sicherheit in Gefahr, S. 183 (193ff.); ders., in: Anzinger/Wank (Hrsg.), FS für Wlotzke, S. 669 (672).
[17] Igl, in: Gitter/Schulin/Zacher (Hrsg.), FS für Krasney, S. 199 (204) weist darauf hin, dass sich aus den Entwicklungen und Veränderungen in der mitgliedstaatlichen Gesetzgebung zur sozialen Sicherheit unterschiedliche Probleme bei der gemeinschaftsweiten Koordinierung ergeben,

die bisher entwickelten Ansätze zur gemeinschaftsweiten Koordinierung der Leistungen bei Pflege diskutiert[18] und ein auf den gefundenen Ergebnissen beruhender eigener Lösungsvorschlag präsentiert[19].

---

dass aber manche ein Nachdenken über die Behelflichkeit der traditionellen Koordinierungsgrundsätze erfordern.
[18] Siehe § 6 A, B.
[19] Siehe § 6 C.

§ 1 Leistungen der sozialen Pflegeversicherung und deren gemeinschaftsrechtliche Einordnung

A. Grundzüge des Rechts der sozialen Pflegeversicherung

I. Strukturen des SGB XI

Die soziale Pflegeversicherung ist durch das Gesetz zur sozialen Absicherung des Risikos der Pflegebedürftigkeit (Pflegeversicherungsgesetz - PflegeVG) vom 26. Mai 1994[20] eingeführt worden und am 1. Januar 1995 als 11. Buch des Sozialgesetzbuches (SGB XI) in Kraft getreten. Die soziale Pflegeversicherung bildet damit neben der Arbeitslosen-, Kranken-, Renten- und Unfallversicherung den fünften Zweig der deutschen Sozialversicherung[21]. Träger der Pflegeversicherung sind gemäß § 46 Abs. 1 S. 1 SGB XI die Pflegekassen, die als rechtsfähige Körperschaften des öffentlichen Rechts bei den Krankenkassen errichtet werden, § 46 Abs. 1 S. 2 SGB XI.

1. Grundsätze

Die Allgemeinen Vorschriften im ersten Kapitel des SGB XI enthalten wesentliche Grundsätze, denen die Versorgung mit Pflegeleistungen unterliegt. § 3 S. 1 SGB XI statuiert den Vorrang der häuslichen Pflege vor den übrigen Pflegeleistungen, § 5 Abs. 1 SGB XI den Vorrang von Prävention und Rehabilitation vor der Pflege[22]. Die pflegerische Versorgung wird gemäß § 8 Abs. 1 SGB XI als gesamtgesellschaftliche Aufgabe begriffen, an deren Erfüllung die Länder, Kommunen,

---

[20] BGBl. I S. 1014.
[21] Vgl. nur Gitter/Schmitt, Sozialrecht, § 12, S. 102; Eichenhofer, Sozialrecht, S. 202 (Rn. 381); Traupe, NZS 1999, S. 89 (90).
[22] Die in § 5 Abs. 1 SGB XI genannten zuständigen Leistungsträger für Prävention und Rehabilitation sind in der Regel die Krankenkassen (vgl. z. B. §§ 11 Abs. 2 S. 1 und 2, 23 Abs. 1 Nr. 3, 107 Abs. 2 Nr. 1 lit. b SGB V). Zuständig für die Pflege bei Scheitern der Maßnahmen der Krankenkassen sind die strukturell und finanziell von den Krankenkassen getrennten Pflegekassen. Es ist fraglich, ob unter diesen Umständen der statuierte Vorrang effektiv verwirklicht werden kann, da die Krankenkassen nicht die Kosten bei Scheitern ihrer Vorsorgemaßnnmen tragen müssen und insofern nur ein begrenztes Interesse an der Vermeidung von Pflegefällen haben. Siehe dazu auch Igl/Stadelmann, in: Sieveking (Hrsg.), Soziale Sicherung bei Pflegebedürftigkeit, S. 37 (39).

Pflegeeinrichtungen, Pflegekassen und der Medizinische Dienst der Krankenversicherung (MDK) in Zusammenarbeit mitwirken, § 8 Abs. 2 S. 1 SGB XI. Leistungsanbieter sind die Träger der freien Wohlfahrtspflege, die öffentlichen und die privatgewerblichen Träger. Den privaten Trägern gebührt gemäß § 11 Abs. 2 S. 3 SGB XI vor den öffentlichen Trägern der Vorrang, damit sich Wettbewerb als zentrales Leistungserbringungskonzept verwirklicht[23].

2. Versicherungspflicht

Die Versicherungspflicht in der sozialen Pflegeversicherung folgt der Versicherung in der gesetzlichen Krankenversicherung, § 1 Abs. 2 S. 1 SGB XI. Freiwillig gesetzlich Krankenversicherte können sich aber bei Nachweis eines gleichwertigen privaten Schutzes gegen das Risiko der Pflegebedürftigkeit von der Versicherungspflicht befreien lassen, § 22 Abs. 1 S. 1 SGB XI[24].

Für Familienmitglieder ist gemäß § 25 SGB XI eine Familienversicherung vorgesehen. Im Gegensatz zum SGB V, dessen Vorschriften für die von der Versicherungspflicht in der gesetzlichen Krankenversicherung Freigestellten keine weitergehenden Regelungen enthalten, sieht das SGB XI für diejenigen, die von der Versicherungspflicht in der sozialen Pflegeversicherung freigestellt sind, vor, dass sie sich privat gegen das Risiko der Pflegebedürftigkeit versichern[25]. Insofern wird erstmals in einem Zweig der Sozialversicherung die neben der gesetzlichen Versicherung bestehende Privatversicherung voll mit einbezogen[26].

---

[23] Schäfer, in: Ruland/von Maydell/Papier (Hrsg.), FS für Zacher, S. 895 (901).
[24] Vgl. zu dem in dieser Regelung enthaltenen Wettbewerbselement durch die vom Gesetzgeber geschaffene Möglichkeit der Wahl zwischen den Systemen, Sahmer, NZS 1997, S. 260 (261). Für eine stärkere Markt- und Wettbewerbsorientierung der sozialen Sicherheit insgesamt zur Bewältigung der wachsenden Schere zwischen steigenden Leistungszielen und knapper werdenden Ressourcen: Wallerath, VSSR 1997, S. 215 (215/216); dazu auch van der Weijden, in: Hermans/Casparie/Paelinck (Hrsg.), Health Care in Europe, S. 51 (53). Zur Wettbewerbswirkung des bürgerlich-rechtlichen Vertragsmechanismus zwischen Krankenkasse und Leistungserbringer bei der Gewährung von Arznei-, Heil- und Hilfsmitteln, siehe Heinze, SDSRV Bd. 38, S. 69ff.
[25] Eichenhofer, Sozialrecht, S. 205 (Rn. 385), spricht von einem "Versicherungsobligatorium" und nicht von einer Versicherungspflicht, da bei einer Versicherungspflicht die Versicherung unmittelbar durch das Gesetz zustandekommt, der Adressat eines Versicherungsobligatoriums hingegen zur Herbeiführung des Versicherungsschutzes einen privatrechtlichen Versicherungsvertrag abschließen muss. Ders., in: Schulin (Hrsg.), HS-PV § 30 Rn. 84.
[26] Vgl. Schulin, in: Ruland/von Maydell/Papier (Hrsg.), FS für Zacher, S. 1029f., der u. a. mit dieser Neuerung seine These stützt, dass "die soziale Pflegeversicherung im Ergebnis mit vielen Grundprinzipien des überkommenen Sozialversicherungsrechts gebrochen hat, und zwar mit so vielen, daß man mit Fug und Recht von einem systemsprengenden Sozialversicherungsgesetz sprechen kann". Insgesamt sind auf diese Weise 98% der Bevölkerung von der Pflegepflicht-

3. Leistungsberechtigung

Leistungsberechtigt aus der sozialen Pflegeversicherung ist, wer pflegebedürftig im Sinne von § 14 Abs. 1 S. 1 SGB XI ist, d. h. wer wegen einer körperlichen, geistigen oder seelischen Krankheit oder Behinderung für die gewöhnlichen und regelmäßig wiederkehrenden Verrichtungen im Ablauf des täglichen Lebens auf Dauer, voraussichtlich für mindestens sechs Monate, in erheblichem Maße oder höherem Maße der Hilfe bedarf. Der Medizinische Dienst der Krankenversicherung (MDK) stellt den Grad der Pflegebedürftigkeit fest, § 18 Abs. 1 S. 1 SGB XI. Gemäß § 15 SGB XI wird zwischen erheblicher Pflegebedürftigkeit (Pflegestufe I, § 15 Abs. 1 S. 1 Nr. 1 SGB XI), Schwerpflegebedürftigkeit (Pflegestufe II, § 15 Abs. 1 S. 1 Nr. 2 SGB XI) und Schwerstpflegebedürftigkeit (Pflegestufe III, § 15 Abs. 1 S. 1 Nr. 3 SGB XI) unterschieden. Voraussetzung für den Bezug von Pflegeleistungen ist die Antragstellung durch die pflegebedürftige Person, § 33 Abs. 1 S. 1 SGB XI, sowie die Erfüllung der in § 33 Abs. 2 S. 1 SGB XI gestaffelten Vorversicherungszeiten.

Leistungsberechtigt sind neben den Pflegebedürftigen auch die Pflegenden. Sie erhalten unter den Voraussetzungen des § 19 S. 1 und 2 SGB XI Leistungen zur sozialen Sicherung, indem sie für die Dauer der Pflege in die Rentenversicherung einbezogen sind, unter dem Schutz der Unfallversicherung stehen und die Zeit der Pflege für die Arbeitsförderung wie eine beitragspflichtige Beschäftigung zählt, vgl. § 44 SGB XI.

4. Leistungserbringung

Die Pflegekassen schließen zur Sicherstellung der pflegerischen Versorgung mit Leistungserbringern Versorgungsverträge und Vergütungsvereinbarungen ab, vgl. §§ 12 Abs. 1 S. 1, 69 SGB XI. Hierin zeigt sich, dass die Leistungsgewährung in der sozialen Pflegeversicherung wie in der gesetzlichen Krankenversicherung vom Sachleistungsprinzip bestimmt wird: Die Kassen zahlen den Versicherten nicht Geld, damit diese sich die Leistungen beschaffen[27], sondern die Leistungen werden

---

versicherung umfasst. Im Rahmen einer Verfassungsbeschwerde wird zur Zeit geprüft, ob der Bundesgesetzgeber die Gesetzgebungskompetenz für die Einführung einer solchen Volksversicherung auch für die privat Krankenversicherten hatte und ob die Verpflichtung zum Abschluss gegen Art. 2 und Art. 3 GG verstößt; vgl. Bundesverfassungsgericht - Pressestelle: Pressemitteilung Nr. 83/2000 vom 20. Juni 2000 zur mündlichen Verhandlung des Ersten Senats am 4. Juli 2000 (http://www.bundesverfassungsgericht.de/cgi-bin/link.pl?presse). Zu den vor Einführung der Pflegeversicherung diskutierten Alternativmodellen für die private Pflegeversicherung, siehe Jäkel, in: Hopp/Mehl (Hrsg.), Versicherungen in Europa, S. 593 (594).

[27] So aber nach dem Kostenerstattungsprinzip, durch das den Kassen im Gegensatz zum Sachleistungsprinzip kein Versorgungs-, sondern ein Finanzierungsauftrag zukommt. Der Versicherte erkauft daher mit seinen Beiträgen auch keine Zuwendungs-, sondern eine Entschuldungsgarantie; vgl. Heine, Arbeit und Sozialpolitik 9-10/97, S. 9 (20).

von den Kassen erbracht, allerdings nicht durch eigenes Personal[28], sondern durch rechtlich selbständige und ihnen gegenüber wirtschaftlich unabhängige Leistungserbringer[29]. Wichtigste Leistungserbringer sind die Pflegeeinrichtungen, die ambulant (Pflegedienste) oder (teil)stationär (Pflegeheime) Pflegeleistungen erbringen, § 71 Abs. 1 und 2 SGB XI. Daneben bieten aber auch einzelne Pflegefachkräfte ihr Leistungen an, § 77 SGB XI. Die Pflegekassen dürfen gemäß § 72 Abs. 1 S. 1 SGB XI nur durch die Leistungserbringer, mit denen Versorgungsverträge geschlossen wurden, Leistungen erbringen. Letztere unterliegen Wirtschaftlichkeits- und Wirksamkeitsprüfungen und müssen sich an vereinbarte Qualitätsgrundsätze und -maßstäbe halten, vgl. §§ 79, 80 SGB XI. Die Pflegekassen sind darüber hinaus bei Abschluss der Versorgungsverträge und Vergütungsvereinbarungen dem Grundsatz der Beitragssatzstabilität verpflichtet, demzufolge die Leistungsausgaben die Beitragseinnahmen nicht übersteigen dürfen[30].

5. Finanzierung

Das System des SGB XI zur *Finanzierung der Leistungserbringer* folgt vier Grundsätzen. Der Grundsatz der dualen Finanzierung sieht vor, dass die Finanzierungszuständigkeit zwischen den Pflegekassen, die gemäß § 82 Abs. 1 S. 1 und 2 SGB XI die Pflegevergütung tragen, und den Ländern, denen die Förderung der Investitionsaufwendungen der Pflegeeinrichtungen gemäß § 82 Abs. 2 und 3 SGB XI obliegt, aufgeteilt ist[31]. Für die allgemeinen Pflegeleistungen[32] gilt der Grundsatz der leistungsgerechten Vergütung, § 82 Abs. 1 S. 1 Nr. 1 SGB XI, für die stationären Pflegeleistungen gilt darüber hinaus der des prospektiven Vergütungssystems, d. h., dass die Vergütung im Vorhinein für einen künftigen Pflegesatzzeitraum vereinbart wird, § 85 Abs. 3 S. 1 SGB XI. Von der Pflegevergütung ausge-

---

[28] In diesem Fall würde es sich nicht um Kranken- bzw. Pflegekassen, sondern um Träger eines nationalen Gesundheitsdienstes handeln, vgl. zu dieser Unterscheidung Eichenhofer, Sozialrecht, S. 194 (Rn. 368).

[29] Zum Sachleistungsprinzip Eichenhofer, Sozialrecht, S. 58 (Rn. 106), S. 194 (Rn. 368); Becker, JZ 1997, S. 534 (541).

[30] § 70 Abs. 1 SGB XI. Nach § 70 Abs. 2 SGB XI führt der Verstoß einer Vergütungsvereinbarung gegen diesen Grundsatz zu ihrer Unwirksamkeit.

[31] Bei dieser Aufteilung tragen die Pflegekassen die Betriebskosten, die zur Finanzierung des laufenden Betriebs der Einrichtung verwendet werden sollen. Die landesrechtliche Förderung der Investitionsaufwendungen bezieht sich insbesondere auf die Kosten für Maßnahmen zur Herstellung, Instandhaltung oder Instandsetzung von Pflegeeinrichtungen; vgl. Igl, Pflegeversicherungsrecht, S. 113.

[32] Der Begriff der allgemeinen Pflegeleistungen ist in § 84 Abs. 4 S. 1 SGB XI legaldefiniert. Es sind "(...) alle für die Versorgung der Pflegebedürftigen nach Art und Schwere ihrer Pflegebedürftigkeit erforderlichen Pflegeleistungen der Pflegeeinrichtungen (...)".

schlossen sind die Kosten für Unterkunft und Verpflegung bei stationärer Pflege, § 82 Abs. 1 S. 3 SGB XI. Diese über die rein pflegebedingten Aufwendungen hinausgehenden Kosten trägt der Pflegebedürftige aus eigenen Mitteln oder, wenn diese nicht ausreichen, mit Unterstützung durch die Sozialhilfe[33].

Die *Finanzierung der Pflegeversicherung* erfolgt auf den ersten Blick durch das sozialversicherungsübliche Beitragssystem[34], wobei die Beiträge zwischen Arbeitgeber und Arbeitnehmer jeweils hälftig aufgeteilt sind, § 58 Abs. 1 S. 1 SGB XI. Der Arbeitgeberanteil wird allerdings durch Streichung eines gesetzlichen Feiertages, der immer auf einen Werktag fällt, kompensiert, § 58 Abs. 2 SGB XI, mit der Folge, dass die Finanzierung der Pflegeversicherung allein bei den Arbeitnehmern liegt[35].

Gemäß § 66 Abs. 1 SGB XI findet zwischen allen Pflegekassen ein Finanzausgleich durch einen beim Bundesversicherungsamt gebildeten Ausgleichsfonds statt.

II. Leistungsarten des SGB XI

Die Leistungen der sozialen Pflegeversicherung sind ausführlich im vierten Kapitel des SGB XI geregelt, erfahren jedoch auch schon im ersten Kapitel des SGB XI, den "Allgemeinen Vorschriften", eine erste grobe Unterteilung. Dort regelt § 4 Abs. 1 SGB XI unter anderem, dass sich die Leistungen der sozialen Pflegeversicherung in Dienst-, Sach- und Geldleistungen[36] gliedern lassen für den Bedarf an Grundpflege und hauswirtschaftlicher Versorgung und dass Kostenerstattung in den Fällen gewährt wird, in denen es das SGB XI vorsieht. § 28 Abs. 1 SGB XI im

---

[33] Trotz dieser Aufteilung, die eine Kostentragungspflicht der Pflegekasse für die sog. Hotelkosten nicht vorsieht, umfassen die von der Pflegekasse abgeschlossenen Leistungserbringungsverträge die pflegerischen Leistungen *und* die Hotelkosten, vgl. § 87 Abs.S. 1 SGB XI.

[34] Vgl. für die Arbeitslosenversicherung § 346 Abs. 1 S. 1 SGB III, für die Krankenversicherung § 249 Abs. 1 SGB V und für die Rentenversicherung § 168 Abs. 1 Nr. 1 SGB VI. In der gesetzlichen Unfallversicherung trägt der Arbeitgeber die Beiträge alleine, § 150 Abs. 1 S. 1 SGB VII.

[35] Nur im Bundesland Sachsen gibt es die Regelung der zur Hälfte von den Arbeitgebern getragenen Beitragslast bei der Pflegeversicherung nicht; damit entfällt auch die Streichung eines gesetzlichen Feiertags. Vgl. Bundesverfassungsgericht - Pressestelle: Pressemitteilung Nr. 83/2000 vom 20. Juni 2000 zur mündlichen Verhandlung des Ersten Senats am 4. Juli 2000 (http://www.bundesverfassungsgericht.de/cgi-bin/link.pl?presse).Becker, JZ 1997, S. 534 (535) sieht in der Verschiebung der Beitragslast, wie sie der Gesetzgeber im Hinblick auf die Pflegeversicherung eingeführt hat, auch eine Perspektive für die gesetzliche Krankenversicherung, um durch einen stärkeren Bezug zwischen Nachfrageverhalten und dessen Kosten die Eigenverantwortung der Versicherten zu stärken und damit steigende Gesundheitskosten zu vermeiden.

[36] Die Begriffe der Dienst-, Sach- und Geldleistung in diesem Zusammenhang entsprechen der Terminologie des SGB XI. Inwieweit Übereinstimmungen bzw. Divergenzen zur europarechtlichen Terminologie bestehen, wird in einem späteren Teil zu erörtern sein, vgl. § 1 B, C.

vierten Kapitel listet dann enumerativ die Leistungsarten auf, die die soziale Pflegeversicherung vorsieht, wobei die Nummern 1-9 Leistungen an die Pflegebedürftigen vorsehen, die Nummern 10 und 11 Leistungen für Pflegepersonen[37]. Die einzelnen Leistungen lassen sich in Gruppen zusammenfassen, die die folgenden, näher darzustellenden Bereiche ergeben: Leistungen bei häuslicher Pflege, Leistungen der stationären Pflege, die teilstationäre Pflege, Kurzzeitpflege und vollstationäre Pflege umfasst, Leistungen für Pflegepersonen und Kostenerstattung.

1. Leistungen bei häuslicher Pflege

Die Leistungen bei häuslicher Pflege gliedern sich in die Pflegesachleistung (§ 28 Abs. 1 Nr. 1 i.V.m. § 36 SGB XI), das Pflegegeld für selbstbeschaffte Pflegehilfen (§ 28 Abs. 1 Nr. 2 i.V.m. § 37 SGB XI), die Kombinationsleistung als Kombination von Geld- und Sachleistung (§ 28 Abs. 1 Nr. 3 i.V.m. § 38 SGB XI), die häusliche Pflege bei Verhinderung der Pflegeperson (§ 28 Abs. 1 Nr. 4 i.V.m. § 39 SGB XI) und in Pflegehilfsmittel und technische Hilfen (§ 28 Abs. 1 Nr. 5 i.V.m. § 40 SGB XI)[38].

Nach den Vorstellungen des Gesetzgebers handelt es sich bei der *Pflegesachleistung* um die Hauptleistung der sozialen Pflegeversicherung, der Vorrang zukommt sowohl vor den stationären Leistungen als auch vor dem Pflegegeld nach § 37 SGB XI[39]. Sie umfasst nach § 36 Abs. 1 SGB XI - sofern der Pflegebedürftige in seinem oder in einem anderen Haushalt untergebracht ist und dort der Pflege bedarf - Grundpflege und hauswirtschaftliche Versorgung, die als häusliche Pflegehilfe in § 36 Abs. 1 S. 1 SGB XI legaldefiniert ist. Unter einem Haushalt wird die private Lebens- und Wirtschaftsführung einer oder mehrerer Personen verstanden. Sowohl der eigene Haushalt des Pflegebedürftigen als auch ein fremder, in den er aufgenommen wurde und in dem er der Pflege bedarf, ebenso wie Wohnheime für alte Leute oder Behinderte unterfallen dem Haushaltsbegriff des SGB XI[40]. § 36 Abs. 2 SGB XI verweist zur Bestimmung der Inhalte von Grundpflege

---

[37] Zum Begriff der Pflegeperson und seiner Bedeutung siehe unten Fn. 41.
[38] Viertes Kapitel, dritter Abschnitt des SGB XI.
[39] BT-Drs. 12/5262, S. 111. Es hat sich allerdings herausgestellt, dass in der Praxis wesentlich häufiger das Pflegegeld nach § 37 SGB XI von Pflegebedürftigen in Anspruch genommen wird. Das Verhältnis der Empfänger von Pflegesachleistung und Pflegegeld (nur ambulant) beträgt 17% zu 83%, vgl. Arbeits- und Sozialstatistik des Statistischen Bundesamtes, Hauptergebnisse 1999, S. 209; Schäfer, in: Ruland/von Maydell/Papier (Hrsg.), FS für Zacher, S. 895 (908, Fn. 60).
[40] Schomburg/Schulz, Pflegeversicherungsgesetz, S. 86. Igl, Pflegeversicherungsrecht, S. 64 weist darauf hin, dass die Unterscheidung zwischen (eigener) Häuslichkeit und stationärer Versorgung oft nicht so eindeutig ist, wie es zunächst scheinen mag. Grund dafür sei die Differen-

und hauswirtschaftlicher Versorgung als Leistungssegmente der Pflegesachleistung auf die Hilfeleistung bei den in § 14 Abs. 1 und Abs. 4 SGB XI genannten gewöhnlichen und regelmäßig wiederkehrenden Verrichtungen im Ablauf des täglichen Lebens wie Körperpflege, Ernährung und Mobilität im Bereich der Grundpflege und das Einkaufen, Reinigen der Wohnung, Spülen, Wechseln und Waschen der Wäsche und Kleidung oder das Beheizen im Bereich der hauswirtschaftlichen Versorgung.

§ 36 Abs. 1 S. 2 SGB XI regelt die Leistungserbringung der häuslichen Pflegehilfe. Sie wird erbracht von geeigneten Pflegekräften[41], die entweder von der Pflegekasse selbst oder bei ambulanten Pflegeeinrichtungen, mit denen die Pflegekasse einen Versorgungsvertrag abgeschlossen hat, angestellt sind. Auch Einzelpersonen können die häusliche Pflegehilfe verrichten, sofern die Pflegekasse mit ihnen nach § 77 Abs. 1 SGB XI einen diesbezüglichen Vertrag geschlossen hat.

Der Wert der Pflegesachleistung umfasst je Kalendermonat in den Pflegestufen I/II/III 750/1800/2800 DM, § 36 Abs. 3 SGB XI. § 36 Abs. 4 SGB XI sieht für besonders gelagerte Einzelfälle mit außergewöhnlich hohem Pflegeaufwand Pflegeeinsätze bis zu 3750 DM monatlich vor, eine Ausnahmeregelung, die jedoch nicht von mehr als drei von Hundert der bei der einzelnen Pflegekasse versicherten Pflegebedürftigen der Pflegestufe III, die häuslich gepflegt werden, in Anspruch genommen werden darf[42].

§ 37 Abs. 1 SGB XI bestimmt, dass der Pflegebedürftige anstelle der häuslichen Pflegehilfe ein *Pflegegeld für selbstbeschaffte Pflegehilfen* beantragen kann. Das

---

ziertheit der Lebensweisen, die Zwischenformen hervorbringe, deren Einordnung Probleme schaffe.

[41] Das SGB XI differenziert zwischen den Begriffen Pflegekraft, Pflegeperson und Pflegehilfe. Pflegekräfte sind erwerbsmäßig in der Pflege tätig, entweder als Angestellte bei einer Pflegekasse oder einer Pflegeeinrichtung oder als Selbständige. Pflegepersonen sind gemäß § 19 S. 1 SGB XI die Personen, die nicht erwerbstätig einen Pflegebedürftigen im Sinne des § 14 in seiner häuslichen Umgebung pflegen. Für Pflegepersonen, die eine pflegebedürftige Person wenigstens 14 Stunden wöchentlich pflegen, gilt die Besonderheit des § 19 S. 2 i.V.m. § 44 SGB XI. Mit Trenk-Hinterberger, in: Wannagat, SGB XI, § 19 Rn. 4 wird hier davon ausgegangen, dass diese Definition für das gesamte SGB XI gilt mit Ausnahme der Vorschriften, deren Sinn und Zweck hinsichtlich des Verständnisses des Begriffs der Pflegeperson offensichtlich nach einer anderen Auslegung verlangen (siehe zu dem Fall des § 45 SGB XI als Beispiel einer solchen abweichenden Deutung unten § 1 A II 3.). Die in der Überschrift des § 37 SGB XI erwähnten selbst beschafften "Pflegehilfen" müssen als ein Überbegriff für die Tätigkeit sämtlicher Personen angesehen werden, die eine Pflege übernehmen. Das können professionelle Pflegekräfte sein oder Pflegepersonen im Sinne des § 19 SGB XI.

[42] Mit dieser Beschränkung wird eine Budgetierung auf der Leistungsseite eingeführt, die nach Schulin, in: Ruland/von Maydell/Papier (Hrsg.), FS für Zacher, S. 1029 (1042), zu einer weiteren Aufweichung des Grundsatzes führt, dass sich Gesundheitsleistungen nach dem objektiven Bedarf richten.

Pflegegeld soll dem Pflegebedürftigen die Möglichkeit geben, die erforderliche Grundpflege und hauswirtschaftliche Versorgung dem Umfang des Pflegegeldes entsprechend und in geeigneter Weise durch Angehörige, Nahestehende oder sonstige Pflegepersonen selbst sicherzustellen. Da das Pflegegeld monatlich in den Pflegestufen I/II/III lediglich 400/800/1300 DM und damit wesentlich weniger als der entsprechende Wert der Pflegesachleistung beträgt, ist es vor allem als Anreiz zur ehrenamtlichen Pflege konzipiert[43]. Zur Sicherung der Qualität der häuslichen Pflege, zur Hilfestellung und Beratung ist der Pflegebedürftige verpflichtet - je nach Pflegestufe in unterschiedlichen zeitlichen Abständen - einen Pflegeeinsatz durch eine Pflegeeinrichtung abzurufen, mit der die zuständige Pflegekasse einen Versorgungsvertrag abgeschlossen hat. Mit Einverständnis des Pflegebedürftigen werden die Ergebnisse des Einsatzes an die Pflegekasse weitergegeben. Diese trägt nach § 37 Abs. 3 S. 3 SGB XI auch die Kosten des abgerufenen Einsatzes[44]. Hält sich der Pflegebedürftige nicht an das regelmäßige Abrufen eines Pflegeeinsatzes bzw. erteilt er sein Einverständnis zur Mitteilung der Ergebnisse an die Pflegekasse nicht, wird ihm das Pflegegeld nach § 37 Abs. 3 S. 7 SGB XI gekürzt und im Wiederholungsfall entzogen[45].

§ 38 SGB XI regelt die Möglichkeit, dass der Versicherte eine *Kombination von Geld- und Sachleistung (Kombinationsleistung)* in Anspruch nimmt. Eine solche Form der Leistungsgewährung kommt nach § 38 S. 1 SGB XI dann in Betracht, wenn der Pflegebedürftige die ihm nach § 36 Abs. 3 SGB XI zustehende Sachleistung innerhalb der für ihn zutreffenden Pflegestufe nicht in ihrem Gesamtwert ausschöpft. Der verbleibende Rest wird durch Zahlung von Pflegegeld im jeweiligen Verhältnis abgegolten[46]. Nach § 38 S. 3 SGB XI ist der Pflegebedürftige für sechs Monate an seine Entscheidung gebunden, in welchem Verhältnis er Sach- und Geldleistung der Pflegeversicherung in Anspruch nehmen will.

§ 39 SGB XI regelt die *häusliche Pflege bei Verhinderung der Pflegeperson*, die sogenannte Verhinderungspflege. Pflegepersonen im Sinne des § 19 SGB XI, die wegen Krankheit oder Erholungsurlaubs ihre Pflegetätigkeit unterbrechen, werden von der zuständigen Pflegekasse für einen Zeitraum von höchstens vier Wochen im

---

[43] Siehe Kukla, KrV 1998, S. 45 (45).
[44] Diese Regelung zur Kostentragung beruht auf dem 4. SGB XI-ÄndG vom 21. 7. 1999 (BGBl. I S. 1656), das mit Wirkung ab dem 1. 8. 1999 die Kosten der Pflegeeinsätze den Pflegekassen (bzw. den privaten, die Pflegeversicherung betreibenden Versicherungsunternehmen) übertragen hat. Zuvor gingen die Pflegeeinsätze zu Lasten des Pflegebedürftigen.
[45] A. A. zu den Konsequenzen der Nichteinhaltung der gesetzlichen Vorgaben trotz eindeutigen Wortlauts offenbar: Igl, Pflegeversicherungsrecht, S. 66.
[46] Der verbleibende Rest darf aus Gründen der Verwaltungspraktikabilität nicht nur geringfügig sein; siehe Marschner, PflegeVG, § 38 Rn. 6.

Jahr ersetzt[47]. Mit dieser Bestimmung trägt der Gesetzgeber dem Umstand Rechnung, dass die durch den Pflegebedürftigen bei Pflegegeldbezug nach § 37 SGB XI selbstbeschafften Pflegepersonen durch die Pflege erheblichen physischen und psychischen Belastungen ausgesetzt sind und es für den Pflegebedürftigen in der Regel schwierig sein wird, vorübergehend eine Ersatzpflege zu finden[48].

Gemäß § 40 Abs. 1 S. 1 SGB XI haben Pflegebedürftige Anspruch auf Versorgung mit Pflegehilfsmitteln. Pflegehilfsmittel in diesem Sinne umfassen *zum Verbrauch bestimmte Hilfsmittel* gemäß § 40 Abs. 2 SGB XI, wie z. B. Desinfektionsmittel, Einmalhandschuhe und ähnliche nicht wiederverwendbare Artikel[49], sowie *technische Hilfsmittel*, § 40 Abs. 3 SGB XI, die den in § 40 Abs. 1 S. 1 SGB XI aufgeführten Zielen der Erleichterung der Pflege, der Linderung der Beschwerden des Pflegebedürftigen oder einer selbständigen Lebensführung dienen und nicht den zum Verbrauch bestimmten Hilfsmitteln zugeordnet werden können[50]. Soweit kein anderer Sozialleistungsträger (ausgenommen sind solche, die Leistungen nach sozialhilferechtlichen Prinzipien gewähren) vorrangig zuständig ist[51], können die Pflegekassen gemäß § 40 Abs. 4 SGB XI Zuschüsse zu Maßnahmen zur Verbesserung des individuellen Wohnumfeldes gewähren. § 40 Abs. 5 SGB XI ordnet die Erstellung eines Pflegehilfsmittelverzeichnisses durch Rechtsverordnung an.

2. Leistungen der stationären Pflege

Kann die häusliche Pflege durch ambulante Leistungen[52] nicht in ausreichendem Maße sichergestellt werden, besteht für den Pflegebedürftigen nach § 41 Abs. 1 SGB XI die Möglichkeit, *teilstationäre Pflege* in Einrichtungen der Tages- oder Nachtpflege in Anspruch zu nehmen[53]. Sie ist gemäß § 3 S. 2 SGB XI vorrangig vor der vollstationären Pflege. In Betracht kommt die teilstationäre Pflege insbesondere bei einer kurzfristigen Verschlimmerung der Pflegebedürftigkeit dann,

---

[47] Schomburg, in: Brackmann, Handbuch der Sozialversicherung 1/3, Zehnter Teil, Kap. 3-43, 2.4 hält § 39 SGB XI auch bei Verhinderung einer professionellen Pflegekraft nach § 36 Abs. 1 S. 4 SGB XI, mit der die Pflegekasse einen Einzelvertrag nach § 77 SGB XI geschlossen hat, für anwendbar.
[48] Marschner, PflegeVG, § 39 Rn. 1; Maydam, in: Wannagat, SGB XI, § 39 Rn. 3; Udsching, SGB XI, 2. Auflage, § 39 Rn. 2; Vollmer, Pflege-Handbuch, Band 1, § 39, 39 A 02, S. 2.
[49] Vgl. Igl, Pflegeversicherungsrecht, S. 75. Siehe auch bei Dalichau/Grüner/Müller-Alten, SGB XI, § 40 I, 3 die Hinweise im gemeinsamen Rundschreiben der Spitzenverbände der Krankenkassen zu den leistungsrechtlichen Vorschriften des PflegeVG vom 28. 10. 1996, 6.1 Abs. 1.
[50] Marschner, PflegeVG, § 40 Rn. 15; Krauskopf-Krauskopf, SozKV, § 40 SGB XI Rn. 6.
[51] Bedeutung von "subsidiär", § 40 Abs. 4 S. 1 SGB XI; vgl. Marschner, § 40 Rn. 29.
[52] Siehe dazu oben § 1 A II 1.
[53] Legaldefinition der teilstationären Pflege in § 71 Abs. 2 Nr. 2, 2. Alt. SGB XI.

wenn der Pflegeperson eine Erwerbstätigkeit in Teilzeitarbeit ermöglicht werden soll oder die ständige Beaufsichtigung des Pflegebedürftigen nur stundenweise am Tag erforderlich ist[54]. Der Leistungsumfang ist gemäß § 41 Abs. 2 SGB XI in den Pflegestufen I/II/III auf 750/1800/2800 DM begrenzt. Wird der jeweilige Höchstwert der Sachleistung nicht ausgeschöpft, erhält der Pflegebedürftige gemäß § 41 Abs. 3 SGB XI ein anteiliges Pflegegeld. Die teilstationäre Pflege kann auch neben der ambulanten Pflegesachleistung nach § 36 SGB XI oder der Kombinationsleistung nach § 38 SGB XI gewährt werden, solange der Gesamtwert der beanspruchten Leistungsarten die in § 36 Abs. 3 SGB XI festgelegte Obergrenze der jeweiligen Pflegestufe nicht übersteigt.

Die *Kurzzeitpflege* gemäß § 42 SGB XI ist eine besondere Form der vollstationären Pflege. Der Anspruch beschränkt sich gemäß § 42 Abs. 1 Nr. 1 und Nr. 2 SGB XI auf eine Übergangszeit im Anschluss an eine stationäre Behandlung des Pflegebedürftigen oder auf sonstige Krisensituationen, in denen vorübergehend häusliche oder teilstationäre Pflege nicht möglich oder nicht ausreichend ist. Insgesamt besteht der Anspruch auf Kurzzeitpflege für vier Wochen pro Kalenderjahr, § 42 Abs. 2 S. 1 SGB XI.

Als weitere Pflegeformen kommen die *vollstationäre Pflege*, § 43 SGB XI, und die *Pflege in vollstationären Einrichtungen der Behindertenhilfe*, § 43a SGB XI, in Betracht.

Die vollstationäre Pflege gemäß § 43 SGB XI wird in stationären Pflegeeinrichtungen (Pflegeheimen, § 71 Abs. 2 SGB XI) erbracht. Sie ist nachrangig hinter häuslicher und teilstationärer Pflege, §§ 3 Abs. 2, 43 Abs. 1 SGB XI. Nach § 43 Abs. 2 SGB XI übernimmt die Pflegekasse die pflegebedingten Aufwendungen und die der sozialen Betreuung[55]. Gemäß § 82 Abs. 1 S. 3 SGB XI hat der Pflegebedürftige für Unterkunft und Verpflegung selbst aufzukommen. Die von der Pflegekasse zu übernehmenden Aufwendungen sind in zweifacher Hinsicht begrenzt. Zunächst ist in § 43 Abs. 2 S. 1 SGB XI ein monatlicher Gesamtbetrag je Pflegebedürftigen festgelegt, der - außer in den in § 43 Abs. 3 SGB XI geregelten Ausnahmefällen bei außergewöhnlich hohem und intensivem Pflegeaufwand - nicht überschritten werden darf und dessen Leistungshöhe nicht fest gegliedert ist in die einzelnen Pflegestufen[56]. Außerdem muss die Pflegekasse einen jährlichen Durchschnittsbetrag

---

[54] Marschner, PflegeVG, § 41 Rn. 3.
[55] Bis zum 31. 12. 1999 wurden zusätzlich die Aufwendungen für Leistungen der medizinischen Behandlungspflege von den Pflegekassen übernommen, Art. 43 Abs. 2 S. 1 SGB XI.
[56] Eine Untergliederung der Leistungshöhe nach Pflegestufen war gemäß § 43 Abs. 5 SGB XI jedoch noch bis zum 31. 12. 1999 in Abweichung von der Regel des § 43 Abs. 2 S. 1, Abs. 3 S. 1 SGB XI vorgesehen.

einhalten, der für jeden bei ihr versicherten stationär Pflegebedürftigen ausgegeben werden darf. Pflegebedürftige, die die vollstationäre Pflege wählen, obwohl die Pflegekasse eine solche nicht für erforderlich hält, beziehen nach § 43 Abs. 4 SGB XI als Zuschuss den Betrag, der für ihre jeweilige Pflegestufe gemäß § 36 Abs. 3 SGB XI als Pflegesachleistung innerhalb der häuslichen Pflege gewährt wird.

Die Vorschrift des § 43a SGB XI sieht eine Leistungspflicht der Pflegekasse für vollstationär betreute Behinderte vor. Ein Leistungsanspruch ist nach § 43a SGB XI dann gegeben, wenn zum einen beim Versicherten mindestens die Voraussetzungen der Pflegestufe I erfüllt sind (vgl. mit ausdrücklichem Bezug auf § 43a SGB XI: § 15 Abs. 1 UAbs. 2 SGB XI). Zum anderen muss die vollstationäre Einrichtung Eingliederungs-, Schulungs- bzw. Erziehungscharakter haben, § 43a S. 1 SGB XI. Sind beide Tatbestandsmerkmale erfüllt, übernimmt die Pflegekasse pauschaliert 10 % des nach Sozialhilferecht vereinbarten Heimentgelts, jedoch nicht mehr als 500 DM je Anspruchsberechtigten monatlich (§ 43a S. 1 und S. 2 SGB XI).

3. Leistungen für Pflegepersonen

Im vierten Abschnitt des vierten Kapitels des SGB XI sind Leistungen der Pflegeversicherung geregelt, die nicht unmittelbar dem Pflegebedürftigen zugute kommen, sondern vielmehr direkte Ansprüche der Pflegenden bzw. der an einer nichterwerbsmäßigen Pflegetätigkeit Interessierten (§ 45) beinhalten.

§ 44 SGB XI trifft Vorkehrungen im Hinblick auf die soziale Sicherung der Pflegepersonen. Die Vorschrift gilt nur für diejenigen Pflegepersonen im Sinne des § 19 SGB XI, die eine pflegebedürftige Person wenigstens 14 Stunden wöchentlich pflegen, § 19 S. 2 SGB XI. Darüber hinaus dürfen die Pflegepersonen gemäß § 44 Abs. 1 S. 1 SGB XI nicht mehr als dreißig Stunden wöchentlich erwerbstätig sein. Sind beide Voraussetzungen erfüllt, leistet der zuständige Träger der Pflegeversicherung (die Pflegekasse oder das private Versicherungsunternehmen, bei dem eine private Pflege-Pflichtversicherung besteht) Beiträge an die gesetzliche Rentenversicherung[57]. § 44 SGB XI bedingt als Einweisungsvorschrift in diesem Zusammenhang die Änderung der einschlägigen Vorschriften des Renten- und Unfallversicherungsrechts und des Arbeitsförderungsrechts zur Einbeziehung der Pflegepersonen in den jeweiligen sozialen Schutz[58].

§ 45 SGB XI ist mit "Pflegekurse für Angehörige und ehrenamtliche Pflegepersonen" überschrieben. Der Begriff der Pflegeperson ist im Hinblick auf den Inhalt der Vorschrift, insbesondere auf die Formulierung des § 45 Abs. 1 S. 1 SGB XI, gegenüber seiner Definition in § 19 S. 1 SGB XI erweiternd auszulegen. Umfasst

---

[57] Zu dem Problem von im Ausland lebenden Pflegepersonen, siehe Kukla, KrV 1998, S. 251 (253).
[58] Meydam, in: Wannagat, SGB XI, § 44 Rn. 3.

sind auch diejenigen, die noch nicht pflegen, sondern sich auf eine solche Tätigkeit vorbereiten[59]. Die Pflegekurse werden von den Pflegekassen unentgeltlich angeboten und dienen gemäß § 45 Abs. 1 S. 1 SGB XI einerseits der Förderung des sozialen Engagements im Bereich der Pflege andererseits der Verbesserung der Pflege und der Minderung der physischen und psychischen Belastungen der Pflegenden. Ziel soll es gemäß § 45 Abs. 1 S. 2 SGB XI sein, Fertigkeiten zu vermitteln, die eine eigenständige Durchführung der Pflege im privaten Bereich ermöglichen.

4. Kostenerstattung

Die Kostenerstattung als Alternative zu Dienst- und Sachleistungen wird von den Pflegekassen gemäß § 4 Abs. 1 SGB XI nur in den Fällen gewährt, in denen es das SGB XI vorsieht. Anwendungsfall ist § 91 Abs. 2 SGB XI. Nimmt ein Pflegebedürftiger zugelassene Pflegeeinrichtungen in Anspruch, mit denen die Pflegekasse keine vertragliche Regelung über die Pflegevergütung geschlossen hat, § 91 Abs. 1 i.V.m. §§ 85, 89 SGB XI, werden dem Pflegebedürftigen die von der Einrichtung in Rechnung gestellten Kosten der pflegebedingten Aufwendungen von der Pflegekasse ersetzt, jedoch nur bis zu einer Höhe von 80 % des Betrags, den die Pflegekasse im Einzelfall als Sachleistung hätte leisten müssen.

B. Einordnung der Leistungen des SGB XI in die Koordinierungsvorschriften der VO 1408/71

Bei Etablierung neuer sozialer Sicherungssysteme auf nationaler Ebene zum notwendigen zeitgemäßen Schutz vor neuen Risiken darf die Einordbarkeit in das gemeinschaftssozialrechtliche Koordinierungssystem nicht außer Acht gelassen werden. Die sozialrechtlichen Ansprüche, die in den einzelnen Mitgliedstaaten der EU erworben werden, erfahren durch die VO 1408/71 eine Abstimmung untereinander. Bei jedem neuen nationalen Sicherungssystem stellt sich die Frage, ob es in den sachlichen Anwendungsbereich der Verordnung fällt, also ein System der sozialen Sicherheit im Sinne des Art. 4 Abs. 1 VO 1408/71 darstellt. Es ist dann entscheidend, ob es sich einem der in Art. 4 Abs. 1 lit. a bis h VO 1408/71 aufgeführten Risiken zuordnen lässt. Werden beide Voraussetzungen bejaht, bedarf es einer Kategorisierung der einzelnen im nationalen Sicherungssystem vorgesehenen Leistungen in Geld- bzw. Sachleistungen im gemeinschaftsrechtlichen Sinne, weil die beiden Leistungsarten sowohl nach den allgemeinen als auch nach den risikobezogenen besonderen Vorschriften unterschiedliche Rechtsfolgen nach sich ziehen.

---

[59] Siehe zum Begriff der Pflegeperson gemäß § 19 S. 1 SGB XI die ausführlichen Erläuterungen in Fn. 41.

I. Einordnung durch den Bundesgesetzgeber

Mit § 34 Abs. 1 Nr. 1 SGB XI hat der deutsche Gesetzgeber eine international-sozialrechtliche Kollisionsnorm geschaffen für den Fall, dass sich ein aus der sozialen Pflegeversicherung Anspruchsberechtigter ins Ausland begibt: Der Anspruch auf Pflegeleistungen ruht, wenn der Aufenthalt im Ausland länger als sechs Wochen pro Kalenderjahr dauert[60]. Aus dem Begriff des Ruhens folgt, dass der Anspruch zwar weiterhin besteht, die dadurch vermittelten Leistungen aber bei Vorliegen der speziellen Tatbestände nicht eingefordert werden können[61]. In der Begründung zu dem Entwurf dieser Vorschrift[62] hat der deutsche Gesetzgeber Stellung genommen zu deren koordinationsrechtlicher Einordnung und Gemeinschaftsrechtskonformität. Er verweist im Hinblick auf den Sachleistungstransfer auf die entsprechenden Regelungen zur gesetzlichen Krankenversicherung, deren Leistungen grundsätzlich nicht im Ausland erbracht würden. Lediglich im EG-Ausland habe der Versicherte gegenüber dem dortigen Sozialleistungsträger Anspruch auf die nach dessen Sozialleistungssystem vorgesehenen Leistungen nach dem Prinzip der aushelfenden Sachleistungsgewährung. Damit bezieht sich der Gesetzgeber unter anderem auf die Regelungen der Art. 19 Abs. 1 lit. a, 22 Abs. 1 sublit. i VO 1408/71, die eben dieses Prinzip beinhalten. Diesen Weg der Koordinierung von Leistungen bei Krankheit überträgt der deutsche Gesetzgeber ohne weiteres auf die Leistungen bei Pflegebedürftigkeit. Daraus lassen sich die folgenden Schlussfolgerungen ziehen: Der deutsche Gesetzgeber hält die soziale Pflegeversicherung ebenso wie die gesetzliche Krankenversicherung für ein System der sozialen Sicherheit in dem gemeinschaftsrechtlichen Sinne des Art. 4 Abs. 1 VO 1408/71. Dass die Auflistung der koordinierten Risiken in Art. 4 Abs. 1 VO 1408/71 das Risiko der Pflegebedürftigkeit nicht enthält, wird nicht problematisiert. Vielmehr erfolgt durch die Anwendung der Vorschriften aus dem besonderen Kapitel der Verordnung zu Krankheit und Mutterschaft, Art. 18 ff. VO 1408/71, auf die Pflegebedürftigkeit deren Subsumtion unter das Risiko der Krankheit. Für das Pflegegeld ergibt sich keine andere Behandlung, da der deutsche Gesetzgeber das Pflegegeld, was die gemeinschaftsrechtliche Koordinierung anbelangt, nicht als Geldleistung im eigentlichen Sinne ansieht. Vielmehr sei es wegen seiner Zweckbindung, nämlich

---

[60] Wird der Zeitraum von sechs Wochen nicht überschritten, wird das Pflegegeld nach § 37 SGB XI oder anteiliges Pflegegeld nach § 38 SGB XI weitergewährt. Für die Pflegesachleistung gilt dies nur, wenn die Pflegekraft den Pflegebedürftigen ins Ausland begleitet, § 34 Abs. 1 Nr. 1 S. 3 SGB XI. Sieveking, ZAR 1997, S. 17 (20) hält diese pflegeversicherungsrechtliche Begrenzung des zulässigen vorübergehenden Aufenthalts auf sechs Wochen gerade im Hinblick auf ältere ausländische Migranten nicht für hinreichend sachlich begründet.
[61] Vgl. Schuldzinski, in: LPK-SGB XI, Art. 34 Rn. 4. Art. 34 Abs. 1 Nr. 2, Abs. 2 SGB XI enthalten noch weitere Ruhenstatbestände, die hier nicht von Bedeutung sind.
[62] BT-Drs. 12/5262, S. 82 und zu § 30, S. 110.

die Pflege durch eine selbstbeschaffte Pflegekraft sicherzustellen, nur ein Ersatz für die häusliche Pflegehilfe als Sachleistung und damit ein sogenanntes Sachleistungsurrogat[63].

Der Bundesgesetzgeber wendet demnach die Verordnungsvorschriften über die Koordinierung der Leistungen der einzelnen Mitgliedstaaten bei Krankheit unterschiedslos auf die Leistungen bei Pflegebedürftigkeit an. Das Risiko der Pflegebedürftigkeit wird für gemeinschaftsrechtliche Koordinierungszwecke dem Risiko der Krankheit gleichgestellt. Sachleistungen der Pflegeversicherung werden im Wege der aushelfenden Sachleistungsgewährung für Rechnung der deutschen Pflegekassen vom zuständigen Träger im Ausland gewährt, sofern dessen Leistungssystem auch die Pflege umfasst. Das Pflegegeld wird nicht exportiert, sondern wegen seines Charakters als Sachleistungssurrogat wie die eigentlichen Sachleistungen auch, vom ausländischen Träger durch Sachleistungsaushilfe für Rechnung der Pflegekassen gewährt. Das beschränkt die Kosten, die dem deutschen Leistungsträger im Hinblick auf das Pflegegeld entstehen können, gegenüber einem Export auf die Begleichung der Ausgaben der Mitgliedstaaten, die ebenfalls Pflegegeld als Leistung bereitstellen.

II. Einordnung durch die Literatur

Bis zur ersten Entscheidung des EuGH zur deutschen Pflegeversicherung[64] wurde die Einordnung des sogenannten fünften Zweiges der deutschen Sozialversicherung in die gemeinschaftsrechtliche Koordinierungsverordnung 1408/71 in der Literatur kontrovers diskutiert[65]. Von weitgehender Einigkeit ist auszugehen bezüglich der Charakterisierung der sozialen Pflegeversicherung als System der sozialen Sicher-

---

[63] Da der Wert des Pflegegeldes erheblich unter dem der Sachleistung liegt - für die Pflegestufe I beispielsweise beträgt der Wert der Pflegesachleistung bis zu DM 750,-, § 36 Abs. 3 Nr. 1 SGB XI, das Pflegegeld hingegen nur DM 400,-, § 37 Abs. 1 S. 3 Nr. 1 SGB XI -, sollte eher von einem teilweisen Sachleistungssurrogat gesprochen werden. So Peters-Lange, ZfSH/SGB 1996, S. 624 (626).

[64] EuGH, Urteil v. 5. März 1998, Rs. C-160/96 (Molenaar), Slg. 1998, I-843ff.

[65] Peters-Lange, ZfSH/SGB 1996, S. 624ff.; Krasney, SGb 1996, S. 253ff.; Klein, S. 48-84; Eichenhofer, VSSR 1994, S. 323ff.; ders., in: Schulin (Hrsg.), HS-PV § 30 Rn. 56ff.; Füßer, Arbeit- und Sozialpolitik 9-10/97, S. 30 (32ff.); Giesen, SGb 1994, S. 63ff.; Zuleeg, DVBl. 1997, S. 445ff.; Schötz, DAngVers 1995, S. 177ff.; Schirp, NJW 1996, S. 1582ff.; Meyering, BArBl. 1994, S. 58ff. Nach der Entscheidung dann Koch, ZFSH/SGB 1998, S. 451ff.; Ruland, JuS 1999, S. 410ff.; Gassner, NZS 1998, S. 313ff.; Eichenhofer, NZA 1998, S. 742ff.; Schaaf, WzS 1998, S. 202ff.; Füßer, NJW 1998, S. 1762ff.; Bokeloh, in: Zentrum für Europäisches Wirtschaftsrecht (Hrsg.), 1997, S. 115ff.; siehe auch die Beiträge in Sieveking (Hrsg.), Soziale Sicherung bei Pflegebedürftigkeit.

heit im Sinne des europarechtlich autonom auszulegenden Begriffs des Art. 4 Abs. 1 VO 1408/71[66].

Unterschiedliche Ansichten bestehen aber hinsichtlich der Zuordnung zu einem der in Art. 4 Abs. 1 lit. a bis h VO 1408/71 aufgeführten Risiken. Dass eine solche Zuordnung erforderlich ist, ergibt sich zum einen aus dem Wortlaut des Art. 4 Abs. 1 VO 1408/71, der die Verordnung für alle Rechtsvorschriften über Zweige der sozialen Sicherheit für anwendbar erklärt, die die in Art. 4 Abs. 1 lit. a bis h VO 1408/71 aufgeführten Leistungsarten betreffen. Der Gemeinschaftsgesetzgeber geht demnach davon aus, dass es auch mitgliedstaatliche Schutzsysteme geben kann, die zwar dem gemeinschaftsrechtlichen Begriff der sozialen Sicherheit unterfallen, aber Leistungen im Hinblick auf andere Risiken als die genannten vorsehen, mit der Folge, dass diese den Koordinierungsregeln der VO 1408/71 nicht unterfallen. Zum anderen hat der EuGH wiederholt betont, dass der Katalog des Art. 4 Abs. 1 VO 1408/71 abschließend sei[67].

Neben der Zuordnung der Leistungen der Pflegeversicherung zu einer der genannten Leistungsarten war vor allem die Bewertung des Pflegegeldes als Geld- oder Sachleistung streitig.

1. Die Leistungen des SGB XI als Leistungen im Sinne von Art. 4 Abs. 1 VO 1408/71

Die Einordnung der Leistungen der Pflegeversicherung unter eine der Leistungsarten, die der Katalog des Art. 4 Abs. 1 VO 1408/71 vorsieht, wurde im Hinblick auf die Risiken Krankheit (Art. 4 Abs. 1 lit. a VO 1408/71), Invalidität (Art. 4 Abs. 1 lit. b VO 1408/71) und Alter (Art. 4 Abs. 1 lit. c VO 1408/71) diskutiert.

Die Ansicht[68], die sich für die Zuordnung der Pflegebedürftigkeit zum Risiko Krankheit ausspricht, betont, dass der Krankheitsbegriff der Verordnung grund-

---

[66] Diese etwas vorsichtige Formulierung beruht auf der Tatsache, dass in der Literatur nicht immer zwischen der Frage danach, ob es sich bei der sozialen Pflegeversicherung um ein System der sozialen Sicherheit im gemeinschaftsrechtlichen Sinne handelt, und der Frage, ob deren Leistungen einem der ausdrücklich aufgeführten Zweige zuzuordnen sind und wenn welchem, differenziert wird. In diesen Fällen kann das Ergebnis zur ersten Frage nur als inzident beantwortet betrachtet werden. Vgl. z. B. Giesen, SGb 1994, S. 63 (64/65); Zuleeg, DVBl. 1997, S. 445 (449); Schötz, DAngVers 1995, S. 177 (177). Siehe dazu auch unten Fn. 89.
[67] Vgl. beispielsweise EuGH, Urteil v. 27. März 1985, Rs. 249/83 (Hoeckx), Slg. 1985, 973 (986 Rz.12); EuGH, Urteil v. 27. März 1985, Rs. 122/84 (Scrivner), Slg. 1985, 1027 (1034 Rz. 19). Vgl. auch Lyon-Caen, in: Social Security in Europe, S. 45 (53).
[68] Giesen, SGb 1994, S. 63 (65); Schötz, DAngVers 1995, S. 177 (177); Eichenhofer, VSSR 1994, S. 323 (331); Bokeloh, in: Zentrum für Europäisches Wirtschaftsrecht (Hrsg.), 1997, S. 115 (129/130); Meyering, BArBl. 1994, S. 58 (59). Gegen eine alleinige Zuordnung: Zuleeg, DVBl. 1997, S. 445 (449).

sätzlich alle Gesundheitsrisiken umfasst und deshalb eine Gleichsetzung des Risikos der Pflegebedürftigkeit mit dem Risiko der Krankheit ermöglicht. Darüber hinaus folge eine solche Zuordnung dem bisherigen Vorgehen im Hinblick auf die Leistungen bei Schwerpflegebedürftigkeit nach den Vorläuferregelungen §§ 53 ff. SGB V oder bei den Pflegeleistungen nach niederländischem Recht. Weiterhin könne der organisatorische Zusammenhang von Kranken- und Pflegeversicherung für eine derartige Einordnung sprechen.

Zum Teil wird eine Einordnung unter die Leistungen bei Invalidität in Betracht gezogen[69]. Das SGB XI nenne neben der Krankheit auch die Behinderung als eine Ursache für Pflegebedürftigkeit, und es gebe eine große Zahl von Personen, deren Pflegebedürftigkeit ausschließlich auf einer Behinderung und eben nicht auf einer Krankheit beruhe. Für diese Fälle sei nur das Risiko der Invalidität passende Zuordnungskategorie. Die Leistungen der Pflegeversicherung seien deswegen zumindest nicht umfassend unter die Leistungen bei Krankheit zu subsummieren. Außerdem spreche der internationale Vergleich der Erbringung von Pflegeleistungen für diese Einordnung. Soweit in anderen Staaten Leistungen an Pflegebedürftige erbracht werden, erfolge dies überwiegend durch die Invaliditätsversicherung[70].

Eine Zuordnung zu den Leistungen bei Alter wird in der Literatur lediglich angedacht. Auch wenn die Leistungen der Pflegeversicherung vielfach alten Menschen zugute kämen, seien sie doch nicht als typische Altersleistungen zu qualifizieren[71]. Die Pflegeversicherung beziehe als Leistungsberechtigte im Versicherungsfall fast die gesamte Bevölkerung mit ein. Auch die zugehörigen Vorschriften der VO 1408/71 sähen als Voraussetzung der Leistung ausschließlich das Alter vor, nicht aber besonders altersabhängige Risiken.

2. Das Pflegegeld als Geld- oder Sachleistung in Form des sog. Sachleistungssurrogats

Das Pflegegeld, das in § 37 SGB XI von den Pflegekassen für selbst beschaffte Pflegehilfen anstelle der Pflegesachleistung gewährt wird[72], bezeichnet der deutsche Gesetzgeber in der amtlichen Überschrift des § 37 SGB XI als Pflegegeld und damit als Geldleistung im Gegensatz zur Sachleistung im Sinne des § 36 SGB XI. Ebenso spricht in den allgemeinen Vorschriften des SGB XI § 4 Abs. 1 S. 1 SGB

---

[69] Zuleeg, DVBl. 1997, S. 445 (449) bejaht die Zuordnung zum Risiko der Invalidität zusätzlich zu dem der Krankheit; Eichenhofer, VSSR 1994, S. 323 (331) führt die Gründe an, spricht sich letztlich aber doch für die größere Nähe zum Risiko der Krankheit aus.
[70] Zu dieser Behauptung siehe für eine differenziertere Betrachtung unten § 2 B I 1-3.
[71] Bokeloh, in: Zentrum für Europäisches Wirtschaftsrecht (Hrsg.), 1997, S. 115 (127).
[72] Siehe ausführlicher zum Pflegegeld als Leistungsart der deutschen Pflegeversicherung oben § 1 A II 1.

XI von Dienst-, Sach- und Geldleistungen, die von der Pflegeversicherung vorgesehen sind, wobei mit Geldleistungen § 37 SGB XI gemeint sein muss, da die Kostenerstattung in § 4 Abs. 1 S. 1 SGB XI gesondert genannt wird. Dass diese innerdeutsche Terminologie für die gemeinschaftsrechtliche Einordnung ohne Bedeutung ist[73], zeigt sich bereits in der oben erwähnten gemeinschaftsrechtlichen Bewertung des Pflegegeldes durch den Bundesgesetzgeber, der wegen der engen Zweckbindung des Pflegegeldes dessen europarechtliche Einordnung als Sachleistung oder präziser als Sachleistungssurrogat, das wie eine Sachleistung behandelt wird, befürwortet[74].

Die frühe Literatur[75] schließt sich der gemeinschaftsrechtlichen Einordnung des Pflegegeldes als Sachleistungssurrogat durch den Bundesgesetzgeber an[76]. Das Pflegegeld werde nicht als reine Geldzahlung geleistet, sondern diene der Finanzierung einer selbstbeschafften Pflege, ob als Entgelt für privat eingestellte Pfleger oder als Anerkennung für pflegende Angehörige[77]. Das Pflegegeld sei nur dann eine Geldleistung im Sinne der VO 1408/71 und müsse vom zuständigen Mitgliedstaat in den Aufenthaltsstaat des Pflegebedürftigen exportiert werden, wenn es einen von der konkreten Mittelverwendung unabhängigen Geldbedarf befriedigen solle. Da das Pflegegeld aber den konkreten Pflegebedarf des Empfängers betreffe, habe es eher die Funktion eines Aufwendungsersatzes und damit eines Sachleistungssurrogats[78].

---

[73] Siehe zur autonomen gemeinschaftsrechtlichen Begriffsbildung in ständiger Rechtsprechung: EuGH, Urteil v. 19. März 1964, Rs. 75/63 (Unger), Slg. 1964, 379 (396/397); EuGH, Urteil v. 10. Januar 1980, Rs. 69/79 (Jordens-Vosters), Slg. 1980, 75 (84 Rz. 6); EuGH, Urteil v. 27. März 1985, Rs. 249/83 (Hoeckx), Slg. 1985, 973 (986 Rz. 11); EuGH, Urteil v. 3. Juni 1992, Rs. 45/90 (Paletta I), Slg. 1992, I-3423 (3463 Rz. 16).

[74] Allerdings bindet diese mitgliedstaatliche Auslegung im Hinblick auf das Gemeinschaftsrecht den EuGH genausowenig wie die national benutzte Terminologie.

[75] Damit sind die Autoren gemeint, die sich schon 1994/1995 während der Entstehung bzw. der ersten Zeit nach Inkrafttreten des SGB XI mit dessen europarechtlicher Relevanz beschäftigt haben; siehe grundlegend Giesen, SGb 1994, S. 63 ff.; Eichenhofer, VSSR 1994, S. 323 ff.; Meyering, BArBl. 1994, S. 58 (59f.); Udsching, SGB XI, § 34 Rn. 5; Dalichau/Grüner/Müller-Alten, SGB XI, § 34 II 1; Vogel/Schaaf, Soziale Pflegeversicherung, S. 150. Aber auch später Bokeloh, in: Zentrum für Europäisches Wirtschaftsrecht (Hrsg.), 1997, S. 115 (135ff.); Schaaf, WzS 1998, S. 204 (207ff.).

[76] Zu den Folgen einer solchen Einordnung und der Bedeutung des Art. 7 Abs. 2 VO 1612/68 (siehe ausführliche Fundstellenangabe unten in Fn. 240) in diesem Zusammenhang, vgl. Huster, NZS 1999, S. 10 (13ff.).

[77] Giesen, SGb 1994, S. 63 (65).

[78] Eichenhofer, VSSR 1994, S. 323 (333/334).

Die andere Ansicht[79] hält das Pflegegeld nach § 37 SGB XI für eine Geldleistung auch im gemeinschaftsrechtlichen Sinne mit der Folge, dass es, unabhängig davon, unter welche Leistungsart des Katalogs des Art. 4 Abs. 1 VO 1408/71 die Leistungen der Pflegeversicherung subsumiert werden, bei Aufenthalt des Pflegebedürftigen im Ausland ausgeführt werden muss[80]. Das Pflegegeld werde dem Pflegebedürftigen gewährt, damit er die erforderliche Grundpflege und hauswirtschaftliche Versorgung durch eine Pflegehilfe in geeigneter Weise selbst sicherstelle. Die Höhe des Pflegegeldes sei jedoch von den tatsächlichen Kosten, die sich daraus ergeben, völlig unabhängig. Es werde zwar nach § 37 Abs. 3 SGB XI in bestimmten Abständen überprüft, ob auch wirklich angemessene Pflege gewährleistet sei, jedoch nicht, ob diese auf der Verwendung des Pflegegeldes beruhe. Diese weite Zweckbindung sei nicht mit der von klassischen Sachleistungssurrogaten zu vergleichen, bei denen zumeist die exakt nachgewiesenen Kosten ersetzt werden. Vielmehr sei Sinn der Pflegegeldregelung, dass der Empfänger in den Grenzen des ihm zur Verfügung gestellten Betrags frei wirtschafte und damit auch der Zweck der Pflegeversicherung - den Pflegebedürftigen zu einem möglichst selbständigen und selbstbestimmten Leben zu verhelfen - erfüllt werde.

III. Einordnung durch den EuGH[81]

Mit der Entscheidung des EuGH in der Rechtssache Molenaar hat die Diskussion neue Vorgaben erhalten. Der EuGH war mit der deutschen Pflegeversicherung im Rahmen eines Vorabentscheidungsverfahrens befasst[82] und hat in seinem Urteil zu den umstrittenen Fragen Stellung bezogen.

---

[79] Schirp, NJW 1996, S. 1582 (1582); Zuleeg, DVBl. 1997, S. 445 (450/451); Klein, S. 130; Peters-Lange, ZfSH/SGB 1996, S. 624 (626/627); Krasney, SGb 1996, S. 253 (256).

[80] Siehe sowohl Art. 10 Abs. 1 VO 1408/71 für Geldleistungen bei Invalidität und Alter als auch Art. 19 Abs. 1 lit. b, 25 Abs. 1 lit. b und 28 Abs. 1 lit. b VO 1408/71 für Geldleistungen bei Krankheit.

[81] EuGH, Urteil v. 5. März 1998, Rs. C-160/96 (Molenaar), Slg. 1998, I-843ff.

[82] Das Vorabentscheidungsurteil ist einen Entscheidung, die formell und materiell in Rechtskraft erwächst und das vorlegende Gericht sowie alle anderen in derselben Sache befassten Gerichte bindet (sog. primäre Bindung oder inter-partes-Wirkung). Die Wirkung für andere Verfahren ist nicht eindeutig (sog. sekundäre Bindung oder erga-omnes-Wirkung). Nationale Gerichte, die nicht zur Vorlage verpflichtet sind, können von den Urteilen des EuGH zur Auslegung von Gemeinschaftsrecht abweichen, die letztinstanzlichen Gerichte müssen allerdings eine erneute Vorabentscheidung einholen, wollen sie die früher gegebene Auslegung nicht übernehmen. Selbst wenn die Bindungswirkung von Vorabentscheidungsurteilen daher streng rechtlich auf die mit dem Ausgangsverfahren befassten Gerichte begrenzt ist, so geht sie doch faktisch weit über den Einzelfall hinaus; siehe GTE-Krück, Art. 177 Rn. 86-92; Haverkate/Huster, S. 78 (Rn. 77/78).

1. Sachverhalt und Gang des Verfahrens[83]

Herr Molenaar ist niederländischer Staatsangehöriger, Frau Fath-Molenaar ist Deutsche. Das Ehepaar arbeitet in Deutschland, wohnt aber in Frankreich. Beide sind bei der Allgemeinen Ortskrankenkasse Baden-Württemberg (AOK) als freiwillige Mitglieder krankenversichert und seit der Einführung der Pflegeversicherung mit Wirkung vom 1. Januar 1995 auch pflegeversichert. Auf die Mitteilung der AOK hin, dass die Mitgliedschaft in der Pflegeversicherung zwar die Entrichtung von Beiträgen mit sich bringe, ein Leistungsanspruch nach § 34 Abs. 1 Nr. 1 SGB XI aber ausgeschlossen sei, solange sich das Ehepaar Molenaar ständig im Ausland aufhalte bzw. dort seinen Wohnsitz habe, erheben beide Widerspruch und nach Erhalt des ablehnenden Widerspruchsbescheides Klage beim Sozialgericht Karlsruhe. Sie beantragen zunächst die Feststellung eines Leistungsanspruchs bei Eintritt des Versicherungsfalles in der Zukunft auch dann, wenn sie sich im Ausland aufhalten. Hilfsweise begehren sie, dass sie für diesen Fall Anspruch auf Zahlung des Pflegegeldes für selbstbeschaffte Pflegehilfen haben. Beide Anträge hält das Sozialgericht entsprechend deutschem Prozessrecht für unzulässig und verneint daher die Erheblichkeit im Sinne einer Vorlage gemäß Art. 177 EG-Vertrag (jetzt Art. 234 EG) beim EuGH. Mit dem zweiten Hilfsantrag wird die Feststellung begehrt, dass das Ehepaar nicht in der sozialen Pflegeversicherung versicherungspflichtig sei, solange es nicht in den Genuß von Leistungen aus dieser gelangen könne[84]. Die Kammer hält es für möglich, dass die sich aus den §§ 20, 54 SGB XI ergebende umfassende Versicherungs- und Beitragspflicht für in Deutschland Beschäftigte unabhängig von einem Aufenthalt oder Wohnen im Geltungsbereich des SGB XI eine versteckte Diskriminierung aufgrund der Staatsangehörigkeit darstellt und deshalb gegen Art. 48 Abs. 2, 6 EG-Vertrag (nach Änderung jetzt Art. 39, 12 EG) verstößt. Da ein Leistungsbezug nach § 34 Abs. 1 Nr. 1 SGB XI nur in Deutschland möglich sei, werden Versicherte mit Wohnsitz und ständigem Aufenthalt außerhalb Deutschlands - eine Lebenssituation, die typischerweise für Beschäftigte mit der Staatsangehörigkeit eines anderen Mitgliedstaats der Europäischen Union gilt - benachteiligt. Das Sozialgericht Karlsruhe hat daher dem EuGH

---

[83] Vgl. zum Sachverhalt Schlussanträge des Generalanwalts (GA) Georges Cosmas vom 9. Dezember 1997, Slg. 1998, I-846 (851f.); EuGH, Urteil v. 5. März 1998, Rs. C-160/96 (Molenaar), Slg. 1998, I-843 (882ff. Rz. 2-12). Vgl. zum Gang des Verfahrens außerdem Beschluss des Sozialgerichts Karlsruhe vom 28. .März 1996, AZ: S 11 P 676/95.

[84] "Höchst fürsorglich" wurde noch der weitere Antrag gestellt, die AOK zu verurteilen, Herrn Molenaar und Frau Fath-Molenaar jeweils von der Versicherungspflicht in der sozialen Pflegeversicherung zu befreien und ihnen die vereinnahmten Beträge zu erstatten. Auf diesen Antrag ist die zuständige Kammer am Sozialgericht Karlsruhe in ihrem Vorlagebeschluss nicht mehr eingegangen; vgl. Beschluss des Sozialgerichts Karlsruhe vom 28. März 1996, AZ: S 11 P 676/95.

gemäß Art. 177 EG-Vertrag die Frage zur Vorabentscheidung vorgelegt, ob "[...] Art. 6 und Art. 48 Abs. 2 EWG-Vertrag so auszulegen [sind], dass sie das Recht eines Mitgliedstaats einschränken, ein System der sozialen Sicherheit zur Deckung des Risikos der Pflegebedürftigkeit im Rahmen einer gesetzlichen Versicherungspflicht zu errichten und dabei Personen mit Wohnsitz in einem anderen Mitgliedstaat zu Pflichtbeiträgen heranzuziehen, obwohl gleichzeitig für diese ein Leistungsanspruch wegen ihres Wohnsitzes ausgeschlossen ist oder ruht"[85].

2. Urteil[86]

Nach Ansicht des EuGH ist Erörterungsmaßstab für Fragen nach der Einbeziehung von Personen in ein mitgliedstaatliches Sozialversicherungssystem sowie deren daraus folgender Leistungsberechtigung die VO 1408/71, die der Rat in Erfüllung seiner Verpflichtung aus Art. 51 EG-Vertrag erlassen hat zur Beseitigung solcher Hindernisse, die der Verwirklichung der Arbeitnehmerfreizügigkeit durch die unterschiedlichen nationalen Rechtsvorschriften über die soziale Sicherheit entgegen stehen[87].

Der EuGH prüft daher zunächst, ob ein System wie die deutsche soziale Pflegeversicherung in den Geltungsbereich der Verordnung fällt. Er verweist auf die von ihm in ständiger Rechtsprechung entwickelten Merkmale, die mitgliedstaatliche Leistungen aufweisen müssen, um als solche der sozialen Sicherheit im Sinne des Art. 4 Abs. 1 VO 1408/71 qualifiziert werden zu können: Sie müssen den Begünstigten aufgrund eines gesetzlich umschriebenen Tatbestands gewährt werden, ohne dass im Einzelfall eine in das Ermessen gestellte Prüfung des persönlichen Bedarfs erfolgt, und sich auf eines der in Art. 4 Abs. 1 VO 1408/71 ausdrücklich aufgezählten Risiken beziehen[88]. Die letztere Voraussetzung beinhalte, dass ein Zweig der sozialen Sicherheit, der in Art. 4 Abs. 1 VO 1408/71 nicht aufgeführt sei, nicht als solcher qualifiziert werden könne und demnach auch nicht den Koordinierungsregeln der Verordnung unterliege[89]. Da auf die Leistungen der Pflegeversicherung

---

[85] Das Urteil des EuGH in dieser Rechtssache ist mit Spannung erwartet worden, weil es unmittelbare Auswirkungen auf etwa 60.000 Grenzgänger und eine mindestens gleichgroße Anzahl rückkehrwilliger Gastarbeiter hat. Vgl. ohne Verfasser, DOK 1996, S. 638.
[86] EuGH, Urteil v. 5. März 1998, Rs. C-160/96 (Molenaar), Slg. 1998, I-843 (880ff.).
[87] EuGH, Urteil v. 5. März 1998, Rs. C-160/96 (Molenaar), Slg. 1998, I-843 (885 Rz. 14, 15).
[88] EuGH, Urteil v. 5. März 1998, Rs. C-160/96 (Molenaar), Slg. 1998, I-843 (886 Rz. 20) mit Hinweisen auf frühere Entscheidungen.
[89] In dieser perplexen Formulierung EuGH, Urteil v. 5. März 1998, Rs. C-160/96 (Molenaar), Slg. 1998, I-843 (886 Rz. 20). Präziser sind hingegen die Ausführungen des GA Cosmas in seinen Schlussanträgen zu dem Ausgangsfall, Slg. 1998, I-846 (857-859 Rz. 32-35). Er trennt die beiden Voraussetzungen, die eine mitgliedstaatliche Leistung erfüllen muss, um eine Leistung der sozialen Sicherheit im Sinne der Verordnung zu sein, deutlicher. In seiner Prüfung wird klar,

ein Rechtsanspruch besteht, bejaht der EuGH die erste der beiden Voraussetzungen. Er verweist bei der Prüfung der zweiten Voraussetzung auf die Ziele und Grundsätze des SGB XI, nämlich die Förderung der Selbständigkeit der Pflegebedürftigen, der Vorbeugung und Rehabilitation und der häuslichen Pflege, und entwickelt daraus in Zusammenhang mit dem Leistungskatalog der Pflegeversicherung deren die Leistungen der Krankenversicherung ergänzenden Charakter. Dieser in Verbindung mit der organisatorischen Verknüpfung von Kranken- und Pflegeversicherung führt den EuGH zu der Schlussfolgerung, dass die Leistungen der Pflegeversicherung als Leistungen bei Krankheit im Sinne von Art. 4 Abs. 1 lit. a VO 1408/71 einzuordnen sind[90]. Auch die Vorlagefrage müsse deshalb anhand der Bestimmungen der Verordnung beantwortet werden, die die Gewährung von Leistungen bei Krankheit regeln, wenn der Betroffene seinen Wohnsitz in einem anderen als dem zuständigen Staat hat. Die Art. 19 Abs. 1 lit. a und b, 25 Abs. 1 lit. a und b, 28 Abs. 1 lit. a und b VO 1408/71 unterscheiden in diesem Zusammenhang zwischen Sach- und Geldleistungen. Sachleistungen (lit. a) werden für Rechnung des zuständigen Trägers vom Träger des Wohnorts nach den für diesen Träger geltenden Rechtsvorschriften gewährt, Geldleistungen (lit. b) vom zuständigen Träger nach dessen Rechtsvorschriften. Aufgrund der unterschiedlichen Rechtsfolgen, die an die Qualifikation der Leistungen als Sach- oder Geldleistungen geknüpft sind, und der Uneinigkeit, die in dieser Hinsicht zwischen den Parteien, den Regierungen, die sich schriftlich geäußert haben, und der Kommission bezüglich des Pflege-

---

dass es auch Leistungen geben kann, die die Merkmale eines Systems der sozialen Sicherheit, wie sie der EuGH aufstellt (z.B. Gewährung der Leistung unabhängig von jeder auf Ermessensausübung beruhenden Einzelfallbeurteilung), erfüllen, sich aber nicht auf eines der in Art. 4 Abs. 1 VO 1408/71 genannten Risiken beziehen. Dadurch verlieren diese Leistungen jedoch nicht ihren Charakter als Leistung der sozialen Sicherheit im gemeinschaftsrechtlichen Sinne. Vielmehr können sie nur nicht über die in der Verordnung niedergelegten Grundsätze koordiniert werden. Die in Art. 4 Abs. 1 VO 1408/71 aufgezählten Risiken oder Zweige der Sozialversicherung sind nur einige der zu dem Gattungsbegriff "soziale Sicherheit" gehörenden Leistungen. Durch die enge Verknüpfung von Zugehörigkeit einer Leistung zum Begriff der sozialen Sicherheit im gemeinschaftsrechtlichen Sinne und ausdrücklich aufgezählten Risiken entsteht der fälschliche Eindruck, dass Leistungen der sozialen Sicherheit im gemeinschaftsrechtlich autonom interpretierten Sinne nur solche im Sinne der Verordnung sind. Zu dem gleichen Problem der Formulierung in der Literatur, siehe die Ausführungen oben in der Fn. 66. So wie hier ausdrücklich nur Gassner, NZS 1998, S. 313 (314/315); GTE-Willms, Art. 51 Rn. 29. Für die hier vertretene Auffassung spricht auch der Wortlaut von Art. 4 Abs. 1 VO 1408/71: "Diese Verordnung gilt für alle Rechtsvorschriften über Zweige der sozialen Sicherheit, die folgende Leistungsarten betreffen: (...)".

[90] EuGH, Urteil v. 5. März 1998, Rs. C-160/96 (Molenaar), Slg. 1998, I-843 (887 Rz. 25). Er folgt damit der Ansicht der Kläger, der deutschen, österreichischen und schwedischen Regierung und der Einordnung des GA Cosmas.

geldes besteht, nimmt der EuGH eine Einordnung der streitigen Leistung vor[91]. Eine Sachleistung sei das Pflegegeld dann, wenn es der Übernahme bzw. Erstattung der durch die Pflegebedürftigkeit entstandenen Kosten diene, insbesondere derjenigen für ärztliche Behandlungen. Eine Geldleistung sei zumeist dazu bestimmt, den Verdienstausfall des Begünstigten auszugleichen. Das Pflegegeld wolle zwar keinen solchen Ausgleich leisten, könne aber auch nicht als Erstattung konkreter Kosten angesehen werden. Vielmehr erfolge die Zahlung des Pflegegeldes periodisch und als fester Betrag, unabhängig vom Nachweis bestimmter Ausgaben durch den Pflegebedürftigen. Der Pflegebedürftige könne über die Verwendung des Pflegegeldes auch weitgehend frei entscheiden, es z. B. auch zur Belohnung ehrenamtlicher Pflegepersonen bereithalten. Als finanzielle Unterstützung zur Verbesserung des Lebensstandards des Pflegebedürftigen sei das Pflegegeld daher als Geldleistung im Sinne der Art. 19 Abs. 1 lit. b, 25 Abs. 1 lit. b, 28 Abs. 1 lit. b VO 1408/71 anzusehen[92]. Es werde daher an die aus den voranstehenden Artikeln Berechtigten bei Pflegebedürftigkeit vom Träger des zuständigen Staates nach dessen Rechtsvorschriften gezahlt. Eine Vorschrift wie § 34 Abs. 1 Nr. 1 SGB XI, die eine Zahlung von Geldleistungen in einen anderen Mitgliedstaat ausschließt, verstoße gegen die einschlägigen Artikel.

Mit diesem ersten Ergebnis, dessen Herleitung im Vergleich zu der noch folgenden Prüfung den überwiegenden Teil des Urteils einnimmt, verkehrt der EuGH den mit der Vorlagefrage und dem ihr zugrunde liegenden Antrag der Kläger vor dem nationalen Gericht indizierten Schwerpunkt[93]. Nicht die Frage nach der Gemeinschaftsrechtskonformität der Versicherungspflicht wird vorrangig beantwortet. Vielmehr wird der Ausschluss des Leistungsbezugs bei Wohnsitz im Ausland, der als Teil der Vorlagefrage lediglich der Erläuterung der angenommenen Gemeinschaftsrechtswidrigkeit der Versicherungspflicht dienen sollte, zum Prüfungsgegenstand. Die nationale Errichtung eines Systems der sozialen Sicherheit im Rahmen einer Versicherungspflicht wird nun nicht mehr unter der Prämisse geprüft, dass ein Leistungsbezug durch Berechtigte im Ausland ausgeschlossen ist, sondern im Hinblick auf die sekundärrechtliche Vorgabe, dass ein Leistungsbezug im Ausland gemeinschaftsgesetzlich vorgeschrieben ist.

Deshalb führt der EuGH auch unter Bezugnahme auf den durch das nationale Gericht gesetzten Schwerpunkt der Vorlagefrage weiter aus, dass die gefundenen

---

[91] Alle übrigen Leistungen des SGB XI sind nach Ansicht des EuGH unbestreitbar Sachleistungen im gemeinschaftsrechtlichen Sinne. Vgl. EuGH, Urteil v. 5. März 1998, Rs. C-160/96 (Molenaar), Slg. 1998, I-843 (889 Rz. 32).

[92] EuGH, Urteil v. 5. März 1998, Rs. C-160/96 (Molenaar), Slg. 1998, I-843 (890 Rz. 36); so auch in ihren schriftlichen Erklärungen: Die Kläger, die österreichische Regierung und die Kommission.

[93] So auch Füßer, NJW 1998, S. 1762 (1762).

Ergebnisse keine Schlussfolgerungen für die Befreiung von der Versicherungspflicht zuließen[94]. Es sei nicht Aufgabe des zuständigen Trägers eines Mitgliedstaats zu prüfen, ob die von ihm einer Versicherungspflicht unterworfenen Mitglieder die bereitgestellten Leistungen auch in vollem Umfang in Anspruch nehmen können. Entscheidend für den Leistungsbezug sei nämlich der Zeitpunkt der Anspruchsentstehung, hier der Pflegebedürftigkeit, nicht der des Anschlusses an eine Pflichtversicherung bzw. der Beitragserhebung. Die Möglichkeit der Befreiung von der Versicherungspflicht abhängig von der Lebenssituation bei Anschluss an die Versicherung "(...) käme (...) einer Aufforderung durch den zuständigen Staat gleich, auf die Rechte aus den Artikeln 19 Absatz 1, 25 Absatz 1 und 28 Absatz 1 der Verordnung 1408/71 im Voraus zu verzichten"[95]. Ein solcher Verzicht verstoße sowohl gegen das gemeinschaftliche Primärrecht als auch gegen die Verordnung. Wenn die mitgliedstaatlichen Vorschriften entgegen der gemeinschaftsrechtlichen Vorgabe diese Rechte nicht vorsehen, könne sich der Einzelne unmittelbar auf die Verordnung berufen und auf dieser Grundlage Leistungen beziehen[96].

Der EuGH antwortet daher auf die Vorlagefrage, dass zwar die Einbeziehung von Beschäftigten, die in einem anderen Mitgliedstaat als dem Beschäftigungsstaat wohnen, in ein System der sozialen Sicherheit im Rahmen einer Versicherungspflicht mit Art. 6 und Art. 48 Abs. 2 EG-Vertrag vereinbar sei, "daß es jedoch gegen Artikel 19 Absatz 1, 25 Absatz 1 und 28 Absatz 1 der Verordnung 1408/71 verstößt, den Anspruch auf eine Leistung wie das Pflegegeld, die eine Geldleistung bei Krankheit darstellt, davon abhängig zu machen, dass der Versicherte in dem Staat wohnt, in dem er der Versicherung angeschlossen ist"[97].

C. Gang der Darstellung

Die wesentlichen Aussagen des EuGH im Hinblick auf die Koordinierung der sozialen Pflegeversicherung in der Europäischen Union lassen sich wie folgt zusammenfassen: Die Pflegeversicherung, so wie sie im deutschen Recht ausgestaltet ist, ist ein Zweig der sozialen Sicherheit im Sinne des Art. 4 Abs. 1 VO 1408/71. Ihre

---

[94] EuGH, Urteil v. 5. März 1998, Rs. C-160/96 (Molenaar), Slg. 1998, I-843 (891 Rz. 40). Der betroffene Mitgliedstaat könnte ja (theoretisch) als Konsequenz der Gemeinschaftsrechtswidrigkeit der Wohnsitzbedingung in § 34 Abs. 1 Nr. 1 SGB XI - statt der Übernahme der Kosten für die Sachleistungen im Ausland bzw. des Exports der Geldleistungen entsprechend den Regelungen der VO 1408/71 - auch für die im EU-Ausland lebenden Pflichtversicherten die Möglichkeit der Befreiung von der Versicherungspflicht vorsehen und so das Missverhältnis von Beitragszahlung und Leistungsbezug beheben.
[95] EuGH, Urteil v. 5. März 1998, Rs. C-160/96 (Molenaar), Slg. 1998, I-843 (892 Rz. 42).
[96] EuGH, Urteil v. 5. März 1998, Rs. C-160/96 (Molenaar), Slg. 1998, I-843 (890 Rz. 43 a. E.).
[97] EuGH, Urteil v. 5. März 1998, Rs. C-160/96 (Molenaar), Slg. 1998, I-843 (893/894).

Leistungen sind als Leistungen bei Krankheit gemäß Art. 4 Abs. 1 lit. a VO 1408/71 anzusehen. Eine Leistung wie das Pflegegeld stellt eine Geldleistung im gemeinschaftsrechtlichen Sinne dar und muss nach Art. 19 Abs. 1 lit. b, 25 Abs. 1 lit. b, 28 Abs. 1 lit. b VO 1408/71 ins mitgliedstaatliche Ausland exportiert werden.

Aus der Subsumtion des Risikos der Pflegebedürftigkeit unter das Kapitel der Krankheit folgt, dass im Titel III, Kapitel 1 der Verordnung der Begriff der Krankheit stets so zu lesen ist, dass er auch den Begriff der Pflegebedürftigkeit umfasst. Pflegebedürftigkeit und Krankheit sind in diesem Zusammenhang identisch. Alle Leistungen, die die Pflegeversicherung vorsieht, müssen sich als Sach- oder Geldleistungen im Sinne der einschlägigen Vorschriften der VO 1408/71 einordnen und dementsprechend behandeln lassen. Erst durch die Prüfung der Konsequenzen der Gleichstellung kann festgestellt werden, ob die systematisch naheliegende Kategorisierung durch den EuGH auch zu sachgerechten Ergebnissen führt, die mit den Vorgaben des primären Gemeinschaftsrechts in Einklang stehen. Konsequenzen hat die Einordnung für alle an einem Pflegeverhältnis Beteiligte, wodurch sich eine erste Vorgabe für den Gang der Darstellung ergibt. Beteiligt sind der pflegebedürftige Versicherte, der Versicherer als Leistungsträger und die Leistungserbringer von Pflegeleistungen.

Das europäische koordinierende Krankenversicherungsrecht der VO 1408/71 enthält unterschiedliche Vorschriften je nach dem, welcher Personengruppe der aus der Verordnung Berechtigte zuzuordnen ist. So gibt es Koordinierungsregeln, die den Leistungsanspruch bei Krankheit von Arbeitnehmern und Selbständigen sowie deren Familienangehörigen behandeln (Titel III, Kapitel 1, Abschnitt 2, Art. 19 - 24), von Arbeitslosen und deren Familienangehörigen (Titel III, Kapitel 1, Abschnitt 3, Art. 25), von Rentenantragstellern und deren Familienangehörigen (Titel III, Kapitel 1, Abschnitt 4, Art. 26) und von Rentenberechtigten und deren Familienangehörigen (Titel III, Kapitel 1, Abschnitt 5, Art. 27 - 34). Im Hinblick auf den Versichertenkreis findet für die folgende Untersuchung eine Eingrenzung auf pflegebedürftige Beschäftigte und Rentenberechtigte statt. Auch anhand von nur zwei Gruppen aus sämtlichen Berechtigten kann die Problematik dargestellt und untersucht werden. Zudem bleibt gleichzeitig die Übersichtlichkeit gewahrt. Mit den Beschäftigten ist die Gruppe ausgewählt worden, für die die Vorschriften der VO 1408/71 in erster Linie geschaffen wurden; die Rentenberechtigten sind diejenigen, die tatsächlich den größten Teil der Pflegebedürftigen ausmachen[98].

Eine weitere Einteilung der Arbeit folgt aus den drei wesentlichen Prinzipien des koordinierenden europäischen Krankenversicherungsrechts, die im Hinblick auf alle Beteiligten in jeweils unterschiedlicher Gewichtung von Bedeutung sind

---

[98] Siehe dazu unten Fn. 427.

und an dieser Stelle nur eine kurze Definition erhalten sollen. Es handelt sich um die Zusammenrechnung von Versicherungszeiten, das Prinzip der aushelfenden Sachleistungsgewährung und den Export von Geldleistungen.

Der Grundsatz der Zusammenrechnung von Versicherungszeiten besagt, dass der zuständige Träger eines Mitgliedstaats, nach dessen Rechtsvorschriften ein Anspruch auf Leistungen bei Krankheit von dem Zurücklegen bestimmter Zeiten abhängig ist, auch diejenigen Zeiten berücksichtigen muss, die in einem anderen Mitgliedstaat zurückgelegt wurden, Art. 18 Abs. 1 VO 1408/71[99].

Nach dem Prinzip der aushelfenden Sachleistungsgewährung werden Sachleistungen, auf deren Gewährung nach dem Recht des zuständigen Staats ein Anspruch besteht, bei Aufenthalt oder Wohnort in einem anderen Mitgliedstaat nach den Vorschriften des dortigen Trägers, aber zu Lasten des zuständigen Trägers erbracht. Sachleistungen im gemeinschaftsrechtlichen Sinne sind Dienstleistungen und gegenständliche Leistungen, aber auch Geldzahlungen in Form der Kostenübernahme oder -erstattung[100]. Die Leistungen des SGB XI stellen - mit Ausnahme des Pflegegeldes - sämtlich Sachleistungen in diesem Sinne dar[101]. Das Prinzip der aushelfenden Sachleistungsgewährung findet sich in Art. 19 Abs. 1 lit. a VO 1408/71 für Beschäftigte und in Art. 28 Abs. 1 lit. a, 28a VO 1408/71 für Rentner. Es erhält eine besondere Ausgestaltung bei Grenzgängern, Art. 20 VO 1408/71, in der Weise, dass diese die Sachleistungen auch im zuständigen Staat erhalten können, ohne ihren Wohnort dorthin verlegen zu müssen. Außerdem kommt es noch im Rahmen des Art. 22 Abs. 1 sublit. i VO 1408/71 zum Tragen, wenn der Leistungsberechtigte wegen seines Zustands bei vorübergehendem Aufenthalt außerhalb des zuständigen Staats dort unverzüglich der Leistungen bedarf (Art. 22 Abs. 1 lit. a VO 1408/71) oder der zuständige Träger die Genehmigung zu einem Wechsel des Mitgliedstaats erteilt hat (Art. 22 Abs. 1 lit. b und c VO 1408/71). Diese auf das Risiko der Krankheit zugeschnittene Norm ist im Hinblick auf das Risiko der Pflegebedürftigkeit und gerade auch für die deutsche soziale Pflegeversicherung nicht von großer Relevanz[102]. Art. 22 Abs. 1 lit. a VO 1408/71 setzt einen akuten Behandlungsbedarf voraus, der bei dem auf Dauer angelegten Zustand der Pflegebedürftigkeit, der erst dann einen Anspruch auf Leistungen auslöst, wenn er voraussichtlich mindestens sechs Monate währt, § 14 Abs. 1 SGB XI, nicht entstehen

---

[99] Siehe ausführlich unten § 2 A; § 3 A; § 4 A.
[100] EuGH, Urteil v. 30. Juni 1966, Rs. 61/65 (Vaassen-Göbbels), Slg. 1966, 583 (607); EuGH, Urteil v. 5. März 1998, Rs. C-160/96 (Molenaar), Slg. 1998, I-843 (889 Rz. 31). Außerdem Stahlberg, S. 231 und ausführlich Klein, S. 108.
[101] EuGH, Urteil v. 5. März 1998, Rs. C-160/96 (Molenaar), Slg. 1998, I-843 (889 Rz. 32); Klein, S. 108ff. Siehe auch Bokeloh, in: Zentrum für Europäisches Wirtschaftsrecht (Hrsg.), 1997, S. 115 (134ff.); Eichenhofer, VSSR 1994, S. 323 (334), die allerdings beide auch das Pflegegeld für eine Sachleistung im gemeinschaftsrechtlichen Sinne halten.
[102] Eichenhofer, VSSR 1994, S. 323 (337).

kann. Überdies macht die soziale Pflegeversicherung die Leistungsgewährung von einer vorherigen Antragstellung abhängig. Auch Art. 22 Abs. 1 lit. c VO 1408/71, der die Möglichkeit der Genehmigungserteilung für den Fall vorsieht, dass außerhalb des zuständigen Staats eine "angemessene Behandlung" erfolgen kann, ist auf die Pflege nicht übertragbar, die keine spezialisierten Kenntnisse voraussetzt[103] [104].

Das dritte Koordinierungsprinzip ist das des Exports von Geldleistungen, Art. 19 Abs. 1 lit. b VO 1408/71 für Beschäftigte, Art. 28 Abs. 1 lit. b VO 1408/71 für Rentenberechtigte. Danach muss der zuständige Träger bei Anspruchsberechtigung Geldleistungen auch bei Wohn- oder Aufenthaltsort des Versicherten in einem anderen Mitgliedstaat gewähren[105].

---

[103] Auch wenn Art. 22 VO 1408/71 selbst im Hinblick auf das Risiko der Pflegebedürftigkeit keinen großen Anwendungsbereich hat, so kommt dennoch der Rechtsprechung des EuGH, die sich unter anderem auch mit diesem Artikel der Verordnung befasst, bei der Erbringung grenzüberschreitender Pflegeleistungen Bedeutung zu; siehe ausführlich § 5.
[104] Siehe zur Sachleistungsaushilfe ausführlich unten § 2 B; § 3 B; § 4 B.
[105] Siehe hierzu ausführlich unten § 2 C; § 3 C; § 4 C.

§ 2 Die Rechtsstellung des Pflegebedürftigen - Beschäftigte

A. Zusammenrechnung von Versicherungszeiten

Art. 18 Abs. 1 VO 1408/71 ordnet für den Fall, dass nach den Rechtsvorschriften eines Mitgliedstaats der Erwerb, die Aufrechterhaltung oder das Wiederaufleben eines Leistungsanspruchs bei Krankheit von der Zurücklegung von Versicherungs-, Beschäftigungs- oder Wohnzeiten abhängig ist, an, dass - soweit erforderlich - die Versicherungs-, Beschäftigungs- oder Wohnzeiten nach den Rechtsvorschriften eines anderen Mitgliedstaats vom zuständigen Träger berücksichtigt werden, als handele es sich um Zeiten, die nach den für diesen Träger geltenden Rechtsvorschriften zurückgelegt worden sind. Mit der Niederlegung des Grundsatzes der Zusammenrechnung von Versicherungs-, Beschäftigungs- oder Wohnzeiten in der VO 1408/71 entspricht der Gemeinschaftsgesetzgeber der durch Art. 42 lit. a EG primärrechtlich ausdrücklich formulierten Anforderung an die inhaltliche Ausgestaltung eines Koordinierungssystems im Bereich der sozialen Sicherheit.

I. Konsequenzen der Einordnung durch den EuGH

Art. 18 Abs. 1 VO 1408/71 hat für die deutsche gesetzliche Krankenversicherung kaum Bedeutung. Deren Leistungen erhalten Versicherte vom ersten Tag ihrer Mitgliedschaft an[106]. § 33 Abs. 2 S. 1 Nr. 5 SGB XI hingegen bestimmt, dass ein Versicherter Leistungen des SGB XI in der Zeit ab 1. Januar 2000 nur dann beanspruchen kann, wenn er in den letzten zehn Jahren vor Antragstellung mindestens fünf Jahre in der sozialen Pflegeversicherung versichert war[107]. Wegen der Subsumtion

---

[106] Vgl. Eichenhofer, Internationales Sozialrecht, S. 192 (Rn. 421). Eine Ausnahme bestand für die vor Einführung der sozialen Pflegeversicherung von den Krankenkassen im Rahmen der Krankenversicherung bereitgestellten Leistungen bei Schwerpflegebedürftigkeit (§§ 53ff. SGB V, aufgehoben zum 1. Januar 1995 durch das Gesetz zur Sozialen Absicherung des Risikos der Pflegebedürftigkeit vom 26. Mai 1994), für deren Inanspruchnahme Vorversicherungszeiten zu erfüllen waren. Für die Gewährung dieser Leistungen im Rahmen der Sachleistungsaushilfe wurde von Deutschland in Anhang VI C Nr. 17 der VO 1408/71 der Grundsatz der Berücksichtigung von Versicherungs-, Beschäftigungs- oder Wohnzeiten, die nach den Rechtsvorschriften eines anderen Mitgliedstaats zurückgelegt wurden, ausdrücklich anerkannt.

[107] § 33 Abs. 2 S. 1 Nr. 1-4 SGB XI enthält eine Staffelung der Vorversicherungszeit, die für den Leistungsbezug zwischen dem 1. Januar 1996 und dem 31. Dezember 1999 immer den Jahren

der Leistungen bei Pflegebedürftigkeit nach dem SGB XI unter das Kapitel 1 "Krankheit und Mutterschaft" der VO 1408/71 durch den EuGH findet Art. 18 Abs. 1 VO 1408/71 auch dann Anwendung, wenn zum Erwerb eines Leistungsanspruchs die Erfüllung der Vorversicherungszeit nach § 33 Abs. 2 S. 1 Nr. 5 SGB XI in Frage steht.

Es ist z. B. denkbar, dass ein Staatsangehöriger eines anderen Mitgliedstaats, der in Deutschland seit weniger als fünf Jahren beschäftigt und demzufolge auch seit weniger als fünf Jahren in Deutschland pflegeversichert ist, noch vor Erfüllung der nach § 33 Abs. 2 S. 1 Nr. 5 SGB XI verlangten Vorversicherungszeit pflegebedürftig wird[108]. In einer vergleichbaren Situation befindet sich ein EU-Angehöriger, dem Leistungen durch eine deutsche Pflegekasse im Wege der Sachleistungsaushilfe gewährt werden[109]. In beiden Fallkonstellationen verlangt Art. 18 Abs. 1 VO 1408/71, dass der deutsche Träger, nach dessen Rechtsvorschriften der Erwerb eines Leistungsanspruchs von der Zurücklegung von Versicherungszeiten abhängig ist, die entsprechenden in anderen Mitgliedstaaten zurückgelegten Zeiten berücksichtigt. Das Nichtvorhandensein von eigenständigen Vorsorgesystemen zur Absicherung des Risikos "Pflegebedürftigkeit" in den meisten Mitgliedstaaten[110] und die vom EuGH vorgenommene Gleichstellung dieses Risikos mit dem Risiko "Krankheit" zum Zwecke der vereinfachten[111] Anwendung der VO 1408/71 haben die Konsequenz, dass im Rahmen des Art. 18 Abs. 1 VO 1408/71 die in anderen Mitgliedstaaten zurückgelegten *Krankenversicherungs*zeiten zur Erfüllung der im

---

entspricht, die seit Einführung der sozialen Pflegeversicherung zum 1. Januar 1995 vergangen sind. Seit dem 1. Januar 2000 gilt eine konstante Vorversicherungszeit von fünf Jahren.

[108] In einer vergleichbaren Situation kann natürlich auch ein deutscher Staatsangehöriger sein, der nach einer Beschäftigung im EU-Ausland jetzt einer Beschäftigung in Deutschland nachgeht. Für ihn gelten die Ausführungen entsprechend.

[109] Dass auch im Rahmen der Sachleistungsaushilfe die Erfüllung von Vorversicherungszeiten erforderlich ist, zeigt sich beispielsweise in Anhang VI C Nr. 17 der VO 1408/71: Krankenversicherungszeiten, die in anderen Mitgliedstaaten zurückgelegt wurden, zum Erwerb eines Anspruchs auf Pflegeleistungen im Rahmen der Sachleistungsaushilfe hat Deutschland für die vor In-Kraft-Treten des SGB XI geltenden §§ 53ff. SGB V anerkannt.

[110] Siehe unten § 2 B I 1-3.

[111] Es hätte für den EuGH auch die Möglichkeit bestanden, die deutsche Pflegeversicherung wegen ihrer Nähe zu den klassischen Sozialversicherungssystemen als von dem Anwendungsbereich der VO 1408/71 umfasst anzusehen, sie aber keinem der in Art. 4 VO 1408/71 genannten Risiken ausschließlich zuzuordnen. Damit wäre den vor Art. 4 VO 1408/71 stehenden übrigen allgemeinen Vorschriften, insbesondere dem Gleichbehandlungsgrundsatz des Art. 3 Abs. 1 VO 1408/71, verstärkte Bedeutung zugekommen, allerdings auch der abschließende Charakter der Aufzählung in Art. 4 VO 1408/71 in Frage gestellt worden. Vgl. zu diesem Vorschlag ausführlich Langer, in: Sieveking (Hrsg.), Soziale Sicherung bei Pflegebedürftigkeit, S. 251 (262ff.).

SGB XI geforderten Vorversicherungszeit berücksichtigt werden müssen bzw. ausreichen[112] [113].

II. Primärrechtliche Beurteilung

Im Hinblick auf den koordinationsrechtlichen Grundsatz der Zusammenrechnung von in den Mitgliedstaaten zurückgelegten Versicherungs-, Beschäftigungs- und Wohnzeiten gemäß Art. 18 VO 1408/71 ergeben sich aus der Gleichstellung der Risiken Krankheit und Pflegebedürftigkeit für die berechtigten Beschäftigten keine Nachteile[114]. Die Konsequenz, dass im Rahmen des Art. 18 Abs. 1 VO 1408/71 die in anderen Mitgliedstaaten zurückgelegten Krankenversicherungszeiten zur Erfüllung der im SGB XI geforderten Vorversicherungszeit berücksichtigt werden müssen bzw. ausreichen, bedeutet eine Begünstigung, die unter dem Gesichtspunkt der Freizügigkeit nicht zu beanstanden ist. Eine eventuelle Besserstellung von Wanderarbeitnehmern bzw. -selbständigen gegenüber den ausschließlich im Inland Beschäftigten, die unabhängig von der Versicherungsdauer in der Krankenversicherung die Pflegeversicherungswartezeiten gemäß der Vorschriften des SGB XI erfüllen müssen, ändert an dieser Einschätzung nichts. Führt die Anwendung des Gemeinschaftsrechts zu einer Besserstellung von EU-Ausländern gegenüber Inländern, weil Letztere ausschließlich den nationalen Vorschriften eines Mitgliedstaats unterworfen sind und an deren Modifikation durch das Gemeinschaftsrecht nicht teilhaben, ist diese als zulässig hinzunehmen[115]. In dem konkreten Fall der Erfül-

---

[112] So auch Giesen, Vorgaben des EG-Vertrages, S. 143; ders., SGb 1994, S. 63 (65); zum Problem der Anwendung des Art. 18 VO 1408/71 auf die soziale Pflegeversicherung auch Eichenhofer, VSSR 1994, S. 323 (336/337).

[113] Der in dieser Hinsicht abweichende Wortlaut des § 33 Abs. 2 S. 1 SGB XI, der von einem Leistungsanspruch nur insofern ausgeht, als die Vorversicherungszeit von bis zu fünf Jahren durch Mitgliedschaft in der sozialen Pflegeversicherung zurückgelegt wurde und damit sichern will, dass Leistungen des SGB XI nur von Personen in Anspruch genommen werden können, die über einen hinreichend langen Zeitraum Beiträge zur deutschen Pflegeversicherung gezahlt haben, steht diesem Ergebnis wegen § 30 Abs. 2 SGB I ("Regelungen des über- und zwischenstaatlichen Rechts bleiben unberührt.") nicht entgegen bzw. bleibt unangewendet.

[114] Siehe zu den Folgen, die die Anrechnung ausländischer Krankenversicherungszeiten für die deutschen Pflegekassen hat, unten § 4 A.

[115] Zum Problem der sogenannten "Inländerdiskriminierung", "umgekehrten Diskriminierung", "discrimination à rebours" oder "reverse discrimination", dem die Fallgestaltung zugrunde liegt, dass Inländer oder einheimische Produkte in einem Mitgliedstaat der Europäischen Gemeinschaften im Vergleich zu EG-Ausländern oder aus dem EG-Ausland stammenden Produkten benachteiligt sind, siehe Bröhmer, in: Calliess/Ruffert (Hrsg.), EUV/EGV, Art. 43 Rn. 6; Roth, in: Dauses (Hrsg.), Hdb. EU-WirtschaftsR, E.I. Rn. 21f. mit Hinweis auf die diesbezügliche Rechtsprechung: EuGH, Urteil v. 13. März 1979, Rs. 86/78 (Peureux), Slg. 1979, 897

lung von Pflegeversicherungszeiten kommt diesem Problem allerdings auch praktisch kaum Bedeutung zu. Seit Einführung der Pflegeversicherung ist durch inländische Versicherte eine Leistungsinanspruchnahme möglich. Die Wartezeiten unterlagen bis zum Jahr 2000 einer Staffelung, die der Zeit, die seit Einführung vergangen war, angepaßt wurde. Dadurch, dass es sich bei der Pflegeversicherung um eine Pflichtversicherung handelt für jeden, der gesetzlich oder privat krankenversichert ist, kann nahezu die gesamte Bevölkerung im Bundesgebiet[116] die Leistungen sofort in Anspruch nehmen.

B. Prinzip der aushelfenden Sachleistungsgewährung

Ein Beschäftigter, der in Deutschland in der gesetzlichen Krankenversicherung pflichtversichert ist oder sich freiwillig gesetzlich versichert[117] hat, ist in beiden Konstellationen Pflichtmitglied der sozialen Pflegeversicherung, vgl. §§ 1 Abs. 2 S. 1, 20 Abs. 1, Abs. 3 SGB XI. Er bezahlt unabhängig von seinem Wohnort nur aufgrund seiner Beschäftigung in Deutschland Beiträge zur gesetzlichen Krankenversicherung und zur sozialen Pflegeversicherung[118]. Diese Anknüpfung an den

---

(913 Rz. 32, 33); EuGH, Urteil v. 18. Februar 1987, Rs. 98/86 (Mathot), Slg. 1987, 809 (822 Rz. 9), wonach unter der Geltung des Subsidiaritätsprinzips kaum die Möglichkeit bestehe, gegen Inländerdiskriminierung gemeinschaftsrechtlich vorzugehen. A. A. Münnich, ZfRV 1992, S. 92 (100); kritisch Hintersteininger, S. 68/69; Kotalakidis, S. 244. Zur Frage der verfassungsrechtlichen Zulässigkeit der Inländerdiskriminierung: Osterloh, in: Sachs (Hrsg.) GG-Kommentar, Art. 3 Rn. 71; Schilling, JZ 1994, S. 8 (17); Epiney, S. 343ff.

[116] Siehe zur Versicherungsdichte oben Fn. 26.

[117] Zur Einbeziehung freiwillig gesetzlich Versicherter in den Anwendungsbereich der VO 1408/71 vgl. Art. 1 lit. a, iv) VO 1408/71, der die Geltung der Verordnung auch für von Beginn der Mitgliedschaft an freiwillig Versicherte anordnet. A. A. GTE-Willms, Art. 51 Rn. 55, der ausdrücklich die Entrichtung freiwilliger Beiträge ausschließt und nur auf Pflichtversicherte und freiwillig Weiterversicherte als Berechtigte der Verordnung verweist. So auch Pompe, S. 134. Schulte, in: NKES (Grundwerk), I.1 Rn. 8 hält sowohl Pflichtversicherte als auch freiwillig Versicherte gleichermaßen von der VO 1408/71 umfasst, allerdings nur durch allgemeinen Bezug auf Art. 1 lit. a VO 1408/71. In NKES (Grundwerk) I.1 Rn. 16 hingegen schließt er Personen, die überhaupt nur freiwillige Beiträge entrichtet haben, vom Arbeitnehmerbegriff im Sinne der Verordnung aus.

[118] Vgl. § 5 SGB V zur Versicherungspflicht in der gesetzlichen Krankenversicherung und § 20 SGB XI zu selbiger in der sozialen Pflegeversicherung. Zur Gemeinschaftsrechtskonformität der Erhebung von Pflichtbeiträgen unabhängig vom Wohnort, vgl. EuGH, Urteil v. 5. März 1998, Rs. C-160/96 (Molenaar), Slg. 1998, I-843 (891/892). Freiwillig Krankenversicherte können sich von der Versicherungspflicht in der sozialen Pflegeversicherung unter Nachweis einer vergleichbaren Privatversicherung, § 22 Abs. 1 S. 1 SGB XI, befreien lassen.

Beschäftigungsort[119] steht in Einklang mit dem gemeinschaftsrechtlichen internationalen Sozialrecht der VO 1408/71, deren Kollisionsrecht in Art. 13 Abs. 2 lit. a und b VO 1408/71[120] die Rechtsvorschriften des Mitgliedstaats für anwendbar erklärt, in dem eine Person abhängig beschäftigt ist bzw. in dem sie eine selbständige Tätigkeit ausübt. Unter Berücksichtigung dieser Vorgabe sind auch die sachrechtlichen Vorschriften[121] zur Koordinierung der Leistungen bei Krankheit und - nach der Rechtsprechung des EuGH - bei Pflegebedürftigkeit auszulegen, die Kapitel 1 des Titels III der Verordnung vorsieht[122]. Art. 19 VO 1408/71 trifft eine grundsätzliche Regelung für den Fall, dass Wohnort und zuständiger Staat eines Beschäftigten auseinanderfallen. Nach Art. 1 lit. q VO 1408/71 ist der zuständige Staat der Mitgliedstaat, in dessen Gebiet der zuständige Träger seinen Sitz hat. Zuständiger Träger ist nach der Begriffsbestimmung in Art. 1 lit. o sublit. i VO 1408/71 derjenige, bei dem die in Betracht kommende Person im Zeitpunkt des Antrags auf Leistungen versichert ist. Versichert ist die Person nach dem sekundärrechtlichen Kollisionsrecht im Beschäftigungsstaat, so dass anstelle des Begriffs "zuständiger Staat" in den Art. 18 - 24 VO 1408/71 auch "Beschäftigungsstaat" gelesen werden kann. Gemäß Art. 19 Abs. 1 lit. a VO 1408/71 erhält eine Person, die in einem anderen Mitgliedstaat als dem ihrer Beschäftigung wohnt, Sachleistungen für Rechnung des zuständigen Trägers (also des Trägers des Beschäftigungsstaats) vom Träger des Wohnorts nach den für Letzteren geltenden Rechtsvorschriften, als ob sie bei diesem versichert wäre. Die Regelung formuliert damit für den Modus der Erbringung von Behandlungsleistungen einen partiellen Statutenwechsel[123]. Die Erfüllung des Anspruchs auf Sachleistungen, den ein Leistungsberechtigter gegen seinen Versicherer hat, im Wege der sogenannten aushelfenden Sachleistungser-

---

[119] Sog. "lex loci laboris". Zu diesem Begriff in der Verordnung siehe Schulte, in: Hailbronner (Hrsg.), 30 Jahre Freizügigkeit, S. 93 (104).
[120] Art. 13 VO 1408/71 ist Teil des Titels II der VO 1408/71, der schon seiner Überschrift nach - "Bestimmung der anzuwendenden Rechtsvorschriften" - zeigt, dass es sich um typische kollisionsrechtliche Regelungen handelt und zwar um echte mehrseitige Kollisionsnormen, da die Vorschriften sich nicht darauf beschränken, die Anwendbarkeit oder Nichtanwendbarkeit anzuordnen. Sie bestimmen sie vielmehr aus allen in Betracht kommenden Rechtsordnungen; so von Maydell, VSSR 1973/1974, S. 347 (359/360). Devetzi, S. 194 hält die Kollisionsnormen der VO 1408/71 demgegenüber für einseitige.
[121] Giesen, Vorgaben des EG-Vertrages, S. 142ff. Von Maydell, VSSR 1973/1974, S. 347 (362) sieht die Funktion der Sachnormen darin, die anwendbare Rechtsordnung an die Besonderheit der Sachverhalte mit Auslandsberührung anzupassen; sie entfalten ihrer Wirkung daher stets nur im Zusammenhang mit den Sachnormen des nationalen Rechts. Devetzi, S. 165, scheut in diesem Zusammenhang die Bezeichnung "Sachnorm" und spricht stattdessen schlicht von "Koordinierungsregeln".
[122] Zu den Begriffen Kollisionsrecht und Sachrecht im internationalen Sozialrecht, vgl. ausführlich Giesen, Vorgaben des EG-Vertrages, S. 3ff.; von Maydell, VSSR 1973/1974, S. 347 (357ff.).
[123] Eichenhofer, VSSR 1999, S. 101 (107).

bringung[124] oder -gewährung[125] durch den Wohnstaat, für den Fall, dass Wohn- und Beschäftigungsstaat auseinanderfallen, ist ein der VO 1408/71 eigenes sachrechtliches Koordinierungsprinzip[126]. Dieses Prinzip hat sich für die "grenzüberschreitende" Versorgung mit Leistungen bei Krankheit bewährt und ist deshalb seit 1958[127] immer Teil des Sachrechts geblieben[128]. Die von jeher verbreitete Akzeptanz des Risikos der Krankheit als vorsorgerelevant in allen Mitgliedstaaten und die darauf beruhende Existenz von zwar unterschiedlich ausgestalteten, aber im Wesentlichen vergleichbaren Leistungen bei Krankheit schon in den frühen Jahren der Europäischen Gemeinschaft und erst recht heute nach fortgeschrittener Konvergenz der Standards[129], bedingen die überwiegend sachgerechten Ergebnisse, zu denen das Prinzip der aushelfenden Sachleistungsgewährung bei der Koordinierung dieser Leistungen führt. Der Leistungsberechtigte erhält zu Lasten seiner Versicherung im jeweiligen Wohnstaat die Sachleistungen, die der Träger der Versicherung des Wohnstaats in seinem Leistungskatalog vorsieht. Damit können die Leistungen, die der Berechtigte erhält, über diejenigen des für ihn zuständigen Trägers hinausgehen oder aber auch hinter diesen zurückbleiben[130].

I. Konsequenzen der Einordnung durch den EuGH

Durch die Einführung der Pflegeversicherung in Deutschland und die Einordnung ihrer Leistungen unter das Kapitel der Krankheit in der VO 1408/71 stößt die aushelfende Sachleistungsgewährung als Koordinierungsprinzip an ihre Grenzen[131].

---

[124] So die Terminologie bei Bieback, in: Fuchs (Hrsg.), Europäisches Sozialrecht, Art. 19, Rz 20. Es wird zum Teil auch der Begriff der "Sachleistungsaushilfe" verwendet, vgl. z. B. Eichenhofer, in: Fuchs (Hrsg.), Europäisches Sozialrecht, Art. 1, Rz. 32.
[125] So noch Bieback, in: NKES, I.19, V.
[126] Vgl. neben Art. 19 Abs. 1 lit. a VO 1408/71 auch Art. 19 Abs. 2; Art. 22 Abs. 1 lit. c sublit. i, Abs. 3; Art. 22a; Art. 22b; Art. 25 Abs. 1 lit. a, Abs. 3 lit. i; Art. 26 Abs. 1; Art. 28 Abs. 1 lit. a; Art. 28a; Art. 31 Abs. 1 lit. a; Art. 35 Abs. 1, Abs. 2 VO 1408/71.
[127] Siehe schon Art. 19 Abs. 2 der Verordnung Nr. 3 (zur Fundstelle siehe oben Fn. 6).
[128] Die Leistungsgewährung im Ausland nach dem Prinzip der Sachleistungsaushilfe ist jenseits des Gemeinschaftsrechts auch Bestandteil zwischenstaatlicher Abkommen, z. B. des deutschjugoslawischen, des deutsch-israelischen und des deutsch-türkischen Abkommens über die Soziale Sicherheit, vgl. Schuler, Das internationale Sozialrecht, S. 500/501 (Fn. 392, 393).
[129] Siehe für einen Überblick über Anerkennungsrichtlinien im Gesundheitsbereich Regelin, in: Preis/Oetker (Hrsg.), EAS Teil B 2300 Rn. 83-130.
[130] Dementsprechend kann die Ausgestaltung eines mitgliedstaatlichen Gesundheitssystems für den einzelnen Freizügigkeitsberechtigten einen Wanderungsanreiz bzw. ein Wanderungshemmnis darstellen.
[131] So auch Eichenhofer, in: Sieveking (Hrsg.), Soziale Sicherung bei Pflegebedürftigkeit, S. 127 (138), der im Hinblick auf die Anwendung des Art. 19 Abs. 1 lit. a VO 1408/71 auf die Pflege-

Leistungen bei Pflegebedürftigkeit sind in den einzelnen Mitgliedstaaten nicht nur in völlig unterschiedlicher Weise vorgesehen[132], sondern zum Teil gar nicht in einem durch die Verordnung koordinierbaren System der sozialen Sicherheit enthalten[133]. Die Konsequenz ist, dass in Deutschland Versicherte, die Beiträge zur sozialen Pflegeversicherung entrichten, im Wohnmitgliedstaat keinerlei Sachleistungen bei Pflegebedürftigkeit erhalten, wenn der Leistungskatalog des aushelfenden Trägers solche nicht vorsieht[134]. In diesen Fällen läuft auch das Wahlrecht von Grenzgängern leer, Leistungen gemäß Art. 20 i.V.m. Art. 19 Abs. 1 lit. a VO 1408/71 an ihrem Wohnort oder an ihrem Beschäftigungsort im zuständigen Staat in Anspruch nehmen zu können.

Einen Überblick über das Vorhandensein von koordinierungsfähigen Sachleistungen bei Pflegebedürftigkeit in den einzelnen Mitgliedstaaten soll die folgende Aufstellung geben. Dabei ist für die Koordinierungsfähigkeit der Sachleistungen bei Pflegebedürftigkeit weder ein vergleichbarer Umfang dieser Leistungen in den einzelnen Mitgliedstaaten entscheidend noch kommt es auf die Vergleichbarkeit der gewährenden Träger an[135]. Die Regelung solcher Leistungsmodalitäten fällt in den Verantwortungsbereich der Mitgliedstaaten im Rahmen ihrer Autonomie zur Ausgestaltung der nationalen Sozialschutzsysteme[136]. Nachteile durch die Wanderungsbewegung, die sich aus der Unterschiedlichkeit der Sozialschutzsysteme ergeben, müssen aus diesem Grunde hingenommen werden[137]. Sie beruhen auf der Entscheidung der Vertragsparteien des EG-Vertrags, eine Kompetenz der Gemein-

---

sachleistungen von einem Leerlaufen des Gemeinschaftsrechts spricht, da eine sinnvolle Anwendung dieses Artikels notwendig voraussetze, dass die entsprechenden Leistungen auch im Wohnstaat sozialrechtlich vorgehalten werden.

[132] Siehe dazu im Einzelnen unten § 2 B I 1-3.

[133] Häufig werden Pflegeleistungen bedarfsorientiert innerhalb der Sozialhilfe vorgesehen, wie es auch überwiegend in Deutschland vor Einführung der Pflegeversicherung der Fall war. Zur fehlenden (sozialversicherungsrechtlichen) Absicherung des Risikos der Pflegebedürftigkeit im Rahmen eines Systems der sozialen Sicherheit in einigen Mitgliedstaaten ganz allgemein: Giesen, Vorgaben des EG-Vertrages, S. 144; Zuleeg, DVBl. 1997, S. 445 (450); Eichenhofer, in: Sieveking (Hrsg.), Soziale Sicherung bei Pflegebedürftigkeit, S. 127 (137); Füßer, Arbeit und Sozialpolitik 9-10/97, S. 30 (36); Igl, in: Gitter/Schulin/Zacher (Hrsg.), FS für Krasney, S. 199 (209); Koch, ZFSH/SGB 1998, S. 451 (453); Heine, Arbeit und Sozialpolitik 9-10/97, S. 9 (9); Huster, NZS 99, S. 10 (12); Wicke, EuroAS 1997, S. 74 (74).

[134] So auch Füßer, Arbeit und Sozialpolitik 9-10/97, S. 30 (36); Zuleeg, DVBl. 1997, S. 445 (450); Stahlberg, S. 245.

[135] Siehe dazu ausführlicher unten § 2 B II.

[136] Siehe zur Autonomie der Mitgliedstaaten im Hinblick auf die Gestaltung der nationalen Sozialschutzsysteme nur grundlegend EuGH, Urteil v. 5. Juli 1967, Rs. 9/67 (Colditz), 307 (315); EuGH, Urteil v. 6. März 1979, Rs. 100/78 (Rossi), Slg. 1979, 831 (844 Rz. 13).

[137] Füßer, Arbeit und Sozialpolitik 9-10/97, S. 30 (35); Hailbronner, EuZW 1991, S. 171 (177/178, 179).

schaft lediglich zur Koordinierung der Systeme der sozialen Sicherheit, nicht aber zur Harmonisierung festzuschreiben. Allerdings reicht für eine gemeinschaftsweite Koordinierung von Sachleistungen bei Pflegebedürftigkeit nicht deren Vorhandensein in anderen Mitgliedstaaten im Rahmen eines nicht koordinierungsfähigen Systems aus wie z.B. der Sozialhilfe im gemeinschaftsrechtlichen Sinne[138]. Es muss sich vielmehr um Systeme der sozialen Sicherheit handeln, nur dann sind Sinn und Zweck der VO 1408/71 - die Wahrung von erworbenen Ansprüchen trotz Wanderbewegung - verwirklicht. Es interessieren in diesem Zusammenhang sowohl Sachleistungen im engeren Sinne[139] als auch solche, die - in Geldform gewährt - dennoch Sachleistungen im gemeinschaftsrechtlichen Sinne sind, da sie sich auf den unmittelbaren vollständigen oder teilweisen Ersatz einer solchen richten und nicht nur eine abstrakte Zuwendung mit weitem Verwendungszweck darstellen zum Ausgleich der durch den Risikoeintritt bedingten Mehrbelastungen bzw. eines Verdienstausfalls[140]. Letztere "reine" Geldleistungen werden nicht im Wege der Sachleistungsaushilfe koordiniert, sondern von dem zuständigen Mitgliedstaat in den Wohnmitgliedstaat exportiert[141].

1. Mitgliedstaaten, die Sachleistungen bei Pflegebedürftigkeit vorsehen

Zu den Mitgliedstaaten, die Sachleistungen bei Pflegebedürftigkeit im Rahmen eines koordinierungsfähigen Systems der sozialen Sicherheit gewähren, gehören Belgien, Dänemark, Finnland, Irland, Italien, Luxemburg, die Niederlande und Schweden.

In Belgien werden Leistungen bei Pflegebedürftigkeit durch die Krankenversicherung erbracht. Sie übernimmt sowohl im Bereich der ambulanten Pflege (Pflegehilfe durch einen Pflegedienst, begrenzt auf bis zu 30 Stunden im Monat) als auch bei der stationären Versorgung in Pflegeheimen Kosten in Höhe eines festen

---

[138] Dass Pflegebedürftigkeit in den Mitgliedstaaten der EU zunehmend außerhalb der Sozialhilfe auch im nationalen Sinne abgesichert wird, zeigt die Entwicklung seit Zöllner/Großjohann, Sozialer Fortschritt 1985, S. 193ff.
[139] Dies sind solche, die von einem Sachleistungsträger in Natur zu gewähren sind; so auch die Definition von Heinze, in: von Maydell/Ruland (Hrsg.), SRH, B. 8 Rn. 6 für den Begriff der Sachleistung im deutschen Sozialgesetzbuch. Sachleistungen beziehen sich sowohl auf Dienstleistungen im Sinne persönlicher Betreuung und Hilfe als auch auf Heil- und Hilfsmittel, vgl. Bieback, in: Fuchs (Hrsg.), Europäisches Sozialrecht, Art. 19, Rz. 16; eine ausführliche Herleitung von Begriff und Inhalt der Sachleistung anhand eigener Kriterien liefert Klein, S. 102ff. mit gleichem Ergebnis.
[140] Vgl. EuGH, Urteil v. 30. Juni 1966, Rs. 61/65 (Vaassen-Göbbels), Slg. 1966, 583 (607).
[141] Vgl. Art. 19 Abs. 1 lit. b VO 1408/71 im koordinierenden Krankenversicherungsrecht der Arbeitnehmer.

Tagessatzes von annähernd 60 DM[142]. Darüber hinausgehende Kosten gehen zu Lasten der Sozialhilfe, sofern die Pflegebedürftigen nicht über ausreichende Eigenmittel verfügen[143]. Die belgische Krankenversicherung sieht demnach im Wege der pauschalierten (Teil-) Kostenerstattung koordinierungsfähige Sachleistungen bei Pflegebedürftigkeit vor.

Das dänische Gesundheitssystem ist staatlich organisiert und umfasst alle Einwohner[144]. Die Sachleistungen des Gesundheitswesens werden durch kommunale Einrichtungen verwaltet[145]. Diese gewähren Pflegesachleistungen vor allem in Form der häuslichen Pflege und durch Bereitstellen technischer und medizinischer Hilfsmittel[146]. Auch eine Unterbringung in Pflegeheimen ist möglich[147]. Daneben sieht auch die (nicht in den Anwendungsbereich der VO 1408/71 fallende) Sozialhilfe Pflegeleistungen vor[148]. Geldleistungen im gemeinschaftsrechtlichen Sinne sind die Betreuungs- und Pflegezulage, die Invaliditätsrentner zusätzlich zu ihrer Rente beziehen können[149].

In Finnland gibt es eine allgemeine Einwohnersozialversicherung. Bezieher von Alters- und Invaliditätsrenten erhalten pflegebedingte Zuschläge[150]. Es steht außerdem Geld für häusliche Pflege zur Verfügung, das an die Pflegekräfte, die die Pflege zu Hause erbringen, gezahlt wird[151]. Im übrigen werden von den Gemeinden Pflegesachleistungen - sowohl ambulante als auch stationäre Pflege - erbracht. Dabei handelt es sich nicht um Leistungen der Sozialhilfe, sondern um solche eines beitragsfreien, Beveridge-orientierten[152] Gesundheitsfürsorgesystems[153].

---

[142] Bokeloh, in: Zentrum für Europäisches Wirtschaftsrecht (Hrsg.), 1997, S. 115 (157).
[143] Bokeloh, in: Zentrum für Europäisches Wirtschaftsrecht (Hrsg.), 1997, S. 115 (157); Meyering, BArBl. 1993, S. 12 (14).
[144] Ohne Verfasser, ZfS 1992, S. 241.
[145] Weber/Leienbach/Dohle, Soziale Sicherung in Europa, S. 44.
[146] Ibenfeldt Schulz, in: Sieveking (Hrsg.), Soziale Sicherung bei Pflegebedürftigkeit, S. 99 (100/101).
[147] Meyering, BArBl. 1993, S. 12 (13); Weber/Leienbach/Dohle, Soziale Sicherung in Europa, S. 49/50. Als weitere Sachleistung - aus dänischer Sicht - kann eine Geldleistung für häusliche Pflege in Anspruch genommen werden, mit der der Pflegebedürftige als Arbeitgeber selber eine Pflegekraft einstellen kann; vgl. dazu Ibenfeldt Schulz, in: Sieveking (Hrsg.), Soziale Sicherung bei Pflegebedürftigkeit, S. 99 (102).
[148] Weber/Leienbach/Dohle, Soziale Sicherung in Europa, S. 55.
[149] Bokeloh, in: Zentrum für Europäisches Wirtschaftsrecht (Hrsg.), 1997, S. 115 (155).
[150] Klein, S. 57.
[151] Sozialschutz bei Pflegebedürftigkeit, Tabelle 3.1, S. 62.
[152] Beveridge-orientierte Gesundheitssysteme innerhalb der EU besitzen das Vereinigte Königreich, Irland, Schweden, Dänemark und Finnland. Es handelt sich um allgemeine Staatsbürgerversorgungssysteme, überwiegend steuerfinanziert und bei der Leistungsbemessung mehr oder

In Irland sieht der einwohnerbezogene[154] staatliche Gesundheitsdienst Sachleistungen bei Pflegebedürftigkeit in Form von Tagesstätten, Wohnungen mit sozialmedizinischen Diensten und Pflegeheimen vor[155]. Auch häusliche Pflege ist vorgesehen[156].

In Italien werden Pflegesachleistungen in Form von ambulanter Versorgung durch Pflegehilfen und Haushaltshilfen erbracht. (Teil)stationäre Hilfe steht mit Tageskliniken und Pflegeheimen zur Verfügung[157]. Träger ist der für die Krankenversicherung zuständige dezentralisierte nationale Gesundheitsdienst, der durch den nationalen Gesundheitsrat und die regionalen Räte und lokalen Gesundheitsstellen (Unità Sanitarie Locali, USL) verwaltet wird[158]. Die Pflegesachleistungen werden von der jeweils zuständigen USL erbracht[159].

Invaliditätsrentner erhalten bei Pflegebedürftigkeit eine monatliche Beihilfe[160], die gemeinschaftsrechtlich aber eine Geldleistung darstellt und deshalb hier nicht relevant ist.

In Luxemburg ist am 19. Juni 1998 das Gesetz zur Einführung einer Pflegeversicherung angenommen worden[161]. Damit ist die Pflegebedürftigkeit als soziales Ri-

---

weniger an standardisierte Bedarfsituationen anknüpfend. Sie gehen auf die Prinzipien von William Beveridge zurück. Im Gegensatz dazu sind die Sozialschutzsysteme in Belgien, den Niederlanden, Deutschland, Österreich, Luxemburg, Frankreich, Griechenland, Spanien, Italien und Portugal eher Bismarck-orientiert und beziehen primär abhängig Beschäftigte bzw. alle Erwerbstätigen in die überwiegend beitragsfinazierte Sozialversicherung ein. Vgl. zu den beiden Formen der sozialen Sicherung: Sozialschutz bei Pflegebedürftigkeit, Abbildung 6.1, S. 146; Eichenhofer, VSSR 1996, S. 187 (194/195); Schäfer, in: Ruland/von Maydell/Papier (Hrsg.), FS für Zacher, S. 895 (899).

[153] Sozialschutz bei Pflegebedürftigkeit, S. 146.
[154] Langer, in: Sieveking (Hrsg.), Soziale Sicherung bei Pflegebedürftigkeit, S. 251 (266, Fn. 35).
[155] Weber/Leienbach/Dohle, Soziale Sicherung in Europa, S. 97, die aber aufgrund der Knappheit an Pflegepersonal und der veralteten medizinischen Ausstattung das Pflegeproblem als noch ungelöst ansehen.
[156] Sozialschutz bei Pflegebedürftigkeit, S. 86; Sieveking, ZAR 1997, S. 17 (23).
[157] Weber/Leienbach/Dohle, Soziale Sicherung in Europa, S. 107.
[158] Weber/Leienbach, Systeme der Sozialen Sicherung, S. 69.
[159] Zur Erbringung von Pflegeleistungen durch die gesundheitsbezogene Sozialhilfe (im Unterschied zur allgemeinen Sozialhilfe), vgl. EuGH, Urteil v. 17. Juni 1997, Rs. C-70/95 (Sodemare), Slg. 1997, I-3395ff. Es besteht auch danach Anspruch auf bestimmte Pflegeleistungen in Vertragsheimen, unabhängig von der Bedürftigkeit des Betroffenen, vgl. EuGH, Urteil v. 17. Juni 1997, Rs. C-70/95 (Sodemare), Slg. 1997, I-3395 (3426 Rz. 10).
[160] Bokeloh, in: Zentrum für Europäisches Wirtschaftsrecht (Hrsg.), 1997, S. 115 (161).
[161] Sozialschutz bei Pflegebedürftigkeit, S. 121; Schumacher-Hildebrand, in: Leben und Arbeiten in Europa, S. 144 (147). Der Gesetzentwurf ist erstmalig im Oktober 1996 im Parlament eingebracht worden, vgl. Kerschen, in: Sieveking (Hrsg.), Soziale Sicherung bei Pflegebedürftigkeit,

siko anerkannt und in den allgemeinen luxemburgischen Sozialversicherungsschutz integriert worden. Für die Verwaltung sind die bestehenden Strukturen der Krankenversicherung zuständig[162]. Die luxemburgische Reform hat sich stark vom deutschen Modell der sozialen Pflegeversicherung inspirieren lassen, was auch an den verschiedenen Pflegeleistungen zu erkennen ist[163]. Vorrangig werden Sachleistungen und innerhalb dieser häusliche Pflege vor stationärer Unterbringung gewährt[164]. Sogenannte Barleistungen, die dem Pflegebedürftigen direkt ausgezahlt werden, dienen der Vergütung derjenigen, die außerhalb des Pflegenetzes Hilfe leisten[165].

In den Niederlanden wurde die Pflegebedürftigkeit als altersunabhängiges soziales Risiko schon Ende der sechziger Jahre erkannt und in den Sozialversicherungsschutz aufgenommen[166]. Die Leistungen bei Pflegebedürftigkeit sind Teil des Allgemeinen Gesetzes für außergewöhnliche medizinische Aufwendungen (niederl.: Algemene Wet Bijzondere Ziektekosten, AWBZ), das eigenständig neben der Krankenversicherung existiert[167]. Es sieht eine Pflichtversicherung vor, die sowohl einwohner- als auch beitragsbezogen ist. Die Verwaltung obliegt den gesetzlichen Krankenkassen und den privaten Krankenversicherungsunternehmen[168]. Das AWBZ sieht sowohl ambulante Pflegeleistungen in Form der häuslichen Pflege vor als auch stationäre Pflege durch Unterbringung in einem Pflegeheim. Es besteht auch die Möglichkeit, Tagespflege als teilstationäre Pflege in Anspruch zu neh-

---

Luxemburg, S. 67 (68).
[162] Kerschen, in: Sieveking (Hrsg.), Soziale Sicherung bei Pflegebedürftigkeit, Luxemburg, S. 67 (72).
[163] Schumacher-Hildebrand, in: Leben und Arbeiten in Europa, S. 144 (147).
[164] Kerschen, in: Sieveking (Hrsg.), Soziale Sicherung bei Pflegebedürftigkeit, Luxemburg, S. 67 (69, 71).
[165] Auch diese Barleistungen werden aus luxemburgischer Sicht als in Geld ausgezahlte Sachleistungen bezeichnet. So Kerschen, in: Sieveking (Hrsg.), Soziale Sicherung bei Pflegebedürftigkeit, Luxemburg, S. 67 (73).
[166] Meyering, BArBl. 1993, S. 12 (12); Okma, in: Sieveking (Hrsg.), Soziale Sicherung bei Pflegebedürftigkeit, S. 91 (93).
[167] Reformbestrebungen, die 1993 die Leistungen der allgemeinen Krankenversicherung in das AWBZ überführen und damit das Pflegerisiko zu einem integralen Bestandteil eines Universalsicherungssystems bei Krankheit machen wollten, haben sich wegen des Regierungswechsels in den Niederlanden im Sommer 1994 nicht durchgesetzt. Missverständlich deshalb die Formulierung bei Plute, DOK 1996, S. 253 (255), der von der niederländischen Pflegeversicherung als Teil der Krankenversicherung spricht.
[168] Bokeloh, in: Zentrum für Europäisches Wirtschaftsrecht (Hrsg.), 1997, S. 115 (156); Plute, DOK 1996, S. 253 (255, 256); Okma, in: Sieveking (Hrsg.), Soziale Sicherung bei Pflegebedürftigkeit, S. 91 (93).

men[169]. Diese Leistungen sind im gemeinschaftsrechtlichen Sinne der VO 1408/71 Sachleistungen[170].

Das Gesundheitswesen in Schweden ist Teil eines universellen Krankenversicherungssystems, finanziert durch steuerähnliche Beiträge von Arbeitgebern und einer von den Patienten getragenen Mindestgebühr bei Inanspruchnahme von Leistungen. Erfasst sind alle schwedischen Staatsangehörigen und alle, die sich in Schweden legal aufhalten, als Pflichtversicherte[171]. Pflegesachleistungen stehen in Form von Hauspflege und Pflegeheimen zur Verfügung[172]. Sie können im Rahmen der VO 1408/71 koordiniert werden[173].

2. Mitgliedstaaten, die Sachleistungen bei Pflegebedürftigkeit nur sehr eingeschränkt vorsehen

Daneben gibt es Mitgliedstaaten, in denen Sachleistungen bei Pflegebedürftigkeit zwar existieren, diese aber entweder personell oder sachlich einen lediglich begrenzten Anwendungsbereich haben. Hierzu zählen Frankreich und das Vereinigte Königreich.

Frankreich hat sich 1997 gegen eine Anerkennung der Pflegebedürftigkeit als neues Risiko innerhalb der Sozialversicherung entschieden und stattdessen die sogenannte "spezifische Pflegeleistung" (prestation spécifique dépendance) geschaffen, die zur Sozialhilfe gehört und nur den bedürftigsten pflegebedürftigen Senioren nach Überprüfung von Einkommen und sonstigen Einkünften gewährt wird[174]. Auch im gemeinschaftsrechtlichen Sinne ist bei der spezifischen Pflegeleistung von einer nicht koordinierungsfähigen Sozialhilfeleistung im Sinne von Art. 4 Abs. 4 VO 1408/71 auszugehen, da sie strikt bedürftigkeitsabhängig ist und auch nicht

---

[169] Plute, DOK 1996, S. 253 (255/256).
[170] Daneben existieren auch Bargeld-Beihilfen für Langzeitpflege, die von den Empfängern nach eigenem Ermessen für die Sicherstellung der Pflege verwendet werden können; vgl. Okma, in: Sieveking (Hrsg.), Soziale Sicherung bei Pflegebedürftigkeit, S. 91 (94/95).
[171] Westerhäll, in: Sieveking (Hrsg.), Soziale Sicherung bei Pflegebedürftigkeit, S. 107 (108); ohne Verfasser, ZfS 1992, S. 241.
[172] Westerhäll, in: Sieveking (Hrsg.), Soziale Sicherung bei Pflegebedürftigkeit, S. 107 (114/115); Meyering, BArBl. 1993, S. 12 (14). Zur Entwicklung der Pflegeeinrichtungen in Schweden, siehe Thorslund, in: Evers/van der Zanden (Hrsg.), Better Care, S. 97 (99ff.).
[173] So sogar ausdrücklich Westerhäll, in: Sieveking (Hrsg.), Soziale Sicherung bei Pflegebedürftigkeit, S. 107 (115/116). Zur Unabhängigkeit schwedischer Leistungen bei Pflegebedürftigkeit von der Sozialhilfe vgl. Schmid, Wohlfahrtsstaaten, S. 262.
[174] Kerschen, in: Sieveking (Hrsg.), Soziale Sicherung bei Pflegebedürftigkeit, Frankreich, S. 75 (75, 77).

als beitragsunabhängige Sonderleistung angesehen werden kann, die gemäß Art. 4 Abs. 2a lit. a VO 1408/71 eng mit einem der in Art. 4 Abs. 1 VO 1408/71 aufgeführten Versicherungsfälle verknüpft ist und bei dessen Eintritt die entsprechenden Leistungen ersetzt bzw. zu diesen hinzutritt[175]. Neben der spezifischen Pflegeleistung trägt auch die Krankenversicherung durch Pauschalbeträge zur Finanzierung von Einrichtungen für pflegebedürftige Senioren bei[176]. Selbst wenn diese Pauschalen als Sachleistungen bei Krankheit angesehen werden könnten und deshalb den Vorschriften der Verordnung unterlägen, kann von einem vorhandenen Katalog an koordinierungsfähigen Pflegesachleistungen nicht die Rede sein[177]. Das gilt vor allem, weil sie nur Schutz für Senioren bieten, also die Pflegebedürftigkeit nicht als allgemeines Risiko sichern.

Im Vereinigten Königreich gibt es kein eigenständiges System zur Abdeckung des Pflegerisikos. Es werden vielmehr im Rahmen der anderen Sozialleistungsbereiche einwohnerbezogen[178] Sach- und Geldleistungen im Pflegefall erbracht[179]. Sachleistungen werden in erster Linie vom National Health Service (NHS), dem nationalen Gesundheitsdienst als Träger für Leistungen bei Krankheit, in Form von häuslicher und stationärer Pflege erbracht. Diese Leistungen sind kostenfrei, weil steuerfinanziert, soweit es sich um medizinisch indizierte Pflege handelt[180]. Grundpflege und hauswirtschaftliche Versorgung (nach der Terminologie des SGB XI) hingegen sind der freien Sozialfürsorge und Privaten überantwortet, die vom Pflegebedürftigen selbst vergütet werden müssen[181]. Was die stationäre Pflege angeht, hält der NHS zwar einige Pflegeplätze in Krankenhäusern vor. Diese entsprechen aber häufig nicht den Bedürfnissen des Pflegebedürftigen und werden zahlenmäßig nach und nach aus Kostengründen reduziert. Pflegeheime gehören noch nicht zur Normalversorgung[182]. Auch hier verlagert sich die Versorgung auf private Pflegeheime, die nicht zu den Leistungen des NHS gehören, und deren Kosten deshalb zu Lasten des Pflegebedürftigen gehen[183]. Koordinierungsfähige Sachleistungen nicht medizinisch indizierter ambulanter Pflege sind demnach überhaupt nicht vorhan-

---

[175] Zum Erfordernis der Verknüpfung von Leistung und Risiko vgl. EuGH, Urteil v. 27. März 1985, Rs. 249/83 (Hoeckx), Slg. 1985, 973 (986 Rz. 12); EuGH, Urteil v. 10. März 1993, Rs. C-111/91 (Kommission/Luxemburg), Slg. 1993, I-817 (847 Rz. 29).
[176] Kerschen, in: Sieveking (Hrsg.), Soziale Sicherung bei Pflegebedürftigkeit, Frankreich, S. 75 (75).
[177] So auch Schulte, in: Ebsen (Hrsg.), Gestaltungsvorgaben, S. 13 (29).
[178] Langer, in: Sieveking (Hrsg.), Soziale Sicherung bei Pflegebedürftigkeit, S. 251 (266, Fn. 35).
[179] Plute, DOK 1996, S. 253 (253); Baldwin, in: Social protection, S. 165 (166).
[180] Plute, DOK 1996, S. 253 (253/254).
[181] Plute, DOK 1996, S. 253 (254).
[182] Weber/Leienbach/Dohle, Soziale Sicherung in Europa, S. 86.
[183] Plute, DOK 1996, S. 253 (254).

den, solche der stationären Pflege lediglich vereinzelt in Krankenhäusern. Auch die durch die Social Security - zuständig für die Gewährung sämtlicher sozialer Geldleistungen - vorgesehenen Geldleistungen bei Pflegebedürftigkeit, "disability living allowance" (bis zum 1. April 1992 noch "attendance allowance" und "mobility allowance"[184]) und "invalid care allowance"[185] können nicht als Sachleistungen im gemeinschaftsrechtlichen Sinne eingeordnet werden: die "disability living allowance" hat der EuGH mit seinem Urteil in der Rechtssache *Snares*[186] als beitragsunabhängige Sonderleistung im Sinne von Art. 4 Abs. 2a VO 1408/71 eingeordnet und sie damit ausschließlich der Koordinierungsregel des Art. 10a VO 1408/71 i.V.m. Anhang IIa unterworfen[187]. Die "invalid care allowance" soll einen Einkommensverlustausgleich für pflegende Familienangehörige, die sonst arbeiten würden, darstellen und hat als solcher weder Kostenerstattungscharakter[188] noch wird im eigentlichen Sinne dem *Pflegebedürftigen* eine Leistung gewährt.

3. Mitgliedstaaten, die keine Sachleistungen bei Pflegebedürftigkeit vorsehen

In Griechenland, Österreich, Portugal und Spanien sind im Rahmen koordinierungsfähiger Systeme der sozialen Sicherheit Sachleistungen bei Pflegebedürftigkeit nicht vorhanden.

Griechenland besitzt ein allgemeines beschäftigungsbezogenes Sozialversicherungssystem[189]. Sachleistungen bei Pflegebedürftigkeit sind innerhalb dieses Systems nicht vorgesehen. Pflegebedürftigen, die eine Invaliditätsrente beziehen, wird

---

[184] In dieser Begrifflichkeit noch Plute, DOK 1996, S. 253 (253).
[185] Plute, DOK 1996, S. 253 (253).
[186] EuGH, Urteil v. 4. November 1997, Rs. C-20/96 (Snares), Slg. 1997, I-6957 (6097 Rz. 37). Vgl. auch die identische Einordnung der "attendance allowance" durch EuGH, Urteil v. 11. Juni 1998, Rs. C-297/96 (Partridge), Slg. 1998, I-3467 (3493 Rz. 42); obwohl die "attendance allowance" durch die "disability living allowance" abgelöst wurde, wird erstere weiterhin Personen gewährt, die über 65 Jahre alt sind und besonderer Pflege und Aufmerksamkeit bedürfen. So GA Léger in seinen Schlussanträgen in der Rs. C-297/96 (Partridge), Slg. 1998, I-3467 (3469 Rz. 5).
[187] Art. 10a VO 1408/71 enthält für beitragsunabhängige Sonderleistungen eine Ausnahme zu Art. 10 Abs. 1 VO 1408/71, der für Geldleistungen bei bestimmten Risiken deren uneingeschränkten Export anordnet. Insofern macht auch die Anordnung der ausschließlichen Gewährung beitragsunabhängiger Sonderleistungen im Wohnstaat in Abweichung von der Grundregel des Art. 10 VO 1408/71 nur Sinn, wenn es sich auch bei diesen um Geldleistungen im gemeinschaftsrechtlichen Sinne handelt.
[188] Die Kostenerstattung ist der typische Fall einer in Geldform gekleideten Sachleistung, siehe EuGH, Urteil v. 30. Juni 1966, Rs. 61/65 (Vaassen/Göbbels), Slg. 1966, 583 (607); EuGH, Urteil v. 5. März 1998, Rs. C-160/96 (Molenaar), Slg. 1998, I-843 (889 Rz. 31).
[189] Weber/Leienbach, Systeme der Sozialen Sicherung, S. 39.

allerdings ein Zuschuss in Höhe von 50% dieser Rente gewährt[190]. Bei Bedürftigkeit werden subsidiär durch die Sozialhilfe Leistungen bei Pflege erbracht[191], die aber nicht im Rahmen der VO 1408/71 koordinierungsfähig sind[192].

In Österreich wurde am 1. Januar 1993 eine bundesweite Pflegeversorgung für die gesamte Wohnbevölkerung eingeführt[193] und damit die Pflegebedürftigkeit als eigenständiges Risiko erkannt. Neugeschaffene Leistung ist das pauschalierte Pflegegeld, das aus dem Bundeshaushalt geleistet wird, wenn der Pflegebedürftige eine Grundleistung der herkömmlichen Sozialversicherungszweige erhält, und im Verantwortungsbereich der Länder liegt, soweit Pflegebedürftige betroffen sind, die keine solche Grundleistung beziehen[194]. Das Pflegegeld wird ausnahmsweise von einem Träger der gesetzlichen Unfallversicherung gewährt (und beruht dann im Gegensatz zu dem Pflegegeld aus den Haushalten von Bund und Ländern auf Versicherungsbeiträgen), wenn die Pflegebedürftigkeit auf einen Arbeitsunfall oder eine Berufskrankheit zurückzuführen ist. Bei dem österreichischen Pflegegeld handelt es sich im nationalen wie im gemeinschaftsrechtlichen Sinne um eine Geldleistung[195], die allerdings je nach Leistungszusammenhang und gewährendem Träger im Rahmen der VO 1408/71 unterschiedlichen Regelungen unterliegt. Das Pflegegeld, das aus dem Bundeshaushalt zusätzlich zu einer herkömmlichen Sozialversicherungsleistung gewährt wird, ist als beitragsunabhängige Sonderleistung im Sinne von Art. 4 Abs. 2a, 10a VO 1408/71 in Anhang IIa lit. K sublit. b aufgeführt[196].[197] Ausdrücklich in Anhang IIa lit. K sublit. b der VO 1408/71 ausgenom-

---

[190] Klein, S. 57.

[191] Klein, S. 57

[192] Die im Auftrag der Europäischen Kommission und des belgischen Ministers für soziale Angelegenheiten zusammengefasste Studie über "Sozialschutz bei Pflegebedürftigkeit im Alter in den 15 EU-Mitgliedstaaten und in Norwegen" verdeutlicht, dass das Risiko der Pflegebedürftigkeit in Griechenland kaum Beachtung findet. So gibt es z. B. in Griechenland keine gesetzliche Definition von Pflegebedürftigkeit; es wird weder die Zahl der pflegebedürftigen älteren Menschen insgesamt noch der Anteil Pflegebedürftiger an älteren Menschen statistisch erfasst (vgl. Tabelle 2.1, S. 49).

[193] Bundespflegegeldgesetz (BPGG, öBGBl. 1993/110), "Pflege-Vereinbarung" (Gliedstaatsvertrag zwischen Bund und Ländern, vgl. öBGBl. 1993/866). Vgl. Meyering, BArBl. 1993, S. 12 (14).

[194] Pfleil, in: Sieveking (Hrsg.), Soziale Sicherung bei Pflegebedürftigkeit, S. 51 (52, 53).

[195] So zutreffend Pfleil, in: Sieveking (Hrsg.), Soziale Sicherung bei Pflegebedürftigkeit, S. 51 (52, 55f.); das Pflegegeld wird gemäß § 5 Abs. 1 Bundespflegegeldgesetz zwölfmal jährlich pauschaliert je nach Pflegestufe 1-7 an den Berechtigten ausgezahlt, der damit Familienangehörige für Pflegetätigkeiten entschädigen, aber auch eine professionelle Pflegekraft verpflichten kann. Dieser "offene" Verwendungszweck ist dem des deutschen Pflegegeldes nach § 37 SGB XI vergleichbar.

[196] Vgl. Art. 5 VO 1408/71 zu der Möglichkeit der Abgabe von Erklärungen durch die Mitgliedstaaten im Hinblick auf die Qualifikation nationaler Leistungen als beitragsunabhängige Sonderleistungen im Sinne des Art. 4 Abs. 2a VO 1408/71.

men ist das Pflegegeld, das von einem Träger der Unfallversicherung gewährt wird. Es stellt eine beitragsabhängige Leistung der sozialen Sicherheit dar und unterliegt deshalb den Exportregeln der Verordnung[198]. Eine wieder andere gemeinschaftsrechtliche Behandlung erfährt das Pflegegeld, das aus den Haushalten der Länder bestritten wird. Gemäß Art. 4 Abs. 2b i.V.m. Anhang II Teil III lit. K VO 1408/71 ist es als beitragsunabhängige Sonderleistung einzuordnen, deren Geltung auf einen Teil eines Mitgliedstaats (hier Österreich) beschränkt ist[199]. Als solche fällt es nicht in den Anwendungsbereich der Verordnung.

Auf Landes- bzw. Gemeindeebene werden darüber hinaus ambulante und (teil)stationäre Dienste zur Pflege bereitgestellt. Dies geschieht primär durch die Träger der Sozialhilfe[200]. Ein Rechtsanspruch Hilfesuchender ist ausdrücklich ausgeschlossen. Die Kosten bei Inanspruchnahme der Dienst- und Sachleistungen werden vom Pflegebedürftigen, unter Umständen durch Rückgriff auf das Pflegegeld, selbst bestritten[201]. In Fällen der stationären Pflege gehen bis zu 80% des Pflegegeldanspruchs auf den Sozialhilfeträger über[202]. Insofern beruht die Pflegevorsorge in Österreich bisher allein auf dem Pflegegeld[203]. Die Alternative der Inanspruchnahme von Dienst- bzw. Sachleistungen *anstelle* des Pflegegeldes besteht nicht[204]. Dienst- und Sachleistungen bei Pflegebedürftigkeit[205] werden nach wie vor lediglich als Sozialhilfeleistung gewährt[206]. Wie der EuGH jedoch in ständiger

---

[197] Daraus schließen Pfeil, in: Sieveking (Hrsg.), Soziale Sicherung bei Pflegebedürftigkeit, S. 51 (55/56) und Schumacher, in: Haibronner (Hrsg.), 30 Jahre Freizügigkeit, S. 199 (206), dass das Pflegegeld weder gemäß Art. 10 VO 1408/71 noch aufgrund der besonderen Vorschriften für die einzelnen Leistungsarten in Titel III der Verordnung bei Aufenthalt des Berechtigten im Ausland exportiert werden muss. Der EuGH hat hingegen in seinem Urteil v. 8. März 2001, Rs. C-215/99 (Jauch), Slg. 2001, I-1901 (1947 Rz. 35) entschieden, dass es sich bei dem österreichischen Pflegegeld um eine Geldleistung bei Krankheit handelt, auf die Art. 19 Abs. 1 lit. b VO 1408/71 Anwendung findet.

[198] Pfeil, in: Sieveking (Hrsg.), Soziale Sicherung bei Pflegebedürftigkeit, S. 51 (56).

[199] Pfeil, in: Sieveking (Hrsg.), Soziale Sicherung bei Pflegebedürftigkeit, S. 51 (56).

[200] Pfeil, in: Sieveking (Hrsg.), Soziale Sicherung bei Pflegebedürftigkeit, S. 51 (53, 59/60, 62).

[201] Pfeil, in: Sieveking (Hrsg.), Soziale Sicherung bei Pflegebedürftigkeit, S. 51 (59/60, 62).

[202] Dem Pflegebedürftigen verblieben ursprünglich 20% des Pflegegeldes der Stufe 3, vgl. Pfeil, VSSR 1994, S. 185 (206); nach der Novelle des Bundespflegegeldgesetzes 1996 sind es nur noch 10%, ders., in: Sieveking (Hrsg.), Soziale Sicherung bei Pflegebedürftigkeit, S. 51 (60).

[203] Vgl. Bokeloh, in: Zentrum für Europäisches Wirtschaftsrecht (Hrsg.), 1997, S. 115 (158/159).

[204] Pfeil, in: Sieveking (Hrsg.), Soziale Sicherung bei Pflegebedürftigkeit, S. 51 (60).

[205] In der gemeinschaftsrechtlichen Terminologie wird lediglich der Begriff "Sachleistung" verwendet, sowohl für Sachleistungen im eigentlichen Sinne gegenständlicher Hilfsmittel als auch für Dienstleistungen, genauso wie für die jeweilige konkrete Kostenerstattung beider Leistungsarten.

[206] Ausdrücklich Pfeil, VSSR 1994, S. 185 (213-216). Zwar stellt die Krankenversicherung medizinische Hauskrankenpflege bereit. Diese bezieht sich aber ausdrücklich nur auf medizinische oder qualifiziert pflegerische Leistungen; Grundpflege und hauswirtschaftliche Versorgung

Rechtsprechung betont hat, kann von der nationalen Einordnung einer Leistung als solche der Sozialhilfe nicht auch auf deren gemeinschaftsrechtliche Qualifikation geschlossen werden[207]. Vielmehr seien dafür unter anderem die Wesensmerkmale der jeweiligen Leistung, insbesondere deren Zweck und die Voraussetzung ihrer Gewährung zu untersuchen. Eine Leistung der sozialen Sicherheit sei unabhängig von der nationalen Einordnung immer dann anzunehmen, wenn sie dem Begünstigten aufgrund eines gesetzlich umschriebenen Tatbestands gewährt werde, ohne dass im Einzelfall eine in das Ermessen gestellte Prüfung des persönlichen Bedarfs erfolge[208]. Auf Dienst- und Sachleistungen im Rahmen der Sozialhilfe in Österreich besteht kein Rechtsanspruch[209], so dass auch im gemeinschaftsrechtlichen Sinne von einer Sozialhilfeleistung und damit von einer nicht in den Geltungsbereich der Verordnung fallenden Leistung (vgl. Art. 4 Abs. 4 VO 1408/71) auszugehen ist.

In Österreich fehlt es demnach an im Rahmen der VO 1408/71 koordinierungsfähigen Sachleistungen bei Pflegebedürftigkeit.

Pflegebedürftige in Portugal erhalten Pflegesachleistungen in Form von häuslicher Pflege sowie durch Unterbringung in Pflege- oder Altenheimen lediglich im Rahmen der Sozialhilfe[210], die in ihrer Ausgestaltung auch unter den gemeinschaftsrechtlichen Begriff der Sozialhilfe fällt und deren Leistungen deshalb nach Art. 4 Abs. 4 VO 1408/71 nicht im Rahmen der VO 1408/71 koordiniert werden. Invaliditätsrentenbezieher erhalten bei Pflegebedürftigkeit einen monatlichen Zuschlag, wenn sie auf ständige Hilfe eines Dritten angewiesen sind[211]. Diese finanzielle Unterstützung bei Pflegebedürftigkeit stellt im gemeinschaftsrechtlichen

---

sind ausdrücklich ausgeschlossen, vgl. Pfeil, VSSR 1994, S. 185 (202).
[207] EuGH, Urteil v. 31. März 1977, Rs. 79/76 (Fossi), Slg. 1977, 667 (678 Rz. 6); EuGH, Urteil v. 6. Juli 1978, Rs. 9/78 (Gillard), Slg. 1978, 1161 (1667/1668 Rz. 10/15); EuGH, Urteil v. 31. Mai 1979, Rs. 207/78 (Even), Slg. 1979, 2019 (2032 Rz. 10); EuGH, Urteil v. 5. Mai 1983, Rs. 139/82 (Piscitello), Slg. 1983, 1427 (1439 Rz. 9, 10). Fuchs, in: Fuchs (Hrsg.), Europäisches Sozialrecht, Art. 4, Rz. 39.
[208] Außerdem ist ein Bezug der Leistung zu einem der in Art. 4 Abs. 1 VO 1408/71 ausdrücklich aufgezählten Risiken erforderlich, vgl. EuGH, Urteil v. 27. März 1985, Rs. 249/83 (Hoeckx), Slg. 1985, 973 (986 Rz. 12); EuGH, Urteil v. 10. März 1993, Rs. C-111/91 (Kommission/Luxemburg), Slg. 1993, I-817 8847 Rz. 29).
[209] Pfeil, in: Sieveking (Hrsg.), Soziale Sicherung bei Pflegebedürftigkeit, S. 51 (62).
[210] Klein, S. 60. In Portugal ist allerdings auch die Nachfrage nach stationärer und ambulanter Pflege kulturell bedingt niedrig, da viele ältere Menschen in der eigenen Häuslichkeit verbleiben und Pflege vorrangig von der Familie erbracht wird. Daher werden in Portugal bisher keine Vorschläge zur Erweiterung bzw. Umgestaltung des bestehenden Angebots gemacht; vgl. Sozialschutz bei Pflegebedürftigkeit, S. 145-147.
[211] Weber/Leienbach/Dohle, Systeme der Sozialen Sicherung, S. 97.

Sinne eine Geldleistung dar, da sie unabhängig von Art und Umfang der konkreten Pflege pauschal gewährt wird.

In Spanien gibt es zwei Arten der Sozialversicherung, die beitragsbezogene und die nicht beitragsbezogene[212]. Beide geben finanzielle Hilfe bei Pflegebedürftigkeit[213]. Dahingehend leistungsberechtigt sind aber nur diejenigen Pflegebedürftigen, die die Voraussetzung der gesetzlich anerkannten Invalidität erfüllen und deren Leistungen beziehen[214]. Wird eine beitragsbezogene Leistung bei Invalidität in Anspruch genommen, führt die Pflegebedürftigkeit zu einer Erhöhung des Prozentsatzes, der der Berechnung der Leistung zugrunde liegt, um 50%. Damit soll dem Empfänger die finanzielle Möglichkeit gegeben werden, seine Pflege selber sicherzustellen. Im gemeinschaftsrechtlichen Sinne handelt es sich bei der gesamten Leistung um eine Geldleistung bei Invalidität, die gemäß Art. 10 Abs. 1 VO 1408/71 bei Aufenthalt des Berechtigten im Ausland exportiert werden muss[215]. Bei der beitragsunabhängigen Leistung handelt es sich ebenfalls um eine Geldleistung im gemeinschaftsrechtlichen Sinne, die allerdings durch die VO 1247/92[216] in Anhang IIa mit lit. D sublit. c VO 1408/71 als beitragsunabhängige Sonderleistung im Sinne von Art. 4 Abs. 2a VO 1408/71 eingefügt wurde und daher gemäß Art. 10a VO 1408/71 nur in Spanien gewährt wird. Auch hier hat der Berechtigte im Falle der Pflegebedürftigkeit Anspruch auf eine Extrabeihilfe in Höhe von 50% der nicht beitragsbezogenen Leistung[217]. Die Darstellung zeigt, dass eine Absicherung des Risikos der Pflegebedürftigkeit ausschließlich über die Gewährung finanzieller Beihilfen, die auch in der gemeinschaftsrechtlichen Auslegung Geldleistungen darstellen, vorgesehen ist[218]. Die Gewährung von Sachleistungen durch den zuständi-

---

[212] Letztere ist erst durch das "Gesetz über nicht beitragsbezogene Altersversorgung", in Kraft getreten am 20. Dezember 1990, eingeführt worden. Vgl. Sánchez-Rodas Navarro, in Sieveking (Hrsg.), Soziale Sicherung bei Pflegebedürftigkeit, S. 81 (81).

[213] Bokeloh, in: Zentrum für Europäisches Wirtschaftsrecht (Hrsg.), 1997, S. 115 (162); Sánchez-Rodas Navarro, in Sieveking (Hrsg.), Soziale Sicherung bei Pflegebedürftigkeit, S. 81 (82).

[214] Sánchez-Rodas Navarro, in: Sieveking (Hrsg.), Soziale Sicherung bei Pflegebedürftigkeit, S. 81 (82).

[215] Sánchez-Rodas Navarro, in Sieveking (Hrsg.), Soziale Sicherung bei Pflegebedürftigkeit, S. 81 (82/83).

[216] Verordnung (EWG) Nr. 1247/92 des Rates vom 30. April 1992 zur Änderung der Verordnung (EWG) Nr. 1408/71 zur Anwendung der Systeme der sozialen Sicherheit auf Arbeitnehmer und Selbständige sowie deren Familienangehörigen, die innerhalb der Gemeinschaft zu- und abwandern, ABl. EG Nr. L 136 v. 19. 5. 92, S. 1.

[217] Sánchez-Rodas Navarro, in Sieveking (Hrsg.), Soziale Sicherung bei Pflegebedürftigkeit, S. 81 (83).

[218] Eine schwerstbehinderte Person, die eine *beitragsbezogene* Beihilfe erhält, kann zwar statt der Gewährung eines bei Schwerstbehinderung zusätzlich vorgesehenen Zuschusses die Einweisung in eine Pflegeeinrichtung beantragen. Aufgrund der kaum vorhandenen Einrichtungen

gen Träger ist nicht vorgesehen, womit auch die Möglichkeit einer Koordinierung nach dem Prinzip der aushelfenden Sachleistungsgewährung ausscheidet.

II. Beurteilung anhand der primärrechtlichen Arbeitnehmerfreizügigkeit

Als Folge des für Beschäftigte in Art. 19 Abs. 1 lit. a VO 1408/71 niedergelegten Prinzips der aushelfenden Sachleistungsgewährung erhalten in Deutschland Pflegeversicherte mit Wohnsitz in einem anderen Mitgliedstaat keine Pflegesachleistungen, wenn diese im Leistungskatalog des ausländischen Trägers nicht vorgesehen sind. Fraglich ist, ob es aufgrund der Einordnung der Leistungen der deutschen sozialen Pflegeversicherung durch den EuGH als Leistungen bei Krankheit notwendig ist, dass es auch im Ausland der Träger der dortigen *Kranken- oder Pflegeversicherung* ist, der die Leistungen bei Pflege vorhält oder ob der in Deutschland Pflegeversicherte, der in seinem Wohnausland nach dem Prinzip der aushelfenden Sachleistungsgewährung Leistungen in Anspruch nehmen will, auch auf solche einen Anspruch hat, die von einem anderen Träger vorgehalten werden.

Die letztere Alternative ist aus zweierlei Gründen zu befürworten. Zum einen wird der sachliche Geltungsbereich der VO 1408/71 in Art. 4 Abs. 1 lit. a VO 1408/71 (unter anderem) mit "Leistungen bei Krankheit und Mutterschaft" umschrieben, einer Definition, die zweckbezogen auf das zu sichernde Risiko gerichtet und unabhängig von der institutionellen Zuordnung dieser Leistungen in den einzelnen Mitgliedstaaten ist[219]. Zum anderen spricht die Konzeption der aushelfenden Sachleistungsgewährung für diese Auslegung. Ist der Versicherte nach dem Recht des zuständigen Staats und den mit der Mitgliedschaft bei einem Träger verbundenen Leistungsvoraussetzungen leistungsberechtigt und hat er diese Berechtigung gemäß Art. 17 Abs. 1 VO 574/72 gegenüber einem Träger des Wohnorts nachgewiesen, ist er auch auf dem Gebiet des Wohnstaats leistungsberechtigt[220]. Allerdings ist für die Definition des Leistungsfalls im sozialen Sicherungssystem des Wohnstaats - ob es sich beispielsweise um den der Krankheit handelt oder um die Verwirklichung eines anderen sozialen Risikos und welcher Leistungskatalog dementsprechend der einschlägige ist - allein das Recht des aushelfenden Staats maßgeblich[221]. Dahinter steht der Gedanke, dass der materiell gewollten Leistungsberechtigung des Versicherten die rechtliche Einkleidung der Leistungsgewährung in den einzelnen Mitgliedstaaten nicht entgegenstehen soll. So werden im Wohn-

---

wird dieser allerdings nur ausnahmsweise bewilligt. Vgl. Sánchez-Rodas Navarro, in Sieveking (Hrsg.), Soziale Sicherung bei Pflegebedürftigkeit, S. 81 (82/83).

[219] Zur zweckbezogenen Definition auch Bieback, SDSRV Bd. 36, S. 51 (53).
[220] Bieback, in: Fuchs (Hrsg.), Europäisches Sozialrecht, Art. 19, Rz. 14.
[221] Bieback, in: Fuchs (Hrsg.), Europäisches Sozialrecht, Art. 19, Rz. 19.

staat nach dortigem Recht die für den konkreten Leistungsfall vorgesehenen Sachleistungen, die Art und Weise ihrer Gewährung, der Umfang und auch der gewährende Träger bestimmt. Jede andere Interpretation würde auch dem durch den EuGH in ständiger Rechtsprechung[222] gefestigten Grundsatz widersprechen, dass die Mitgliedstaaten in der Ausgestaltung ihrer Sozialschutzsysteme autonom sind, und käme einer indirekten Angleichung der unterschiedlichen Organisationsstrukturen nahe[223] [224].

Trotz dieses weiten Verständnisses vom aushelfenden Träger führt Art. 19 Abs. 1 lit. a VO 1408/71 dazu, dass diejenigen Mitglieder der deutschen sozialen Pflegeversicherung, die ihren Wohnsitz im mitgliedstaatlichen Ausland haben, keine Sachleistungen bei Pflegebedürftigkeit erhalten, wenn solche Leistungen im sozialen Sicherungssystem des Wohnstaats nicht vorgesehen sind. Anders formuliert, erhalten Versicherte in diesen Fällen *wegen* ihrer Wanderbewegung innerhalb der EU - und damit *wegen* der Inanspruchnahme der im EG-Vertrag verbürgten Freizügigkeitsrechte - keine Pflegesachleistungen. Dieses Ergebnis widerspricht den Rechtsgedanken, die Art. 39 und Art. 43 EG zugrunde liegen, und muss daher im Hinblick auf seine Primärrechtskonformität überprüft werden[225]. Nach dem Grundsatz des Vorrangs des Gemeinschaftsrechts[226] gilt auch im Bereich des internatio-

---

[222] EuGH, Urteil v. 7. Februar 1984, Rs. 238/82 (Duphar), Slg. 1984, 523 (540/541 Rz. 16); EuGH, Urteil v. 17. Februar 1993, Rs. C-159/91 und C-160/91 (Poucet und Pistre), Slg. 1993, I-637 (667 Rz. 6); EuGH, Urteil v. 17. Juni 1997, Rs. C-70/95 (Sodemare u.a.), Slg. 1997, I-3395 (3432 Rz. 27); EuGH, Urteil v. 28. April 1998, Rs. C-158/96 (Kohll), Slg. 1998, I-1931 (1942 Rz. 17).

[223] Dass es auf den jeweiligen Träger nicht ankommt, zeigt auch die Entscheidung des EuGH, Urteil v. 10. Januar 1980, Rs. 69/79 (Jordens-Vosters), Slg. 1980, 75 (85 Rz. 9). Der Gerichtshof hat eine Sachleistung bei Invalidität eines Mitgliedstaats zum Zwecke der Koordinierung gemeinschaftsrechtlich als Sachleistung bei Krankheit eingeordnet und den entsprechenden Verordnungsvorschriften unterstellt, da Leistungen bei Invalidität im Sinne des Art. 4 Abs. 1 lit. b, 37-43 VO 1408/71 und Art. 35-59 VO 574/72 ausschließlich Geldleistungen sind. Siehe Schulte, in: von Maydell/Ruland (Hrsg.), SRH, D.32 Rn. 71, 72.

[224] Im Ergebnis gegen eine Beschränkung auf den jeweiligen Krankenversicherungsträger eines Mitgliedstaats auch Bieback, in: Fuchs (Hrsg.), Europäisches Sozialrecht, Art. 18, Rz. 9; Zuleeg, DVBl. 1997, S. 445 (450); Beyer/Freitag, JuS 2000, S. 852 (853); GA Cosmas, Schlussanträge in der Rechtssache Molenaar, Slg. 1998, I-843 (866/867 Rz. 64; 868 Rz. 70).

[225] Das Prinzip der aushelfenden Sachleistungsgewährung soll im Hinblick auf das in Art. 4 Abs. 1 lit. a VO 1408/71 normierte Risiko der Krankheit in seiner bisherigen Auslegung nicht angegriffen werden. Bei nachfolgenden Überlegungen handelt es sich vielmehr allein um die Primärrechtskonformität der Koordinierung der Sachleistungen bei Pflegebedürftigkeit durch die Sachleistungsaushilfe als notwendige Konsequenz der Rechtsprechung des EuGH in der Rechtssache Molenaar.

[226] Entwickelt in EuGH, Urteil v. 15. Juli 1964, Rs. 6/64 (Costa/E.N.E.L.), Slg. 1964, 1251 (1270), bestätigt in EuGH, Urteil v. 9. März 1978, Rs. 106/77 (Simmenthal), Slg. 1978, 629 (644 Rz. 17/18). Der Grundsatz besagt, dass dem vom Vertrag geschaffenen Recht wegen seiner Eigen-

nalen Sozialrechts, dass in den Fällen, in denen dieselbe Materie Regelungsgegenstand sowohl des europäischen als auch des nationalen Rechts ist, das europäische Recht den Anwendungsvorrang besitzt[227]. Im Verhältnis der VO 1408/71 zum internationalen Sozialrecht der Mitgliedstaaten hat dieser Grundsatz die Folge, dass nationale Vorschriften, die eine dem Verordnungsrecht entgegenstehende Regelung treffen, unanwendbar sind[228] [229], der Einzelne sich ungeachtet der entgegenstehenden Bestimmungen des nationalen Rechts auf die VO 1408/71 berufen kann[230] und sich allein die Vorschriften der Verordnung auf ihre Gemeinschaftsrechtskonformität hin am Primärrecht messen lassen müssen[231].

1. Anwendungsbereich der Arbeitnehmerfreizügigkeit

Die Freizügigkeit der Arbeitnehmer (Art. 39 - 41 EG) dient gemeinsam mit der Niederlassungsfreiheit (Art. 43ff. EG)[232] der Verwirklichung einer der vier Grund-

---

ständigkeit keine wie immer gearteten innerstaatlichen Rechtsvorschriften vorgehen können. Vgl. auch Manin, S. 326.

[227] Der Anwendungsvorrang als Kollisionsregel - im Gegensatz zum Geltungsvorrang - erklärt das gemeinschaftsrechtswidrige nationale Recht nicht für ungültig, sondern führt lediglich dazu, dass es im konkreten Fall ohne Anwendung bleibt. Das nationale Recht ist weiterhin wirksam und gilt beispielsweise Drittstaatsangehörigen gegenüber; vgl. Herdegen, Europarecht, Rn. 230. Eichenhofer, VSSR 1997, S. 71 (79) spricht davon, dass das nationale internationale Sozialrecht der Mitgliedstaaten durch Gemeinschaftsrecht ersetzt wird. So gehen auch den deutschen Vorschriften über das Territorialitätsprinzip, § 3 SGB IV, und die Ein- und Ausstrahlung, §§ 4, 5 SGB IV, die speziellen Vorschriften des supranationalen Rechts vor, vgl. Schaaf, SGb 1999, S. 274 (276); Giesen, NZS 1996, S. 309 (309/310). Als "Mittler", nicht als "Verdränger" versteht Heinze, in: Heinze/Söllner (Hrsg.), FS für Kissel, S. 363 (385), die europäische Normsetzung auf dem Gebiet des Arbeits- und Sozialrechts. Zum Anwendungsvorrang des Gemeinschaftsrechts im Hinblick auf nationale individuell-konkretet Verwaltungsakte, vgl. die jüngst ergangene Entscheidung des EuGH, Urteil v. 29. April 1999, Rs. C-224/97 (Ciola), Slg. 1999, I-2517ff. Dazu Pelzl ELR 1999, S. 197ff.

[228] GTE-Willms, Art. 51 Rn. 36 spricht von einer Ergänzung des nationalen Rechts durch das Gemeinschaftsrecht; weitergehenden nationalen Ansprüchen stehe das Gemeinschaftsrecht jedoch nicht entgegen.

[229] Grund für die Unanwendbarkeit ist neben dem Vorrang des Gemeinschaftsrechts die in Art. 249 Abs. 2 EG bestimmte unmittelbare Geltung von Verordnungen. Beide Prinzipien im Zusammenspiel verhelfen dem Gemeinschaftsrecht zu seiner Durchsetzung.

[230] Kukla, KrV 1998, S. 251 (252).

[231] Die Mitgliedstaaten haben ihre Zuständigkeit für die Regelung des Internationalen Sozialrechts an die Gemeinschaft vollständig verloren; vgl. Eichenhofer, in: Hailbronner (Hrsg.), 30 Jahre Freizügigkeit, S. 75 (77). Zur Möglichkeit von vertragswidrigem abgeleiteten Gemeinschaftsrecht, vgl. von Maydell, VSSR 1999, S. 3 (11).

[232] GTE-Wölker, Vorbemerkung zu den Artikeln 48-50 Rn. 1, zieht auch noch Aspekte der Dienstleistungsfreiheit hinzu.

freiheiten des EG-Vertrags, des freien Personenverkehrs. Gemäß Art. 39 Abs. 1 EG ist die Freizügigkeit der Arbeitnehmer innerhalb der Gemeinschaft gewährleistet[233]. Art. 39 Abs. 2 EG verbietet jede auf der Staatsangehörigkeit beruhende unterschiedliche Behandlung der Arbeitnehmer der Mitgliedstaaten in Bezug auf Beschäftigung, Entlohnung und sonstige Arbeitsbedingungen. Die Vorschrift ist zugunsten aller Arbeitnehmer, die Staatsangehörige eines Mitgliedstaats sind, unmittelbar anwendbar[234]. Normadressaten des Gleichheitssatzes in Art. 39 Abs. 2 EG sind in erster Linie die Mitgliedstaaten. Er entfaltet aber ebenso dem Gemeinschaftsgesetzgeber gegenüber Bindungswirkung[235]. So muss sich auch das nach Art. 42 EG erlassene Sekundärrecht daran messen lassen, ob es die uneingeschränkte Verwirklichung der Freizügigkeit ermöglicht[236].

---

[233] In dieser Klarheit ist die Vorschrift erstmalig durch den Vertrag von Amsterdam vom 2. Oktober 1997, der zum 1. Mai 1999 in Kraft getreten ist, formuliert worden. Die Herstellung der Freizügigkeit der Arbeitnehmer gilt insoweit als abgeschlossen.

[234] EuGH, Urteil v. 4. April 1974, Rs. 167/73 (Kommission/Französische Republik), Slg. 1974, 359 (371 Rz. 35); EuGH, Urteil v. 4. Dezember 1974, Rs. 41/74, Slg. 1974 (van Duyn), Slg. 1974, 1337 (1347 Rz. 5/7); EuGH, Urteil v. 8. April 1976, Rs. 48/75 (Royer), Slg. 1976, 497 (511 Rz. 19/23); EuGH, Urteil v. 7. Juli 1976, Rs. 118/75 (Watson und Belmann), Slg. 1976, 1185 (1197 Rz. 11/12); EuGH, Urteil v. 14. Juli 1976, Rs. 13/76 (Donà), Slg. 1976, 1333 (1341 Rz. 20); EuGH, Urteil v. 14. Juli 1977, Rs. 8/77 (Sagulo, Brenca und Bakhouche), Slg. 1977, 1495 (1504/1505 Rz. 8); EuGH, Urteil v. 18. Mai 1989, Rs. 249/86 (Kommission/ Deutschland), Slg. 1989, 1263 (1289 Rz. 9); EuGH, Urteil v. 27. September 1989, Rs. 9/88 (Lopes da Veiga), Slg. 1989, 2989 (3010 Rz. 18).

[235] GTE-Wölker, Art. 48 Rn. 16; Hintersteininger, S. 109; Kingreen, S. 176. So auch für Art. 6 EG-Vertrag: von Bogdandy, in: Grabitz/Hilf, Art. 6 Rn. 28; GTE-Zuleeg, Art. 6 Rn. 17; für Art. 30 EG-Vertrag/Art. 28 EG: Matthies/von Borries, in: Grabitz/Hilf, Art. 28 Rn. 44; GTE-Müller-Graff, Art. 30 Rn. 294ff. Siehe zu diesem Thema ausführlich Schwemer, Die Bindung des Gemeinschaftsgesetzgebers an die Grundfreiheiten, 1994.

[236] GTE-Willms, Art. 51 Rn. 9; Schulte, SDSRV Bd. 36, S. 7 (24); Becker, NZS 1998, S. 359 (361); Bieback, SDSRV Bd. 36, S. 51 (53); Sieveking, ZAR 1997, S. 17 (24); Bieback, SGb 1994, S. 301 (304) mit der Feststellung, dass die Grundrechte der Gemeinschaftsbürger unabhängig vom sekundären Gemeinschaftsrecht gelten und nicht nur, wenn und soweit sie durch Letzteres umgesetzt werden. Zur Nachrangigkeit des sekundären gegenüber dem primären Gemeinschaftsrecht vgl. GTE-Schmidt, Art. 189 Rn. 21. Vgl. als Beispiele, in denen Vorschriften der VO 1408/71 mit Primärrecht für unvereinbar erklärt worden sind, EuGH, Urteil v. 15. Januar 1986, Rs. 41/84 (Pinna I), Slg. 1986, S. 1 (26 Rz. 25); EuGH, Urteil v. 7. Juni 1988, Rs. 20/85 (Roviello), Slg. 1988, 2805 (2853 Rz. 18). Zur Aufgabe des EuGH gemäß Art. 234 lit. b EG sekundäres Gemeinschaftsrecht auf seine Vereinbarkeit mit primärem Gemeinschaftsrecht zu überprüfen, vgl. Eichenhofer, SGb 1992, S. 573 (578). Zum Problem der Primärrechtskonformität von Art. 22 VO 1408/71, vgl. Schlussanträge des GA Tesauro in den Rs. C-120/95 (Decker) und C-158/95 (Kohll), Slg. 1998, I-1831 (1852ff.). Eichenhofer, in: Hailbronner (Hrsg.), 30 Jahre Freizügigkeit, S. 75 (83); Bieback, SDSRV Bd. 36, S. 51 (59/60); zur Verordnung insgesamt Everling, in: Zentrum für Europäisches Wirtschaftsrecht (Hrsg.), 1997, S. 67 (113/114).

a. Begriff des Arbeitnehmers

Zunächst bedarf es einer Eingrenzung des berechtigten Personenkreises. Der Begriff des Arbeitnehmers wird in Art. 39 EG einerseits und in Art. 42 EG und dem auf dieser Grundlage ergangenen Sekundärrecht, der VO 1408/71[237] andererseits mit unterschiedlichem Inhalt verwendet[238]. In Art. 39 EG wird ein arbeitsrechtliches Verständnis des Begriffs zugrunde gelegt, für das freizügigkeitsspezifische Sozialrecht wird auf die sozialversicherungsrechtliche Position des Arbeitnehmers abgestellt. Da Gegenstand dieser Untersuchung die Überprüfung der Rechtsfolge des Art. 19 Abs. 1 lit. a VO 1408/71, der als Berechtigten den Arbeitnehmer vorsieht[239], anhand der primärrechtlichen Arbeitnehmerfreizügigkeit ist, muss die Schnittmenge beider Inhalte ermittelt werden.

aa. Arbeitnehmerbegriff im Sinne des Art. 39 EG[240]

Der Begriff des Arbeitnehmers ist im Gemeinschaftsrecht nicht ausdrücklich definiert, hat aber durch die Rechtsprechung des EuGH eine gemeinschaftsrechtlich autonome Auslegung erfahren[241]. Bedingungen für die Arbeitnehmereigenschaft sind die Erbringung von Leistungen für einen anderen, nach dessen Weisungen und gegen eine Vergütung[242]. Auf den Umfang der Arbeitsleistung kommt es dabei nicht an. Entscheidend ist, dass es sich um eine "tatsächliche und echte" wirtschaftliche Erwerbstätigkeit handelt und nicht um eine lediglich "völlig untergeordnete und unwesentliche" Tätigkeit[243].

---

[237] Die Verordnung basiert neben Art. 42 EG auch auf Art. 308 EG. GTE-Willms, Art. 51 Rn. 9 hält Art. 2 und Art. 12 EG für weitere Grundlagen.

[238] Vgl. Bergmann, SGb 1998, S. 449 (459); Veltmann, S. 6; Martin, S. 39.

[239] Zum ebenfalls berechtigten Selbständigen, vgl. unten § 2 B III.

[240] Die im Text folgenden Ausführungen zur Definition gelten auch für den Begriff des Arbeitnehmers in Art. 40 EG und in der Verordnung (EWG) des Rates über die Freizügigkeit der Arbeitnehmer innerhalb der Gemeinschaft (Nr. 1612/68) vom 15. Oktober 1968, ABl. EG Nr. L 257 v. 19. 10. 1968, S. 2, und sind Grundlage für die Bestimmung des Begriffs der "jungen Arbeitskräfte" in Art. 41 EG.

[241] EuGH, Urteil v. 19. März 1964, Rs. 75/63 (Unger), Slg. 1964, 379 (396); EuGH, Urteil v. 23. März 1982, Rs. 53/81 (Levin), Slg. 1982, 1035 (1049 Rz. 11, 12); EuGH, Urteil v. 11. Juli 1985, Rs. 105/84 (Foreningen), Slg. 1985, 2639 (2652 Rz. 24); EuGH, Urteil v. 3. Juni 1986, Rs. 139/85 (Kempf), Slg. 1986, S. 1741 (1751 Rz. 15); EuGH, Urteil v. 31. Mai 1989, Rs. 344/87 (Bettray), Slg. 1989, 1621 (1644 Rz. 11).

[242] EuGH, Urteil v. 3. Juli 1986, Rs. 66/85 (Lawrie-Blum), Slg. 1986, 2121 (2144 Rz. 17); EuGH, Urteil v. 31. Mai 1989, Rs. 344/87 (Bettray), Slg. 1989, 1621 (1645 Rz. 12); EuGH, Urteil v. 14. Dezember 1989, Rs. C-3/87 (Agegate), Slg. 1989, 4459 (4505 Rz. 35). Siehe auch Hailbronner, EuZW 1991, S. 171 (173).

[243] EuGH, Urteil v. 23. März 1982, Rs. 53/81 (Levin), Slg. 1982, 1035 (1050 Rz. 17).

bb. Arbeitnehmerbegriff im Sinne des Art. 42 EG und im Sinne der VO 1408/71[244]

Der Begriff des Arbeitnehmers im freizügigkeitsspezifischen Sozialrecht bestimmt sich nach der Definition des Art. 1 lit. a VO 1408/71. Arbeitnehmer ist "jede Person, die gegen ein Risiko oder gegen mehrere Risiken, die von den Zweigen eines Systems der sozialen Sicherheit für Arbeitnehmer (...) erfaßt werden, pflichtversichert oder freiwillig weiterversichert ist" (Art. 1 lit. a sublit. i VO 1408/71)[245]. Art. 1 lit. a sublit. ii und iii VO 1408/71 stellen die Voraussetzungen der Arbeitnehmereigenschaft auf, wenn eine Person im Rahmen eines Einwohnersicherungssystems, eines für die gesamte erwerbstätige Bevölkerung oder für die gesamte Landbevölkerung geltenden Systems gegen ein Risiko oder mehrere Risiken pflichtversichert ist. Entscheidend ist, dass die Person entweder durch die Art der Verwaltung bzw. Finanzierung des Systems als Arbeitnehmer eingeordnet werden kann (Art. 1 lit. a sublit. ii VO 1408/71) oder die in Anhang 1 der Verordnung für die einzelnen Mitgliedstaaten aufgeführten spezifischen Kriterien erfüllt sind, die den persönlichen Geltungsbereichs der Verordnung nach Art. 1 lit. a sublit. ii und iii VO 1408/71 ergänzen. Nach Art. 1 lit. a sublit. iv VO 1408/71 gelten auch diejenigen Personen als Arbeitnehmer im Sinne der Verordnung, die in einem System der sozialen Sicherheit eines Mitgliedstaats freiwillig versichert sind, sofern sie im Lohn- und Gehaltsverhältnis beschäftigt sind oder früher in einem für Arbeitnehmer desselben Mitgliedstaats errichteten Systems gegen das gleiche Risiko pflichtversichert waren[246].

cc. Schnittmenge/Ergebnis

Die unterschiedliche Begriffsbestimmung, die in dem unterschiedlichen systematischen Zusammenhang der Vorschriften wurzelt, führt zum einen dazu, dass es Personen gibt, die zwar Arbeitnehmer im Sinne von Art. 39 EG sind und deren Beschäftigung auch einen grenzüberschreitenden Bezug aufweist, die aber nicht die

---

[244] Der Begriff des Arbeitnehmers findet sich im freizügigkeitsspezifischen Sozialrecht sowohl in Art. 42 EG als auch in der VO 1408/71 und wird stets einheitlich definiert. Pompe, S. 131ff., weist demgegenüber darauf hin, dass sich der Arbeitnehmerbegriff in der weitgefassten, sehr flexiblen Legaldefinition des Art. 1 lit. a VO 1408/71, die auf der vor Schaffung der Verordnung ergangenen Rechtsprechung des EuGH beruht, von der ursprünglichen Zielsetzung des Art. 42 EG und des dort genannten Begriffs des Arbeitnehmers wesentlich absetzt.

[245] Wird zum Zwecke der Definition der Begriff des Arbeitnehmers verwendet, ist dieser im arbeitsrechtlichen Sinne der Mitgliedstaaten zu verstehen. Zu dem daraus folgenden zirkulären Element in der Begriffsbildung der VO 1408/71 vgl. Eichenhofer in: Fuchs (Hrsg.), Europäisches Sozialrecht, Art. 1, Rz. 10.

[246] Siehe zum Problem der freiwilligen Versicherung im Anwendungsbereich der VO 1408/71 oben Fn. 117.

Voraussetzungen des Art. 1 lit. a VO 1408/71 erfüllen. Dieser Gruppe gehören z.B. Arbeitnehmer an, die in Deutschland beschäftigt und Mitglieder einer privaten Kranken- bzw. Pflegeversicherung sind[247]. Ihre Ansprüche auf Leistungen bei Krankheit werden nicht mit Hilfe der VO 1408/71 koordiniert[248]. Sie fallen deshalb auch nicht in die Gruppe von Arbeitnehmern, deren Rechte an dieser Stelle diskutiert werden.

Fraglich ist, ob es Arbeitnehmer im Sinne des Art. 42 EG und der VO 1408/71 gibt, die sich nicht auf Art. 39 EG berufen können, weil sie den arbeitsrechtlichen Arbeitnehmerbegriff dieser Vorschrift nicht erfüllen. Der in Art. 2 VO 1408/71 geregelte persönlichen Geltungsbereich der Verordnung erwähnt neben Arbeitnehmern und Selbständigen auch deren Familienangehörigen und Hinterbliebenen und Beamte. In den besonderen Vorschriften der Verordnung für die einzelnen Leistungsarten sind außerdem Arbeitslose, Rentenantragsteller und Rentenberechtigte erwähnt. Da der persönliche Geltungsbereich Arbeitslose, Rentenantragsteller und Rentenberechtigte nicht ausdrücklich aufführt und auch Art. 1 VO 1408/71 keine diesbezüglichen Begriffsbestimmungen enthält, ist davon auszugehen, dass diese Personengruppen grundsätzlich auch unter den Begriff des Arbeitnehmers im Sinne des Art. 1 lit. a VO 1408/71 fallen, wenn sie dessen Voraussetzungen erfüllen[249]. Bei diesen Gruppen kann die gleichzeitige Arbeitnehmereigenschaft im Sinne des Art. 39 EG in Zweifel gezogen werden[250]. An dieser Stelle kann die Frage jedoch dahingestellt bleiben[251], da in dem Kapitel über Leistungen bei Krankheit, das hier einschlägig ist, diese Personengruppen aufgrund ihrer besonderen Lage[252] eigene Vorschriften[253] erhalten haben und deshalb ausnahmsweise nicht unter den Begriff des Arbeitnehmers fallen, der in Art. 19-24 VO 1408/71 ausschlaggebend ist.

---

[247] Tatsächlich wird die Anzahl dieser Personen gering sein, da bei fehlender Versicherungspflicht die private Versicherung nur eine Möglichkeit neben der freiwilligen Weiterversicherung und der freiwilligen Versicherung darstellt.

[248] Durch Umkehrschluss bei Heinze, PKV-Dokumentation 23, S. 41 (47). Siehe dort auch (51ff.) zur Bindung der substitutiven privaten Krankenversicherung an die Grundfreiheiten.

[249] Dafür spricht auch EuGH, Urteil v. 31. Mai 1979, Rs. 182/78 (Pierik), Slg. 1979, 1977 (1994 Rz. 8). Dort begrenzt er den Anwendungsbereich des Art. 22 Abs. 1 lit. c VO 1408/71 nicht nur auf tätige Arbeitnehmer; auch Rentenberechtigte könnten sich auf diese Vorschrift berufen, soweit keine besonderen Bestimmungen für sie erlassen wurden oder anzuwenden seien. Vgl. dazu Klang, S. 105/106.

[250] Siehe auch Schlussanträge des GA Tesauro in den Rs. C-120/95 (Decker) und C-158/95 (Kohll), Slg. 1998, I-1831 (1847/1848 Rz. 27) zu Arbeitnehmern, die aus einem anderen Grund als dem der Erwerbstätigkeit innerhalb der Gemeinschaft zu- und abwandern. Sie fallen zwar in den persönlichen Anwendungsbereich von der VO 1408/71, nicht aber unter Art. 39 EG.

[251] Siehe dafür unten § 3.

[252] So beispielsweise der sechzehnte Erwägungsgrund zur VO 1408/71 im Hinblick auf Rentenantragsteller und Rentenberechtigte sowie ihre Familienangehörige.

[253] Art. 25 VO 1408/71 für Arbeitslose und deren Familienangehörige, Art. 26 VO 1408/71 für

b. Grenzüberschreitender Sachverhalt

Neben der Erfüllung der Arbeitnehmereigenschaft ist für die Inanspruchnahme der Rechte aus Art. 39 EG erforderlich, dass ein grenzüberschreitender Bezug vorliegt, also ein Arbeitsverhältnis mit Berührung zu einem anderen Mitgliedstaat gegeben ist[254].

Eine besondere Fallkonstellation ergibt sich aus dem Sachverhalt, der dem Urteil des EuGH in der Rechtssache Molenaar zugrunde liegt[255]. Frau Molenaar ist Deutsche, arbeitet in Deutschland und wohnt in Frankreich. Sie ist in Deutschland gesetzlich kranken- und pflegeversichert und fällt deshalb gemäß Art. 1 lit. a i.V.m. Art. 2 Abs. 1 VO 1408/71 in den persönlichen Geltungsbereich des sekundären freizügigkeitsspezifischen Sozialrechts. Da ihr Wohnort (in Frankreich) in einem anderen Mitgliedstaat als dem zuständigen Staat (Deutschland) liegt, gilt für sie im Hinblick auf Sachleistungen bei Krankheit Art. 19 Abs. 1 lit. a VO 1408/71[256].

Fraglich ist allerdings, ob Frau Molenaar sich auf Art. 39 EG berufen kann[257]. Die Inanspruchnahme der Rechte aus Art. 39 EG setzt nämlich einen grenzüberschreitenden Bezug des Arbeitsverhältnisses voraus[258]. Der EuGH hat in zahlreichen Entscheidungen, in denen der Geltungsbereich des Gemeinschaftsrechts im Hinblick auf die Arbeitnehmerfreizügigkeit bzw. die Niederlassungsfreiheit in Frage stand, betont, dass die jeweiligen Vertragsbestimmungen nicht auf Betätigungen anwendbar sind, deren Elemente sämtlich nicht über die Grenzen eines Mitgliedstaats hinausgehen[259]. Es seien vielmehr Berührungspunkte mit Sachverhalten notwendig, auf die das Gemeinschaftsrecht abstelle[260].

Rentenantragsteller und deren Familienangehörige, Art. 27-34 für Rentenberechtigte und deren Familienangehörige. Für eine Beschränkung des Arbeitnehmerbegriffs in den Art. 19-24 VO 1408/71 auf Erwerbstätige gegenüber der weiteren Definition in Art. 1 lit. a, Art. 2 VO 1408/71 auch Bieback, in: NKES, I.19, Rz. 2; anders wohl Bieback, in: Fuchs (Hrsg.), Europäisches Sozialrecht, Art. 19, Rz. 6.

[254] GTE-Wölker, Vorbem. zu den Art. 48-50 Rn. 24. EuGH, Urteil v. 28. Januar 1992, Rs. C-322/90 (Steen), Slg. 1992, I-341 (356/357 Rz. 9); Kewenig, JZ 90, S. 20 (21); Gassner, VSSR 1995, S. 255 (267).

[255] Siehe für eine ausführliche Darstellung oben § 1 B III 1.

[256] So auch EuGH, Urteil v. 8. Juni 1995, Rs. C-451/93 (Delavant), Slg. 1995, I-1545 (1563 Rz. 14) für eine vergleichbare Fallkonstellation.

[257] Hier wird deutlich, dass die VO 1408/71 Versicherten bei grenzüberschreitenden Sachverhalten unabhängig davon Schutz gewährt, ob eine Inanspruchnahme der Rechte aus der Arbeitnehmerfreizügigkeit oder der Niederlassungsfreiheit vorliegt; vgl. Stahlberg, Europäisches Sozialrecht, S. 311. Damit geht ihr Schutzgehalt weit über die ursprüngliche Intention bei Erlass - Verhinderung sozialrechtlicher Nachteile bei Ausübung der Freizügigkeit - hinaus; so auch Devetzi, S. 33; Verschueren, in: Jorens/Schulte (Hrsg.), European Social Security Law, S. 187 (207).

[258] Vgl. nur Heyer, S. 20; siehe dazu außerdem oben § 2 B II 1 b.

[259] EuGH, Urteil v. 28. März 1979, Rs. 175/78 (Saunders), Slg. 1979, 1129 (1135 Rz. 11); EuGH, Urteil v. 27. Oktober 1982, Rs. 35/82 und 36/82 (Morson und Jhanjan), Slg. 1982, 3723 (3736

Der grenzüberschreitende Bezug ergibt sich im Falle von Frau Molenaar nicht daraus, dass sie sich zur Ausübung ihrer Beschäftigung in einen anderen Mitgliedstaat als ihren Heimatstaat begibt und damit den der Arbeitnehmerfreizügigkeit zugrunde liegenden Gedanken einer von der Staatsangehörigkeit unabhängigen, grundsätzlich unbeschränkten örtlichen Wahl des Arbeitsplatzes[261] verwirklicht. Vielmehr überschreitet sie die Grenze zu einem anderen Mitgliedstaat als ihrem Heimatstaat nur zum Zwecke des Wohnens und trifft damit bezüglich des *Wohnens* eine von ihrer Staatsangehörigkeit unabhängige Entscheidung. Die Grenzüberschreitung kann demnach zwar unter dem Gesichtspunkt der Ausübung eines allgemeinen gemeinschaftsrechtlichen Freizügigkeits-/Aufenthaltsrecht beleuchtet werden[262] [263]. Im Hinblick auf die für die Arbeitnehmerfreizügigkeit entscheidende

---

Rz. 16); EuGH, Urteil v. 28. Juni 1984, Rs. 180/83 (Moser), Slg. 1984, 2539 (2547 Rz. 15); EuGH, Urteil v. 15. Januar 1986, Rs. 44/84 (Hurd/Jones), Slg. 1986, 29 (85 Rz. 55); EuGH, Urteil v. 23. Januar 1986, Rs. 298/84 (Iorio), Slg. 1986, 247 (255 Rz. 14); EuGH, Urteil v. 18. Oktober 1990, Rs. C-297/88 und C-197/89 (Dzodzi), Slg. 1990, I-3763 (3791 Rz. 23); EuGH, Urteil v. 28. Januar 1992, Rs. C-332/90 (Steen), Slg. 1992, I-341 (356/357 Rz. 9); EuGH, Urteil v. 16. Januar 1997, Rs. C-134/95 (USSL), Slg. 1997, I-195 (210 Rz. 19). Unter Verweis auf den eindeutigen Wortlaut der Grundfreiheitsnormen und Art. 3 lit. c EG-Vertrag, siehe auch Hoffmann, S. 98ff., der in seinen Ausführungen alle tragenden Argumente für eine Ausweitung des sachlichen Anwendungsbereichs der Grundfreiheiten auf den rein innerstaatlichen Verkehr entkräftet.

[260] EuGH, Urteil v. 18. Oktober 1990, Rs. C-297/88 und C-197/89 (Dzodzi), Slg. 1990, I-3763 (3791 Rz. 23).

[261] Vgl. zu dem Grundgedanken der Freizügigkeit der Personen allgemein: Oppermann, Europarecht, Rn. 1501.

[262] Siehe zur Unionsbürgerschaft unten § 2 B IV. Eine Grenzüberschreitung zwecks Inanspruchnahme der Rechte aus Art. 43ff. EG (Niederlassungsfreiheit) oder Art. 49ff. EG (Dienstleistungsfreiheit) kommt hier nicht in Betracht. Der Begriff der Niederlassung in Art. 43 EG wird ausschließlich im Sinne einer Niederlassung zum Zwecke der Aufnahme und Ausübung einer wirtschaftlichen Tätigkeit verstanden (Bröhmer, in: Calliess/Ruffert (Hrsg.), EUV/EGV, Art. 43 Rn. 9, 10); die schlichte Wohnsitznahme in einem anderen Mitgliedstaat ist daher keine Niederlassung im gemeinschaftsrechtlichen Sinne. Nach Art. 50 S. 3 EG darf der Aufenthalt in einem anderen Mitgliedstaat zum Empfang oder zur Erbringung von Dienstleistungen nur vorübergehender Natur sein. Eine Wohnsitznahme wie in diesem Fall, die auf unbegrenzte Zeit und als einziger Wohnsitz angelegt ist, wird diesem Kriterium nicht gerecht.

[263] Diese Frage stellt sich insbesondere, weil keines der mit der Rechtssache Molenaar befassten Gerichte, weder das Sozialgericht Karlsruhe im Ausgangsverfahren noch der EuGH, ebensowenig GA Cosmas, Bezug darauf genommen haben, ob das Recht aus Art. 39 EG, das Frau Molenaar geltend macht, ein originäres ist oder ob es ihr lediglich als von Herrn Molenaar (als Wanderarbeitnehmer) abgeleitete Rechtsposition zusteht. Man könnte zwar vertreten, dass eine diesbezügliche Stellungnahme des EuGH nicht unmittelbar erforderlich war: Durch seine eigenständige Auslegung der Vorlagefrage stand die Subsumtion des fraglichen Sachverhalts unter die VO 1408/71, in deren persönlichen Anwendungsbereich Frau Molenaar zweifelsohne fällt, im Vordergrund. Dennoch wäre ein klärender Ausspruch hilfreich gewesen. Zum einen,

Beschäftigung handelt es sich aber um einen rein internen Sachverhalt, der von Art. 39 EG nicht umfasst ist.

Diese Auslegung wird bestätigt durch die Entscheidung des EuGH in der Rechtssache Werner, die sich auf die - insoweit vergleichbare - Niederlassungsfreiheit bezog[264].
Herr Werner, ein in Deutschland niedergelassener deutscher Zahnarzt, hat sich unter Berufung auf die gemeinschaftsrechtlich verbürgte Niederlassungsfreiheit gegen die ihm nur wegen seines Wohnsitzes in den Niederlanden auferlegte höhere Steuerbelastung gewehrt. Auf die Fragen des vorlegenden Gerichts hin hat der EuGH entschieden, dass sich ein deutscher Staatsangehöriger, der in Deutschland ausgebildet wurde, immer in Deutschland gearbeitet hat und lediglich seinen Wohnsitz im EG-Ausland hat, nicht auf die Rechte aus Art. 52 EG-Vertrag (nach Änderung jetzt Art. 43 EG) berufen kann. Insbesondere hat der Gerichtshof auch einen Anwendungsfall des Grundsatzes, dass sich ein Arbeitnehmer/Selbständiger dann gegenüber seinem Heimatstaat auf Gemeinschaftsrecht berufen kann, wenn er sich in einer vergleichbaren Situation wie EG-Ausländer befindet[265], abgelehnt[266].

Auch die Auseinandersetzung mit dem Urteil des EuGH in der Rechtssache Scholz[267] führt zu keiner anderen Beurteilung der Ausgangsfrage. Frau Scholz, eine

---

weil sich das vorlegende Gericht neben Art. 6 EG-Vertrag ausdrücklich auf Art. 48 EG-Vertrag bezieht. Zum anderen, weil auch der EuGH im Urteilstenor die Heranziehung von Personen zu Beiträgen zu einem System der sozialen Sicherheit unabhängig von ihrem Wohnort für mit Art. 6 und Art. 48 EG-Vertrag vereinbar erklärt hat, ohne vorher auf den sachlichen Anwendungsbereich von Art. 48 EG-Vertrag und damit auf den Arbeitnehmerbegriff (vgl. GTE-Willms, Vorbem. zu den Art. 48 bis 50, III 1 a, der den Arbeitnehmerbegriff unter den sachlichen Anwendungsbereich fasst) eingegangen zu sein. Es hätte auch einer Klärung bedurft, welche Rolle Art. 6 EG-Vertrag in diesem Zusammenhang spielt, ob Frau Molenaar möglicherweise alleine wegen der Grenzüberschreitung zum Zwecke des Wohnens in den Anwendungsbereich des EG-Vertrags fällt und sich damit auf Art. 6 Abs. 1 EG-Vertrag berufen kann.

[264] EuGH, Urteil v. 26. Januar 1993, Rs. C-112/91 (Werner), Slg. 1993, I-429ff.
[265] EuGH, Urteil v. 26. Januar 1993, Rs. C-112/91 (Werner), Slg. 1993, I-429 (469 Rz. 13). Vgl. zu dem erwähnten Grundsatz, insbesondere bei den sog. Rückkehrkonstellationen: EuGH, Urteil v. 7. Februar 1979, Rs. 115/78 (Knoors), Slg. 1979, 399 (410 Rz. 24); EuGH, Urteil v. 3. Oktober 1990, Rs. C-61/89 (Bouchoucha), Slg. 1990, I-3551 (3567 Rz. 13); EuGH, Urteil v. 25. Juni 1992, Rs. C-147/91 (Ferrer Laderer), Slg. 1992, I-4097 (4115 Rz. 7); EuGH, Urteil v. 31. März 1993, Rs. C-19/92 (Kraus), Slg. 1993, I-1663 (1693 Rz. 15, 16).
[266] GTE-Wölker, Vorbem. zu den Art. 48 bis 50 Rn. 24, hält diese Rechtsprechung für sehr restriktiv, seit Ablauf der Umsetzungsfrist für die Richtlinie des Rates vom 28. Juni 1990 über das Aufenthaltsrecht (90/364/EWG) sogar für nicht mehr haltbar. Die Umsetzungsfrist ist am 30. Juni 1992 abgelaufen, vgl. Art. 5 der Richtlinie.
[267] EuGH, Urteil v. 23. Februar 1994, Rs. C-419/92 (Scholz), Slg. 1994, I-505ff.

gebürtige Deutsche, hat in Deutschland mehrere Jahre in der öffentlichen Verwaltung gearbeitet. Seit ihrer Heirat mit einem Italiener besitzt sie die italienische Staatsangehörigkeit. In Italien bewirbt sie sich wiederum um eine Stelle in der öffentlichen Verwaltung. Die Ausschreibung des Auswahlverfahrens sieht vor, dass sich eine frühere Beschäftigung der Bewerber in der öffentlichen Verwaltung positiv auf die Entscheidung über die Stellenbesetzung auswirkt. Frau Scholz wurde nachweislich deswegen nicht eingestellt, weil es nur diejenige Berufserfahrung zu berücksichtigen galt, die Bewerber in der öffentlichen Verwaltung Italiens erworben haben. Ersucht um Vorabentscheidung, hält der Gerichtshof in seinem Urteil ein solches Vorgehen als versteckte Diskriminierung für unvereinbar mit Art. 48 EG-Vertrag.

Diese Entscheidung scheint auf den ersten Blick im Widerspruch zu stehen mit dem Urteil in der Rechtssache Werner. Frau Scholz hat als Deutsche in Deutschland gelebt und gearbeitet, ihren Wohnsitz dann aus privaten Gründen nach Italien verlegt und bewirbt sich als italienische Staatsangehörige um eine Stelle in Italien. Es fehlt - wie in der Rechtssache Werner - an einer Ortsveränderung im Hinblick auf eine wirtschaftliche Tätigkeit. Insoweit unterscheiden sich die Sachverhalte nicht[268]. Trotzdem hat der EuGH in der Rechtssache Scholz die Vorschriften der Arbeitnehmerfreizügigkeit - zu Recht - für einschlägig erachtet. Ein Rechtsprechungswandel dahingehend, dass auch ein privater Wohnsitzwechsel in einen anderen Mitgliedstaat anstelle einer "Ortsveränderung im Hinblick auf eine wirtschaftliche Tätigkeit"[269] als Erfüllung des Kriteriums der Grenzüberschreitung reicht, um sich auf die speziellen Freizügigkeitsrechte des EG-Vertrags zu berufen, liegt dennoch nicht vor. Der EuGH hat schon früher die Möglichkeit gemeinschaftsangehöriger Personen bejaht, sich auf Rechte aus Art. 39 und Art. 43 EG auch im Verhältnis zum jeweiligen Heimatstaat zu berufen[270]. In den entschiedenen Fällen haben Staatsangehörige eines Mitgliedstaats in einem anderen Mitgliedstaat eine berufliche Qualifikation[271] oder einen aufgrund eines Postgraduiertenstudiums verliehenen akademischen Grad[272] erworben und bei der Rückkehr in ihren Heimatstaat Schwierigkeiten mit der Anerkennung gehabt. Hier solle nach Ansicht des EuGH

---

[268] So auch Nachbaur, EuZW 1994, S. 281 (282).
[269] So die Formulierung in den Schlussanträgen des GA Darmon in der Rs. C-112/91 (Werner), Slg. 1993, I-429 (459 Rz. 30).
[270] EuGH, Urteil v. 7. Februar 1979, Rs. 115/78 (Knoors), Slg. 1979, 399 (410 Rz. 24); EuGH, Urteil v. 6. Oktober 1981, Rs. 246/80 (Broekmeulen), Slg. 1981, 2311 (2329 Rz. 20); EuGH, Urteil v. 3. Oktober 1990, Rs. C-61/89 (Bouchoucha), Slg. 1990, I-3551 (3567 Rz. 13); EuGH, Urteil v. 25. Juni 1992, Rs. C-147/91 (Ferrer Laderer), Slg. 1992, I-4097 (4115 Rz. 7); EuGH, Urteil v. 31. März 1993, Rs. C-19/92 (Kraus), Slg. 1993, I-1663 (1693 Rz. 15, 16).
[271] EuGH, Urteil v. 7. Februar 1979, Rs. 115/78 (Knoors), Slg. 1979, 399 (410 Rz. 24); EuGH, Urteil v. 6. Oktober 1981, Rs. 246/80 (Broekmeulen), Slg. 1981, 2311 (2331 Rz. 27).
[272] EuGH, Urteil v. 31. März 1993, Rs. C-19/92 (Kraus), Slg.1993, I-1663 (1695 Rz. 23).

das Gemeinschaftsrecht Anwendung finden, weil sich die Personen ihrem Heimatstaat gegenüber in einer Situation befinden, die derjenigen aller anderen Personen vergleichbar sei, die in den Genuß der durch den Vertrag garantierten Rechte kommen[273]. In der Rechtssache Scholz handelt es sich zwar nicht um eine solche Rückkehrkonstellation, für die das Kriterium der Vergleichbarkeit entwickelt wurde. Gleichwohl befindet Frau Scholz sich aber in einer Situation, die derjenigen von Personen, die ihr Recht auf wirtschaftlich orientierte Freizügigkeit in Anspruch genommen haben, ähnlich ist. Die Berufserfahrung, die sie in dem einen Mitgliedstaat erworben hat, wird bei ihrer Bewerbung um eine Stelle in einem anderen Mitgliedstaat nicht als relevant im Sinne der Ausschreibung anerkannt, weil sie nicht auf einer Tätigkeit in Letzterem beruht[274]. Die Grenzüberschreitung, wenn auch ausschließlich privat motiviert, wirkt sich direkt auf die Beschäftigung aus. Dieser Umstand allerdings stellt einen Sachverhalt dar, auf den sich das Gemeinschaftsrecht in Form der Arbeitnehmerfreizügigkeit bezieht. Dahinter müssen die private Wohnsitzverlegung und der Staatsangehörigkeitswechsel, die die Beurteilung als internen Sachverhalt begründen können, in ihrer Bedeutung für die gemeinschaftsrechtliche Bewertung der Rechtssache zurücktreten.

Im Hinblick auf die Ausgangsfrage bleibt es somit bei dem oben entwickelten Ergebnis, dass ein Mitgliedstaatsangehöriger, der bei ausschließlicher Beschäftigung im Heimatland lediglich seinen Wohnsitz aus privaten Gründen ins EG-Ausland verlegt hat, nicht aus Art. 39 EG berechtigt ist[275].

c. Ergebnis

Es können sich demnach bezüglich der Rechtsfolgen der Anwendung des Art. 19 Abs. 1 lit. a VO 1408/71 auf die Leistungen der sozialen Pflegeversicherung auf Art. 39 EG alle tatsächlich Erwerbstätigen - ausgenommen sind Selbständige - berufen, bei denen die Trennung von Wohn- und Beschäftigungsstaat nicht ausschließlich auf einer privat motivierten Wohnsitzverlegung beruht, ohne dass sie jemals in einem anderen als ihrem Heimatstaat beschäftigt waren.

---

[273] EuGH, Urteil v. 7. Februar 1979, Rs. 115/78 (Knoors), Slg. 1979, 399 (410 Rz. 24); EuGH, Urteil v. 3. Oktober 1990, Rs. C-61/89 (Bouchoucha), Slg. 1990, I-3551 (3567 Rz. 13); EuGH, Urteil v. 25. Juni 1992, Rs. C-147/91 (Ferrer Laderer), Slg. 1992, I-4097 (4115 Rz. 7); EuGH, Urteil v. 31. März 1993, Rs. C-19/92 (Kraus), Slg. 1993, I-1663 (1693 Rz. 15, 16).
[274] Nicht etwa, weil die konkrete Berufserfahrung für die neue Stelle nicht interessant wäre.
[275] Im Ergebnis so auch Zuleeg, DVBl. 1997, S. 445 (448); ders., in Ebsen (Hrsg.), Gestaltungsvorgaben, S. 103 (112).

2. Beeinträchtigung der Arbeitnehmerfreizügigkeit

Gemäß Art. 39 Abs. 2 EG ist jede auf der Staatsangehörigkeit beruhende unterschiedliche Behandlung der Arbeitnehmer der Mitgliedstaaten in Bezug auf Beschäftigung, Entlohnung und sonstige Arbeitsbedingungen verboten. Mit diesem Gebot der Inländergleichbehandlung wird das Verbot von Diskriminierungen aufgrund der Staatsangehörigkeit des Art. 12 EG für den Bereich der Arbeitnehmerfreizügigkeit konkretisiert[276].

a. Soziale Sicherheit als Arbeitsbedingung

Das Verbot von Diskriminierungen aufgrund der Staatsangehörigkeit besteht nach dem Wortlaut von Art. 39 Abs. 2 EG für Ungleichbehandlungen in Bezug auf Beschäftigung, Entlohnung und sonstige Arbeitsbedingungen. Zu den Arbeitsbedingungen gehören auch die Vorschriften über die soziale Sicherheit[277]. Als koordinationsrechtliches Prinzip auf dem Gebiet der sozialen Sicherheit in der EU muss auch die aushelfende Sachleistungsgewährung in Anwendung auf die Leistungen bei Pflegebedürftigkeit dem Gleichbehandlungsgebot genügen.

b. Unmittelbare Diskriminierung aufgrund der Staatsangehörigkeit

Eine Diskriminierung im gemeinschaftsrechtlichen Sinne liegt nach der Rechtsprechung des EuGH dann vor, wenn gleichgelagerte Sachverhalte ungleich oder verschieden gelagerte Sachverhalte gleich behandelt werden[278]. In der Literatur[279]

---

[276] Hailbronner, in: Dauses (Hrsg.), Hdb. EU-WirtschaftsR, D.I. Rn. 1; Nielsen/Szyszczak, S. 41. Das Verbot von Diskriminierungen aufgrund der Staatsangehörigkeit wiederum stellt sich als spezielle Ausprägung eines allgemeinen Gleichheitsgebots dar, das als fundamentales Rechtsprinzip des Gemeinschaftsrechts anerkannt ist. Siehe EuGH, Urteil v. 19. Oktober 1977, verb. Rs. 117/76 und 16/77 (Ruckdeschel), Slg. 1977, 1753 (1769/1770 Rz. 7); EuGH, Urteil v. 25. Oktober 1978, Rs. 125/77 (Koninklijke Scholten-Honig), Slg. 1978, 1991 (2003/2004 Rz. 25/27); EuGH, Urteil v. 25. Oktober 1978, verb. Rs. 103/77 und 145/77 (Royal Scholten-Honig), Slg. 1978, 2037 (2074/2075 Rz. 25/27). Vgl. auch Bleckmann, in: Bleckmann, Europarecht, Rn. 1779; Klang, S. 90; Gassner, VSSR 1995, S. 255 (255/256).

[277] EuGH, Urteil v. 15. Januar 1986, Rs. 41/84 (Pinna I), Slg. 1986, 1 (25 Rz. 21).

[278] Vgl. EuGH, Urteil v. 17. Juli 1963, Rs. 13/63 (Italien/Kommission), Slg. 1963, 357 (384); EuGH, Urteil v. 27. Oktober 1971, Rs. 6/71 (Rheinmühlen), Slg. 1971, 823 (838 Rz. 14); EuGH, Urteil v. 23. Februar 1983, Rs. 8/82 (Wagner), Slg. 1983, 371 (387 Rz. 18); EuGH, Urteil v. 12. März 1987, Rs. 215/85 (BALM), Slg. 1987, 1279 (1300 Rz. 23); EuGH, Urteil v. 5. Oktober 1994, Rs. C-133/93, C-300/93, C-362/93 (Crispoltoni u. a.), Slg. 1994, I-4863 (4907/4908 Rz. 51).

[279] Von Bogdandy, in: Grabitz/Hilf, Art. 6 Rn. 8, 9; Epiney, S. 3, 19; Reitmaier, S. 12/13; GTE-Zuleeg, Art. 6 Rn. 1. Vgl. zur Frage des Diskriminierungsbegriffs ausführlich Hintersteininger,

wird formuliert, dass eine Diskriminierung dann vorliegt, wenn gleiche Sachverhalte in Anknüpfung an ein bestimmtes Differenzierungskriterium unterschiedlich behandelt werden, woraus eine Benachteiligung der einen Vergleichsgruppe gegenüber der anderen resultiert. Die Diskriminierung könne aber auch darauf beruhen, dass verschiedene Sachverhalte einer gleichen Behandlung unterworfen werden[280]. Im Rahmen der folgenden Untersuchung soll unter dem Begriff der Diskriminierung die benachteiligende Ungleichbehandlung einer Person im Vergleich zu einer anderen Person verstanden werden[281], unabhängig davon, ob diese aus sachlichen Gründen gerechtfertigt ist oder nicht[282].

Voraussetzung für die Feststellung einer Diskriminierung ist demnach die Bildung von Vergleichsgruppen, die in ihren wesentlichen Teilen übereinstimmen, sich aber in einem weiteren Teil unterscheiden. Dieser Teil stellt den maßgeblichen Differenzierungsgrund dar, an den die abweichenden Regelungen anknüpfen. Nach Art. 39 Abs. 2 EG ist die Staatsangehörigkeit als Anknüpfungspunkt für unterschiedliche Regelungen von ansonsten gleichen Sachverhalten ein unzulässiges Differenzierungskriterium. Eine Ungleichbehandlung aus diesem Grund ist verboten[283].

aa. Benachteiligung durch Art. 19 Abs. 1 lit. a VO 1408/71: Bildung von Vergleichsgruppen

Im Hinblick auf die Rechtsfolge des Art. 19 Abs. 1 lit. a VO 1408/71, der die Gewährung von Sachleistungen nach dem Prinzip der aushelfenden Sachleistungsgewährung normiert, sind die Vergleichsgruppen innerhalb des Kreises der in einem

---

S. 8.
[280] Entscheidend ist, dass der Begriff der Diskriminierung selbst noch keine Aussage über die gemeinschaftsrechtliche Zulässigkeit der Benachteiligung enthält. Eine dahingehende Bewertung lässt sich erst nach Prüfung der möglichen Rechtfertigungsgründe treffen.
[281] So auch Epiney, S. 20.
[282] Dieser letzte Zusatz ist erforderlich, weil teilweise schon dem Begriff der Diskriminierung selbst entnommen wird, dass keine sachlichen oder objektiven Gründe für die Ungleichbehandlung gegeben sein dürfen, so dass bei ihrem Vorliegen eine Diskriminierung von vornherein ausgeschlossen ist; so beispielsweise die Verwendung des Begriffs bei Zuleeg, in: Ebsen (Hrsg.), Gestaltungsvorgaben, S. 103 (112).
[283] Dieses Verbot gilt absolut und lässt keine Rechtfertigung zu. Der Vorbehalt der öffentlichen Ordnung, Sicherheit und Gesundheit in Art 39 Abs. 3 EG ist in seinem Anwendungsbereich nur auf die dort enthaltenen Rechte begrenzt. Vgl. Brechmann, in: Calliess/Ruffert (Hrsg.), EUV/EGV, Art. 39 Rn. 45; Heyer, S. 57; Schwemer, S. 183; Oppermann, Europarecht, Rn. 1530; GTE-Wölker, Art. 48 Rn. 92; Bleckmann, in: Bleckmann, Europarecht, Rn. 1582, 2898; GA Darmon in seinen Schlussanträgen zur Rs. C-379/87 (Groener), Slg. 1989, 3979 (3985 Rz. 35); Wohl auch EuGH, Urteil v. 4. Dezember 1974, Rs. 41/74 (van Duyn), Slg. 1974, 1337 (1347 Rz. 5/7).

Mitgliedstaat versicherten Arbeitnehmer zu bilden. Grundsätzlich erwerben versicherte Arbeitnehmer, die gegen ein bestimmtes Risiko bei demselben Träger versichert sind, dieselben Ansprüche auf die in dessen Leistungskatalog vorgesehenen Sachleistungen. Die zu zahlenden Beiträge korrespondieren mit der Möglichkeit der Inanspruchnahme dieser Leistungen bei Risikoverwirklichung. Durch Art. 19 Abs. 1 lit. a VO 1408/71 wird im Hinblick auf das Risiko der Krankheit dieser Grundsatz modifiziert und eine Unterscheidung eingeführt zwischen versicherten Arbeitnehmern, die im Versicherungsstaat[284] wohnen und in diesem Wohnstaat Leistungen in Anspruch nehmen möchten, einerseits und versicherten Arbeitnehmern, die in einem anderen Mitgliedstaat als dem Versicherungsstaat wohnen und in ihrem Wohnstaat Leistungen in Anspruch nehmen möchten, andererseits. Bei Risikoeintritt bezieht die erste Gruppe Leistungen nach dem Leistungskatalog des zuständigen Staats auf der Grundlage der einschlägigen nationalen Vorschriften, Letztere wird im Wege der Sachleistungsaushilfe gemäß Art. 19 Abs. 1 lit. a VO 1408/71 auf den Leistungskatalog des Wohnstaats verwiesen.

Für den Fall der Mitgliedschaft von Arbeitnehmern in der sozialen Pflegeversicherung bedeutet dies, dass bei gleicher Beitragsbelastung diejenigen Arbeitnehmer, die in Deutschland beschäftigt und damit versichert sind und in Deutschland wohnen, Sachleistungen nach dem Leistungskatalog der Pflegekassen gemäß den Regelungen des SGB XI erhalten. Diejenigen Arbeitnehmer, die in Deutschland beschäftigt und versichert sind und im mitgliedstaatlichen Ausland wohnen, können Sachleistungen gemäß Art. 19 Abs. 1 lit. a VO 1408/71 aber nur beziehen, wenn der Wohnstaat solche im Rahmen eines Systems der sozialen Sicherheit vorsieht. Entscheidend ist in diesem Zusammenhang, dass im Gegensatz zu Sachleistungen bei Krankheit solche bei Pflegebedürftigkeit in den einzelnen Mitgliedstaaten der EU nicht selbstverständlich vorhanden sind. Vielmehr gibt es Mitgliedstaaten, in denen das Risiko der Pflegebedürftigkeit noch nicht als vorsorgerelevant erkannt wurde[285]. Hält der Wohnstaat keine Sachleistungen bei Pflegebedürftigkeit in dieser Weise vor, kann der in den Anwendungsbereich des Art. 19 Abs. 1 lit. a VO 1408/71 fallende versicherte Arbeitnehmer trotz seines erworbenen Anspruchs auch keine solchen beziehen. Das Prinzip der aushelfenden Sachleistungsgewährung führt zwar auch im Hinblick auf Sachleistungen bei Krankheit zu Unterschieden in der Art und Weise der Leistungsbereitstellung. Seine rechtsgewährende Funktion hinsichtlich des "Ob" des Leistungsbezugs im Ausland bleibt aber für sämtliche Mitgliedstaaten erhalten. Im Hinblick auf Pflegesachleistungen entfällt auch diese rechtsgewährende Funktion, wenn der Wohnstaat keinerlei Sachleistungen bei Pflegebedürftigkeit vorsieht.

---

[284] Mit Versicherungsstaat ist der Mitgliedstaat gemeint, in dem der Versicherer seinen Sitz hat.
[285] Siehe dazu oben § 2 B I 2, 3.

Insofern werden im Wesentlichen gleiche Sachverhalte (Arbeitnehmer, die wegen ihrer Beschäftigung in demselben Mitgliedstaat in dieselbe Versicherung zu denselben Beitragssätzen einbezogen sind und dieselben Ansprüche erwerben) unterschiedlich behandelt (Arbeitnehmer mit Wohnsitz im Versicherungsland erhalten die vollen Sachleistungen des Leistungskatalogs des zuständigen Trägers. Arbeitnehmer mit Wohnsitz außerhalb des Versicherungslandes in einem anderen Mitgliedstaat beziehen Sachleistungen nach dem Prinzip der aushelfenden Sachleistungsgewährung und damit im Falle der Pflegebedürftigkeit unter Umständen gar keine).

bb. Differenzierungskriterium

Aus der Normierung des Prinzips der aushelfenden Sachleistungsgewährung folgt eine Benachteiligung oder eine Schlechterstellung derjenigen versicherten Arbeitnehmer, die die Voraussetzungen des Art. 19 Abs. 1 lit. a VO 1408/71 erfüllen, weil bei ihnen Wohnstaat und Beschäftigungs-/Versicherungsstaat auseinanderfallen, gegenüber den versicherten Arbeitnehmern, die im Beschäftigungsstaat ansässig sind. Als Differenzierungskriterium, an das die Regelung anknüpft, stellt sich demnach auch allein dieses Auseinanderfallen von Wohn- und Versicherungsstaat bzw. die daraus resultierende Inanspruchnahme von Leistungen in einem anderen als dem Versicherungsstaat dar. Auf das Merkmal der Staatsangehörigkeit wird nicht abgestellt. Vielmehr ist es im Rahmen des Art. 19 Abs. 1 lit. a VO 1408/71 völlig unerheblich, ob der in den Anwendungsbereich fallende versicherte Arbeitnehmer die Staatsangehörigkeit des Beschäftigungsstaats besitzt oder nicht[286]. Somit liegt keine unmittelbare Diskriminierung aufgrund der Staatsangehörigkeit vor.

c. Mittelbare Diskriminierung

Art. 39 Abs. 2 EG verbietet nicht nur unmittelbare Diskriminierungen aufgrund der Staatsangehörigkeit, sondern auch mittelbare[287], die durch die Anwendung anderer Unterscheidungsmerkmale tatsächlich zum gleichen Ergebnis führen[288].

---

[286] Die Schlechterstellung besteht nämlich gegenüber den im Beschäftigungsstaat Ansässigen, die in der Regel Staatsangehörige desselben sind.

[287] Anstelle des Begriffspaars unmittelbare - mittelbare Diskriminierung wird auch von direkter - indirekter Diskriminierung gesprochen, vgl. Schulte, SDSRV Bd. 36, S. 7 (23). Der EuGH spricht anstatt von mittelbarer Diskriminierung auch von verschleierter Diskriminierung, vgl. EuGH, Urteil v. 30. Mai 1989, Rs. 33/88 (Allué u. a.), Slg. 1989, 1591 (1610 Rz. 11) oder von versteckter Diskriminierung, vgl. EuGH, Urteil v. 12. Februar 1974, Rs. 152/73 (Sotgiu), Slg. 1974, 153 (164 Rz. 11).

[288] EuGH, Urteil v. 12. Februar 1974, Rs. 152/73 (Sotgiu), Slg. 1974, 153 (164 Rz. 11); EuGH, Urteil v. 30. Mai 1989, Rs. 33/88 (Allué u. a.), Slg. 1989, 1591 (1610 Rz. 11); EuGH, Urteil v.

Im Hinblick auf die Regelung der Sachleistungsaushilfe könnte es sich dann um eine mittelbare Diskriminierung aufgrund der Staatsangehörigkeit handeln, wenn das Differenzierungskriterium - Auseinanderfallen von Wohn- und Versicherungsstaat - überwiegend von denjenigen Arbeitnehmern verwirklicht wird, die nicht die Staatsangehörigkeit des Beschäftigungsstaats innehaben, also Wanderarbeitnehmer[289] sind.

Art. 19 Abs. 1 lit. a VO 1408/71 richtet sich nicht ausschließlich an Wanderarbeitnehmer[290], wie zum einen der Wortlaut dieser Vorschrift selbst beweist: "(1) Ein Arbeitnehmer (...), der im Gebiet eines anderen Mitgliedstaats als des zuständigen Staats wohnt (...)". Zum anderen ergibt sich diese Auslegung auch aus dem Titel der Verordnung "Verordnung (...) über die Anwendung der Systeme der sozialen Sicherheit auf Arbeitnehmer (...), die innerhalb der Gemeinschaft zu- und abwandern". Auch der dritte Erwägungsgrund der Verordnung kann herangezogen werden: "Wegen der großen Unterschiede beim persönlichen Geltungsbereich der innerstaatlichen Rechtsvorschriften ist es besser, grundsätzlich davon auszugehen, daß die Verordnung für alle Personen gilt, die im Rahmen der für Arbeitnehmer (...) bereitgestellten Systeme sozialer Sicherheit oder aufgrund einer Arbeitnehmer-(...)tätigkeit versichert sind."

Allerdings wird das Kriterium des Auseinanderfallens von Wohn- und Versicherungsort typischerweise von Wanderarbeitnehmern[291] - d. h. von Arbeitnehmern

---

8. Mai 1990, Rs. C-175/88 (Biehl), Slg. 1990, I-1779 (1792 Rz. 13); EuGH, Urteil v. 21. November 1991, Rs. C-27/91 (Le Manoir), Slg. 1991, I-5531 (5541 Rz. 10); EuGH, Urteil v. 10. März 1993, Rs. C-111/91 (Kommission/Luxemburg), Slg. 1993, I-817 (843 Rz. 9); EuGH, Urteil v. 12. September 1996, Rs. C-278/94 (Kommission/Belgien), Slg. 1996, I-4307 (4339 Rz. 27); EuGH, Urteil v. 27. November 1997, Rs. C-57/96 (Meints), Slg. 1997, I-6689 (6720 Rz. 44); EuGH, Urteil v. 12. März 1998, Rs. C-187/96 (Kommission/Griechenland), Slg. 1998, I-1095 (1117 Rz. 18). Brechmann, in: Calliess/Ruffert (Hrsg.), EUV/EGV, Art. 39 Rn. 46; Lenz-Scheuer, Art. 39 Rn. 33; Gassner, VSSR 1995, S. 255 (272/273).

[289] Der Begriff des Wanderarbeitnehmers wird hier im engeren, ursprünglichen Sinne benutzt und bezieht sich nur auf diejenigen Arbeitnehmer, die zum Zwecke der Aufnahme einer Beschäftigung in einem anderen Mitgliedstaat als ihrem Herkunftsland die Grenze überschreiten und deshalb stets eine andere Staatsangehörigkeit als die des Beschäftigungsstaats besitzen.

[290] Sonst wäre wohl auch eine unmittelbare Diskriminierung aufgrund der Staatsangehörigkeit anzunehmen.

[291] Nach Brechmann, in: Calliess/Ruffert (Hrsg.), EUV/EGV, Art. 39 Rn. 46; Lenz-Scheuer, Art. 39 Rn. 33 ist es gar nicht notwendig, dass EG-Arbeitnehmer überwiegend betroffen sind; es genügt vielmehr die potenzielle Eignung der betreffenden Vorschrift, auf Wanderarbeitnehmer stärkere Auswirkungen zu haben als auf inländische (hier die des Beschäftigungsstaats). Die Rechtsprechung hat zunächst noch eine ganz überwiegende oder wesentliche Betroffenheit gefordert: EuGH, Urteil v. 15. Januar 1986, Rs. 41/84 (Pinna I), Slg. 1986, 1 (25 Rz. 24); EuGH, Urteil v. 30. Mai 1989, Rs. 33/88 (Allué u. a.), Slg. 1989, 1591 (1610 Rz. 12); EuGH, Urteil v. 21. November 1991, Rs. C-27/91 (Le Manoir), Slg. 1991, I-5531 (5542 Rz. 11); EuGH, Urteil

mit einer anderen Staatsangehörigkeit als der des Versicherungsstaats - erfüllt und zwar vor allem von denjenigen, die in einem anderen Mitgliedstaat als ihrem Heimatstaat in Ausübung ihres Rechts auf Freizügigkeit beschäftigt sind, in Letzterem aber weiterhin ihren Wohnsitz behalten. Folge der Sachleistungsaushilfe ist somit, dass die im Beschäftigungsstaat Ansässigen - in der Regel Inländer - einen Anspruch auf Sachleistungen der Pflegeversicherung in dem vollen gesetzlich vorgesehenen Umfang erwerben, die in den Anwendungsbereich des Art. 19 VO 1408/71 fallenden Personen, in der Regel Wanderarbeitnehmer und deshalb von anderer Staatsangehörigkeit als der des Beschäftigungsstaats, diesen ebenso erworbenen Anspruch hingegen nur einlösen können, wenn der Leistungskatalog des Wohnortträgers Sachleistungen bei Pflegebedürftigkeit vorsieht[292].

Demnach liegt in dem Prinzip der aushelfenden Sachleistungsgewährung eine gemäß Art. 39 Abs. 2 EG verbotene mittelbare Diskriminierung aufgrund der Staatsangehörigkeit[293]. Sie ist nur dann zulässig, wenn die Ungleichbehandlung unter Anlegung des Maßstabs der Verhältnismäßigkeit gerechtfertigt werden kann[294].

---

v. 17. November 1992, Rs. C-279/89 (Kommission/Vereinigtes Königreich), Slg. 1992, I-5785 (5828/5829 Rz. 42); EuGH, Urteil v. 20. Oktober 1993, Rs. C-272/92 (Spotti), Slg. 1993, I-5185 (5207 Rz. 18). Später hat auch der EuGH die Eignung einer Vorschrift, entsprechende Wirkungen hervorzurufen, für ausreichend erachtet: EuGH, Urteil v. 23. Mai 1996, Rs. C-237/94 (O'Flynn), Slg. 1996, I-2617 (2638/2639 Rz. 20); EuGH, Urteil v. 12. September 1996, Rs. C-278/94 (Kommission/Belgien), Slg. 1996, I-4307 (4337 Rz. 20). Siehe zur Entwicklung der Rechtsprechung auch Heyer, S. 84/85.

[292] Grenzgänger können ihren Anspruch auch durch Leistungsbezug im zuständigen Staat verwirklichen, Art. 20 S. 1 VO 1408/71. In praktischer Hinsicht allerdings wird damit gerade bei Pflegebedürftigkeit auch ein Wohnsitzwechsel in den Versicherungsstaat einher gehen.

[293] Auch Giesen, Vorgaben des EG-Vertrages, S. 91 nimmt eine mittelbare Diskriminierung durch das Prinzip der aushelfenden Sachleistungsgewährung an; ebenso Zuleeg, in: Ebsen (Hrsg.), Gestaltungsvorgaben, S. 103 (112). Vgl. auch Sánchez-Rodas Navarro, in: Sieveking (Hrsg.), Soziale Sicherung bei Pflegebedürftigkeit, S. 81 (90). Peters-Lange, ZfSH/SGB 1996, S. 624 (627) sieht in der Verknüpfung der Versicherungspflicht bei Beschäftigung im Inland mit dem Leistungsausschluss bei Wohnsitz in einem anderen Mitgliedstaat einen den Vorwurf der mittelbaren Diskriminierung rechtfertigenden Umstand.

[294] Nach dem Urteil des EuGH in der Rechtssache Terhoeve (EuGH, Urteil v. 29. Januar 1999, Rs. C-18/95 (Terhoeve), Slg. 1999, I-345 (390 Rz. 41)) hätte diese Einordnung als mittelbare Diskriminierung auch dahinstehen können. Dort hat der Gerichtshof es zur Bejahung eines Verstoßes gegen Art. 48 EG-Vertrag für ausreichend erachtet, dass eine nationale Regelung, die keine unmittelbare Diskriminierung aufgrund der Staatsangehörigkeit enthält, ein Hemmnis für die Freizügigkeit der Arbeitnehmer darstellt. Ob es sich bei diesem Hemmnis aber um eine mittelbare Diskriminierung handelt oder lediglich um eine Beschränkung, hielt der Gerichtshof nicht für differenzierungswürdig. Ein Hemmnis für die Freizügigkeit der Arbeitnehmer ist auch im vorliegenden Fall gegeben. Die Anwendung des Prinzips der aushelfenden Sachleistungsgewährung auf die Pflege könnte einen Arbeitnehmer, der von seiner Freizügigkeit Gebrauch ma-

3. Rechtfertigung mittelbarer Diskriminierungen

Fraglich ist, wie sich mittelbare Diskriminierungen im Rahmen der Grundfreiheiten des EG-Vertrags rechtfertigen lassen.

a. Die Rechtsprechung des EuGH zur Rechtfertigung mittelbarer Diskriminierungen im Rahmen der Grundfreiheiten außer der Arbeitnehmerfreizügigkeit

Die Möglichkeiten der Rechtfertigung mittelbarer Diskriminierungen unterliegen in der Rechtsprechung des EuGH gerade im Hinblick auf die Waren- und Dienstleistungsfreiheit Schwankungen. Der EuGH geht in einigen Entscheidungen davon aus, dass mittelbare genauso wie unmittelbare Diskriminierungen lediglich nach den jeweils grundfreiheitsbezogenen geschriebenen Rechtfertigungsgründen des EG-Vertrags gerechtfertigt werden können[295], im Gegensatz zu diskriminierungsfreien Beschränkungen, die bereits zulässig sind, wenn zwingender Gründe des Allgemeininteresses dies fordern[296]. In anderen Urteilen scheint die Tendenz erkennbar, auch bei mittelbaren Diskriminierungen eine Rechtfertigung durch zwingende Gründe des Allgemeininteresses zuzulassen[297]. Im Bereich der sozialen

---

chen und in Deutschland eine Beschäftigung aufnehmen, aber seinen Wohnsitz im Herkunftsland belassen will, von diesem Plan abbringen, weil er dann zur sozialen Pflegeversicherung Beiträge zahlen muss, ohne dafür gegebenenfalls entsprechende Sachleistungen in seinem Wohnland zu erhalten. Eine schulmäßige Prüfung führt der EuGH hingegen wieder in dem Urteil v. 27. Januar 2000, Rs. C-190/98 (Graf), EuZW 2000, S. 252f. durch. Es kann also nicht davon ausgegangen werden, dass die Unterscheidung von unterschiedslos anwendbaren Beschränkungen und mittelbarer Diskriminierung grundsätzlich aufgehoben wurde.

[295] EuGH, Urteil v. 26. April 1988, Rs. 352/85 (Bond van Adverteerders), Slg. 1988, 2085 (2134/2135 Rz. 32, 33); EuGH, Urteil v. 14. November 1995, Rs. C-484/93 (Svensson und Gustavsson), Slg. 1995, I-3955 (3976/3977 Rz. 15); EuGH, Urteil v. 29. April 1999, Rs. 224/97 (Ciola), Slg. 1999, I-2517 (2536 Rz. 16).

[296] EuGH, Urteil v. 17. Juni 1981, Rs. 113/80 (Kommission/Irland), Slg. 1981, 1625 (1639 Rz. 10); EuGH, Urteil v. 20. April 1983, Rs. 59/82 (Weinvertriebs-GmbH), Slg. 1983, 1217 (1227 Rz. 11); EuGH, Urteil v. 4. Dezember 1986, Rs. 220/83 (Kommission/Frankreich), Slg. 1986, 3663 (3709 Rz. 20); EuGH, Urteil v. 25. Juli 1991, Rs. C-353/89 (Kommission/Niederlande), Slg. 1991, I-4069 (4097 Rz. 30); EuGH, Urteil v. 28. März 1996, Rs. C-272/94 (Guiot), Slg. 1996, I-1905 (1921 Rz. 15, 16).

[297] EuGH, Urteil v. 28. Januar 1992, Rs. C-204/90 (Bachmann), Slg. 1992, I-249 (284 Rz. 31, 32); EuGH, Urteil v. 9. Juli 1992, Rs. C-2/90 (Kommission/Belgien), Slg. 1992, I-4431 (4479 Rz. 32, 33); EuGH, Urteil v. 9. Juli 1997, Verb. Rs. C-34/95, C-35/95 und C-36/95 (De Agostini und TV-Shop), Slg. 1997, I-3843 (3891 Rz. 47); EuGH, Urteil v. 16. Juli 1998, Rs. C-264/96 (ICI), Slg. 1998, I-4695 (4722 Rz. 24, 4723 Rz. 29); EuGH, Urteil v. 1. Dezember 1998, Rs. C-410/96 (Ambry), Slg. 1998, I-7875 (7901 Rz. 30, 7902 Rz. 31); EuGH, Urteil v. 28. Oktober 1999, Rs. C-55/98 (Skatteministeriet/Bent Vestergaard), EuZW 2000, S.20 (22 Rz. 22, 23).

Sicherheit ist diese Richtung in letzter Zeit durch die Urteile des EuGH in den Rechtssachen Decker[298] und Kohll[299] bestätigt worden[300].

b. Rechtfertigung mittelbarer Diskriminierungen im Rahmen der Arbeitnehmerfreizügigkeit

Das vorskizzierte uneinheitliche Bild der Rechtsprechung des EuGH lässt sich im Hinblick auf die Rechtfertigung mittelbarer Diskriminierungen aufgrund der Staatsangehörigkeit im Rahmen der Arbeitnehmerfreizügigkeit nicht nachzeichnen. Der EuGH hat seit der Feststellung, dass das Verbot von Diskriminierungen aufgrund der Staatsangehörigkeit nicht nur unmittelbare, sondern auch mittelbare Diskriminierungen umfasst, Letztere im Rahmen der Arbeitnehmerfreizügigkeit stets einer Rechtfertigung durch Gründe, die auf objektiven Erwägungen beruhen[301], zugänglich gemacht[302]. Diese - im Gegensatz zu der Behandlung mittelbarer Diskriminierungen bei den anderen Grundfreiheiten - schon anfänglich bestehende

---

[298] EuGH, Urteil v. 28. April 1998, Rs. C-120/95 (Decker), Slg. 1998, I-1831ff.

[299] EuGH, Urteil v. 28. April 1998, Rs. C-158/96 (Kohll), Slg. 1998, I-1931ff.

[300] Dies ist zwar nicht ausdrücklich geschehen, da der EuGH bei seiner Prüfung ausschließlich auf das Verhältnis zwischen den Versicherten und ihrer jeweiligen Krankenkasse abstellt und zu Recht in dem Genehmigungserfordernis eine unterschiedslos anwendbare Maßnahme gesehen hat, die sich durch zwingende Allgemeininteressen rechtfertigen lässt. Bezogen auf die Dienstleistungserbringer bzw. Verkäufer außerhalb von Luxemburg stellt sich das Genehmigungserfordernis jedoch als (un)mittelbare Diskriminierung dar. So auch Pelzl, ELR 1999, S. 197 (200); Beyer/Freitag, JuS 2000, S. 852 (856). Für eine mittelbare Diskriminierung sprechen sich Nowak/Schnitzler, EuZW 2000, S. 627 (629) aus. Zur Uneinheitlichkeit der Rechsprechung im Hinblick auf die Rechtfertigung mittelbarer Diskriminierungen hat sich auch GA Tesauro in seinen Schlussanträgen in den Rechtssachen Decker und Kohll, Slg. 1998, I-1831 (1862, 1863 Rz. 50) geäußert und an den EuGH appelliert, sich um Klärung zu bemühen. Eine Analyse dahingehend, ob es sich bei der Möglichkeit, auch mittelbare Diskriminierungen aufgrund zwingender Erfordernisse des Allgemeininteresses für zulässig zu erachten, um einen richterrechtlichen Sonderweg im Bereich der sozialen Sicherheit handelt oder um einen bereichsübergreifenden Rechtsprechungswandel liefern Nowak/Schnitzler, EuZW 2000, S. 627 (629ff.).

[301] EuGH, Urteil v. 12. Februar 1974, Rs. 152/73 (Sotgiu), Slg. 1974, 153 (165 Rz. 12); EuGH, Urteil v. 28. November 1978, Rs. 16/78 (Choquet), Slg. 1978, 2293 (2303 Rz. 9). In umgekehrter Formulierung EuGH, Urteil v. 23. Mai 1996, Rs. C-237/94 (O'Flynn), Slg. 1996, I-2617 (2638 Rz. 18, 19); EuGH, Urteil v. 7. Mai 1998, Rs. C-350/96 (Clean Car Autoservice), Slg. 1998, I-2521 (2547 Rz. 31).

[302] Am deutlichsten jüngst in EuGH, Urteil v. 26. Januar 1999, Rs. C-18/95 (Terhoeve), Slg. 1999, I-345 (390 Rz. 41). Der EuGH hat an dieser Stelle offen gelassen, ob es sich bei der streitigen Regelung um eine (unterschiedslos anwendbare) Beschränkung oder um eine mittelbare Diskriminierung handelt. Ein solches Vorgehen ist nur dann möglich, wenn beide Fälle in schrankendogmatischer Hinsicht gleich behandelt werden.

großzügige Annahme von Rechtfertigungsmöglichkeiten mittelbarer Diskriminierungen mag daher rühren, dass deren Gleichstellung mit unmittelbaren Diskriminierungen im Rahmen der Arbeitnehmerfreizügigkeit dazu geführt hätte, dass eine Rechtfertigung wegen des absoluten Verbots in Art. 39 Abs. 2 EG nie in Betracht gekommen wäre. Da mittelbare Diskriminierungen sich aber gerade dadurch von unmittelbaren Diskriminierungen unterscheiden, dass sie nicht explizit an das Merkmal der Staatsangehörigkeit für eine unterschiedliche Regelung anknüpfen (und damit die Andersbehandlung von Ausländern gegenüber Inländern nicht notwendig deren einziger Zweck ist), sondern mit Hilfe eines anderen Kriteriums lediglich ein ähnliches Ergebnis erzielen, würde das gänzliche Fehlen einer Rechtfertigungsmöglichkeit die jeweiligen der Regelung zugrunde liegenden Umstände und Hintergründe unberücksichtigt lassen.

Grundsätzlich gilt demnach, dass eine mittelbare Ungleichbehandlung zulässig ist, wenn die betreffende Vorschrift durch zwingende Gründe des Allgemeininteresses gerechtfertigt[303] ist und sich als verhältnismäßig erweist[304].

4. Rechtfertigung des Prinzips der aushelfenden Sachleistungsgewährung

Fraglich ist, ob der mittelbaren Diskriminierung, die sich aus der Anwendung des Prinzips der aushelfenden Sachleistungsgewährung auf die Leistungen bei Pflegebedürftigkeit ergibt, rechtfertigende Umstände zugrunde liegen. In diesem Zusam-

---

[303] Die "zwingenden Gründe des Allgemeininteresses" oder "zwingenden Erfordernisse" sind in dem Urteil des EuGH v. 20. Februar 1979, Rs. 120/78 (Cassis de Dijon), Slg. 1979, 649ff. entwickelt worden, wonach über den abschließenden Katalog der primärrechtlich geschriebenen Rechtfertigungsgründe hinaus, Art. 28 EG schon *tatbestandlich* dahingehend beschränkt ist, den Mitgliedstaaten die Verfolgung bestimmter gemeinschaftsrechtlich anerkannter Gemeinwohlbelange durch unterschiedslos anwendbare Maßnahmen zu eröffnen. Das Hinzuziehen von Gemeinwohlbelangen bei Prüfung der Zulässigkeit von Beschränkungen ist daraufhin auch im Rahmen der anderen Grundfreiheiten anerkannt worden; vgl. nur Lenz-Scheuer, Art. 39 Rn. 38; Lenz-Scheuer, Art. 43 Rn. 11; Lenz-Hakenberg, Art. 49/50 Rn. 26. Insoweit ist die Terminologie der *Rechtfertigung* durch zwingende Gründe des Allgemeininteresses nicht ganz korrekt, hat sich allerdings mittlerweile durchgesetzt. Vgl. nur Schulte, in: Ebsen (Hrsg.), Gestaltungsvorgaben, S. 13 (15, 16).

[304] Brechmann, in: Calliess/Ruffert (Hrsg.), EUV/EGV, Art. 39 Rn. 47; Dietrich, S. 404; Handoll, S. 173. Die mittelbare Diskriminierung muss zur Erreichung eines legitimen Ziels geeignet, erforderlich und angemessen sein, vgl. Bieback, SGb 1994,S. 301 (305). Zum Grundsatz der Verhältnismäßigkeit in diesem Zusammenhang siehe auch EuGH, Urteil v. 23. Mai 1996, Rs. C-237/94 (O'Flynn), Slg. 1996, I-2617 (2638 Rz. 19); indirekt EuGH, Urteil v. 28. Januar 1992, Rs. C-204/90 (Bachmann), Slg. 1992, I-249 (283 Rz. 27); EuGH, Urteil v. 10. März 1993, Rs. C-111/91 (Kommission/Luxemburg), Slg. 1993, I-817 (844 Rz. 12); EuGH, Urteil v. 2. August 1993, verb. Rs. C-259/91, C-331/91 und C-332/91 (Allué u. a.), Slg. 1993, I-4309 (4334 Rz. 15).

menhang ist es entscheidend, dass lediglich die leistungsbeschränkende Komponente der Sachleistungsaushilfe einer Rechtfertigung bedarf. Das Prinzip der aushelfenden Sachleistungsgewährung stellt sich als koordinationsrechtlicher Kompromiss zwischen der Anspruchsversagung bei Aufenthalt im Ausland und der völligen Wahrung des heimischen Leistungsniveaus dar. Soweit die Sachleistungsaushilfe rechtsgewährenden Charakter hat, ist sie unter dem Gesichtspunkt der mittelbaren Diskriminierung unproblematisch. Die leistungsbeschränkenden Folgen des Prinzips, die bezogen auf Leistungen bei Krankheit einen Niveauverlust bei Aufenthalt im Ausland bedeuten können und sich im Hinblick auf das Risiko der Pflegebedürftigkeit in einigen Fällen sogar als faktische Anspruchsversagung darstellen, müssen hingegen auf rechtfertigenden Gründen beruhen. Als solche sind zunächst die Erwägungen heranzuziehen, auf denen die leistungsbeschränkende Komponente der Sachleistungsaushilfe beruht. In einem zweiten Schritt muss dann überprüft werden, ob das Prinzip der aushelfenden Sachleistungsgewährung zur Erreichung der Ziele ein verhältnismäßiges Mittel darstellt.

a. Ziele

aa. Berücksichtigung der Eigenheiten der nationalen Systeme der sozialen Sicherheit und Praktikabilität

Art. 42 EG verpflichtet den Gemeinschaftsgesetzgeber, ein System zu schaffen, das Arbeitnehmern und ihren Familienangehörigen die Aufrechterhaltung der Leistungsansprüche, die sie in einem nationalen System der sozialen Sicherheit erworben haben, auch bei einer Wanderbewegung innerhalb der EU gewährleistet[305]. Explizit ordnet Art. 42 Abs. 1 lit. a EG die Zusammenrechnung aller zu berücksichtigenden Zeiten zum Erwerb, zur Aufrechterhaltung und zur Berechnung von Leistungen an. Art. 42 Abs. 1 lit. b EG verlangt die Zahlung von Leistungen auch in andere Mitgliedstaaten als dem verpflichteten Staat. Dieser primärrechtlichen Verpflichtung ist der Gemeinschaftsgesetzgeber durch Erlass der VO 1408/71 nachgekommen. Zur Wahrung von Ansprüchen bei Eintritt des Risikos der Krankheit, das in den Mitgliedstaaten überwiegend nicht durch die Gewährung von

---

[305] Haverkate/Huster, S. 49 (Rn. 23). Selbst wenn eine Verordnungsvorschrift sich im Rahmen des Ermessens von Art. 42 EG bewegt, folgt daraus nicht automatisch, dass sie auch primärrechtskonform im Hinblick auf andere gemeinschaftsrechtliche Regelungen des EG-Vertrags ist; vgl. so GA Tesauro, Schlussanträge in den Rechtssachen Decker und Kohll, Slg. 1998, I-1831 (1851 Rz. 33). Dass nur eine Koordinierung und nicht eine Harmonisierung der nationalen Sozialversicherungssysteme angestrebt ist, zeigt EuGH, Urteil vom 9. Juli 1980, Rs. 809/79 (Gravina), Slg. 1980, 2205 (2218 Rz. 7); EuGH, Urteil v. 5. Juli 1988, Rs. 21/87 (Borowitz), Slg. 1988, 3715 (3737 Rz. 23); EuGH, Urteil v. 7. Februar 1991, Rs. C-227/89 (Rönfeldt), Slg. 1991, I-323 (340 Rz. 12).

Geldleistungen, sondern durch Sachleistungen abgesichert ist, wurde das Prinzip der aushelfenden Sachleistungsgewährung zur umfassenden Koordinierung der sozialrechtlichen Ansprüche bei Krankheit in die Verordnung aufgenommen. Es ist demnach kein Export von Sachleistungen durch den primär leistungspflichtigen Mitgliedstaat[306] vorgesehen, sondern eine aushilfsweise Gewährung durch den Wohnstaat nach dessen eigenen Rechtsvorschriften[307]. Bei einer Entscheidung für den Export von Sachleistungen wären zwar die Ansprüche des Versicherten gewahrt worden. Es hätten aber die Besonderheiten, die den einzelnen Gesundheitssystemen bei der Leistungsgewährung zu eigen sind, nicht respektiert werden können. Ein Sachleistungsexport hätte entweder den aushelfenden oder den zuständigen Staat mit systemfremder Leistungsgewährung belastet. Der Export hätte zum einen dadurch verwirklicht werden können, dass der Träger des Wohnstaats an die Versicherten des zuständigen Staates Leistungen nach den Rechtsvorschriften des Letzteren erbringen würde[308]. Dadurch wären der Träger und die Leistungserbringer des Wohnstaats verpflichtet gewesen, für sämtliche in seinem Gebiet wohnenden Versicherten anderer Versicherungsträger in unterschiedlicher Weise Leistungen zu erbringen. Eine Realisierung ist unmöglich[309]. Durch das Prinzip der aushelfenden Sachleistungsgewährung bedarf es für den Träger des Wohnstaats lediglich der Anwendung seiner eigenen Rechtsvorschriften auf sämtliche Versicherte. In einem Mitgliedstaat beispielsweise, in dem der Träger Sachleistungen im Wege der Kostenerstattung gewährt, kann dies auch im Rahmen der Sachleistungsaushilfe aufrechterhalten werden, selbst wenn der Versicherte aus einem Mitgliedstaat stammt, in dem das Sachleistungsprinzip dominiert.

Eine andere Möglichkeit des Exports von Sachleistungen wäre die Bereitstellung von Leistungserbringern durch den zuständigen Träger in sämtlichen Mitgliedstaaten[310]. Auch dann würden zwar die Ansprüche der Versicherten trotz

---

[306] In der Regel werden die Begriffe "Export" einer Sozialleistung und "Sachleistungsaushilfe" als Gegensatzpaare verwendet: Wird eine Sachleistung durch Sachleistungsaushilfe gewährt, wird sie gerade nicht exportiert. Anders in der Formulierung Giesen, Vorgaben des EG-Vertrages, S. 143/144, der unter der Überschrift Export von Sachleistungen die Sachleistungsaushilfe behandelt. Hierin kommt aber lediglich eine terminologische Abweichung zum Ausdruck, keine inhaltliche.

[307] Hierdurch entsteht neben dem primären Versicherungs- bzw. Leistungsverhältnis ein klar unterscheidbares sekundäres (abgeleitetes) Leistungsverhältnis zum aushelfenden Träger; so Schuler, SGb 2000, S. 523 (524).

[308] So Giesen, Vorgaben des EG-Vertrages, S. 91; Zuleeg, DVBl. 1997, S. 445 (452).

[309] Giesen, Vorgaben des EG-Vertrages, S. 91; Schumacher, in: Hailbronner (Hrsg.), 30 Jahre Freizügigkeit, S. 199 (205). GA Cosmas, Schlussanträge in der Rechtssache Molenaar, Slg. 1998, I-843 (868/869 Rz. 72) spricht lediglich von einer "erschwerten" Verwirklichung.

[310] Im Hinblick auf die Möglichkeit einer universell geltenden Verschaffungspflicht der Krankenkassen Schuler, Das internationale Sozialrecht, S. 489; Koch, ZFSH/SGB 1998, S. 451 (453); Meyering, BArBl. 1994, S. 58 (59).

Wanderbewegung gewahrt. Wiederum würde aber auf einen der Träger - diesmal den zuständigen - und dessen Leistungserbringungssystem, das organisatorisch kaum auf eine EU-weite Bereitstellung von Sachleistungen ausgerichtet ist[311], keine Rücksicht genommen. Dies gilt insbesondere für Mitgliedstaaten, deren Träger im eigenen Staat Sachleistungen in natura gewähren[312]. Nach dem Prinzip der aushelfenden Sachleistungsgewährung hingegen werden die Sachleistungen im Wohnstaat für den zuständigen Träger erbracht, der dem Träger des Wohnstaats lediglich dessen Aufwendungen ersetzen muss. Mit der Sachleistungaushilfe kann somit dem Ziel der Wahrung erworbener Sachleistungsansprüche von in einem Mitgliedstaat Versicherten bei gleichzeitiger Berücksichtigung der unterschiedlich ausgestalteten Sozialschutzsysteme der Mitgliedstaaten Rechnung getragen werden[313]. Im Hinblick auf die Verschiedenheit der Systeme sind somit insbesondere Praktikabilitätserwägungen von Bedeutung[314].

bb. Kostendämpfungsmaßnahmen der anderen Mitgliedstaaten

Durch die Gewährung von Sachleistungen im Rahmen des Prinzips der aushelfenden Sachleistungsgewährung profitiert darüber hinaus der zuständige Träger von den Kostendämpfungsmaßnahmen des aushelfenden Staats. Solche sind in sämtlichen Staaten unabhängig vom jeweiligen Gesundheitssystem vorhanden. Nationale Gesundheitsdienste haben eigene Leistungserbringer, durch die sie die Versorgung der Versicherten bei Krankheit vorsehen. Mitgliedstaaten, deren Träger - wie in Deutschland - Sachleistungen über private Leistungserbringer gewähren, handeln in Verträgen mit diesen selbst bzw. mit deren Vereinigungen günstige Vergütungen aus. Auch in Mitgliedstaaten, in denen Sachleistungen vom zuständigen Träger im Wege der Kostenerstattung erbracht werden, sind die Leistungserbringer zumeist durch Vergütungsvereinbarungen zur Erbringung der Leistungen zu bestimmten Tarifen gebunden[315]. Die Kostendämpfungsmaßnahmen des aushelfenden Trägers wirken sich bei dem jeweiligen zuständigen Träger aus, wenn Letzterer Ersterem die durch die Kostendämpfungsmaßnahmen gedrosselten Aufwendungen der Sachleistungsaushilfe ersetzen muss. Auch diese Folge des Prinzips der aushelfenden Sachleistungsgewährung steht letztlich im Einklang mit der grundsätzlichen Erwägung, die Wahrung der Ansprüche der Versicherten einerseits und die Eigenstän-

---

[311] Siehe Koch, ZFSH/SGB 1998, S. 451 (453); Schuler, Das internationale Sozialrecht, S. 489; Huster, NZS 1999, S. 10 (10).
[312] Vgl. Schuler, Das internationale Sozialrecht, S. 489.
[313] So auch GA Tesauro, Schlussanträge in den Rechtssachen Decker und Kohll, Slg. 1998, I-1831 (1867 Rz. 56).
[314] Vgl. Giesen, Vorgaben des EG-Vertrages, S. 91.
[315] Siehe Ausführungen dazu bei Belter, Europablätter 1999, S. 3 (6); Schulz-Weidner, KrV 1998, S. 241 (242), beide am Beispiel der Krankenversicherung in Luxemburg.

digkeit der nationalen Systeme sozialer Sicherheit andererseits miteinander zu vereinbaren[316]. Denn zur Beachtung der nationalen Leistungssysteme gehört es auch, dass die durch die Koordinierung entstehenden Kosten nicht zu einer Gefährdung des finanziellen Gleichgewichts einzelner Systeme führen.

b. Verhältnismäßigkeit

Mittelbare Diskriminierungen müssen am Maßstab des auch im Gemeinschaftsrecht herrschenden Grundsatzes der Verhältnismäßigkeit überprüft werden[317]. Die mittelbare Diskriminierung muss zur Erreichung des angestrebten legitimen Ziels geeignet, erforderlich und angemessen sein[318]. Im konkreten Fall folgt aus dem Grundsatz der Verhältnismäßigkeit, dass das Prinzip der aushelfenden Sachleistungsgewährung in seiner Anwendung auf die Leistungen bei Pflegebedürftigkeit geeignet sein muss, die oben genannten Ziele zu erreichen, und dass seine Anwendung für die Verwirklichung dieser Ziele erforderlich und angemessen ist. Im Rahmen der Erforderlichkeit und Angemessenheit steht den genannten Zielen als kollidierendes Rechtsgut die Wahrung der erworbenen Ansprüche des Versicherten auf Sachleistungen bei Pflegebedürftigkeit gegenüber.

aa. Legitimität der Ziele

Es handelt sich bei den Zielen der Berücksichtigung der Eigenheiten der nationalen Systeme der sozialen Sicherheit, der Praktikabilität und der Kostendämpfung um solche, die sich unmittelbar oder mittelbar aus dem EG-Vertrag ergeben und teilweise auch ihren Niederschlag in den Erwägungsgründen der VO 1408/71 gefunden haben.

Die Berücksichtigung der Eigenheiten der nationalen Sozialschutzsysteme ist durch Art. 42 EG primärrechtlich angeordnet worden. Art. 42 EG hat die Wahrung der Ansprüche der Versicherten zum Inhalt. Dass die Verwirklichung dieser Aufgabe unter Berücksichtigung der unterschiedlichen nationalen Systeme geschehen

---

[316] Siehe dazu ausführlich oben § 2 B II 4 a, aa.
[317] EuGH, Urteil v. 23. Mai 1996, Rs. C-237/94 (O'Flynn), Slg. 1996, I-2617 (2638 Rz. 19); indirekt EuGH, Urteil v. 28. Januar 1992, Rs. C-204/90 (Bachmann), Slg. 1992, I-249 (283 Rz. 27); EuGH, Urteil v. 10. März 1993, Rs. C-111/91 (Kommission/Luxemburg), Slg. 1993, I-817 (844 Rz. 12); EuGH, Urteil v. 2. August 1993, verb. Rs. C-259/91, C-331/91 und C-332/91 (Allué u. a.), Slg. 1993, I-4309 (4334 Rz. 15). Bleckmann/Pieper, in: Dauses (Hrsg.), Hdb. EU-WirtschaftsR, B.I. Rn. 67; Bleckmann, JuS 1994, 177 (177). Siehe auch Art. 5 Abs. 3 EG, der den Grundsatz der Verhältnismäßigkeit primärrechtlich verankert und die Gemeinschaft zu dessen Wahrung verpflichtet.
[318] So ausdrücklich EuGH, Urteil v. 11. Juli 1989, Rs. 265/87 (Schräder), Slg. 1989, 2237 (2269 Rz. 21).

soll, ergibt sich daraus, dass der EG-Vertrag dem Gemeinschaftsgesetzgeber mit dieser Vorschrift lediglich eine Koordinierungs- nicht aber eine Harmonisierungskompetenz einräumt. Ausdrückliche Erwähnung findet das Ziel der Berücksichtigung der Eigenheiten der einzelstaatlichen Rechtsvorschriften über soziale Sicherheit außerdem in dem vierten Erwägungsgrund der VO 1408/71.

Der Gesichtspunkt der Praktikabilität ist eng verwoben mit Kostenaspekten und der Funktionsfähigkeit der mitgliedstaatlichen Sozialschutzsysteme. Die oben skizzierten Modelle zum Export von Sachleistungen ließen sich sämtlich nur durch einen sehr hohen finanziellen Aufwand der einzelnen Mitgliedstaaten verwirklichen, der die Funktionsfähigkeit der nationalen Systeme bedrohen könnte.

Das finanzielle Gleichgewicht und damit die Funktionsfähigkeit der Sozialschutzsysteme innerhalb der EU sind es auch, die dem Bestreben des Gemeinschaftsgesetzgebers zugrunde liegen, die Sozialversicherungsträger eines Mitgliedstaats von den Kostendämpfungsmaßnahmen in anderen Mitgliedstaaten bei der grenzüberschreitenden Leistungsgewährung profitieren zu lassen.

bb. Geeignetheit

Das Gebot der Geeignetheit verlangt, dass die fragliche Regelung ein brauchbares Mittel zur Erreichung des angestrebten Zwecks ist[319].

An der Brauchbarkeit der leistungsbeschränkenden Wirkungen des Prinzips der aushelfenden Sachleistungsgewährung, die Ziele der Berücksichtigung der Eigenheiten der nationalen Systeme der sozialen Sicherheit, der Praktikabilität und der Kostendämpfung zu erreichen, bestehen keine Zweifel. Dadurch, dass der nach dem Recht des zuständigen Staats Anspruchsberechtigte im Hinblick auf die Modalitäten der Erfüllung seines Anspruchs auf die Leistungen des Wohnstaats verwiesen und temporär in dessen Sozialversicherungssystem eingegliedert wird, werden sowohl die jeweiligen Eigenheiten der Systeme beachtet als auch die Leistungsgewährung praktikabel und kostengünstig gestaltet. Die Voraussetzung der Geeignetheit ist somit erfüllt.

cc. Erforderlichkeit

Eine grundfreiheitsbeschränkende Regelung ist dann erforderlich, wenn sie das schonenste Mittel zur Erreichung der angestrebten Ziele darstellt[320].

Fraglich ist daher, ob es zur Wahrung der Eigenheiten der mitgliedstaatlichen sozialen Sicherungssysteme und unter Berücksichtigung von Praktikabilitäts- und

---

[319] Kingreen, S. 169.
[320] Kingreen, S. 170. Zur Erforderlichkeit siehe nur EuGH, Urteil v. 31. März 1993, Rs. C-19/92 (Kraus), Slg. 1993, I-1663 (1697 Rz. 32).

Kostendämpfungserwägungen eine Regelungsmöglichkeit gibt, die dem Prinzip der aushelfenden Sachleistungsgewährung insofern überlegen ist, als sie gleichzeitig die Verwirklichung erworbener Ansprüche auf Pflegesachleistungen bei Wohnort außerhalb des zuständigen Staats garantiert.

Die Einführung eines neuen Verordnungsprinzips neben dem der Sachleistungsaushilfe allein zum Zwecke der Koordinierung von Pflegesachleistungen käme in Betracht, um der Besonderheit des Risikos Rechnung zu tragen, nicht in allen Mitgliedstaaten durch Sachleistungen abgesichert zu sein. Dieses neue Verordnungsprinzip müsste zulassen, dass Pflegesachleistungen auf dem privaten Pflegemarkt beschafft werden können und durch den zuständigen Träger (teilweise) ersetzt werden[321]. Allerdings würden bei dessen Verwirklichung weder die Eigenheiten der nationalen Systeme sozialer Sicherheit beachtet, noch wäre eine Teilhabe mitgliedstaatlicher Träger an den Kostendämpfungsmaßnahmen anderer Mitgliedstaaten möglich. Vielmehr würde die Einführung der Alternative privater Beschaffung von Pflegesachleistungen mit anschließender (teilweiser) Erstattung durch den zuständigen Träger für mitgliedstaatliche Träger, die Pflegeleistungen national nach dem Sachleistungsprinzip erbringen, bei Wohnort eines Berechtigten im Ausland eine Modifizierung ihrer eigenen Gewährungsform bedeuten. Die Pflegeleistungsanbieter wären darüber hinaus nicht in ein staatliches System der sozialen Sicherheit integriert[322], so dass die Kosten ihrer Inanspruchnahme von eventuellen Dämpfungsmaßnahmen der Gesundheitspolitik des jeweiligen Mitgliedstaats unbeeinflußt blieben.

Zur Erreichung der angestrebten Ziele gibt es demnach kein der Sachleistungsaushilfe gegenüber milderes Mittel. Auch die Erforderlichkeit ist somit gegeben.

dd. Angemessenheit

Bei der Überprüfung der Angemessenheit bedarf es im konkreten Fall einer Abwägung zwischen der Intensität der Beeinträchtigung und dem Schutzgewinn für die angestrebten Ziele[323].

Im vorliegenden Zusammenhang muss die Abwägung vorgenommen werden zwischen dem aus der Anwendung des Koordinierungsprinzips der aushelfenden Sachleistungsgewährung auf Pflegesachleistungen resultierenden Anpruchsverlust bei Aufenthalt eines Berechtigten im mitgliedstaatlichen Ausland ohne Pflegesachleistungen im Hinblick auf Art. 39 EG einerseits und den angestrebten Zielen

---

[321] Zur Herleitung und Zulässigkeit dieses Verordnungsprinzips siehe im Einzelnen unten § 2 B II 6.
[322] Sonst würde es sich um einen Mitgliedstaat handeln, der Sachleistungen bei Pflegebedürftigkeit vorsieht, und es gäbe kein Koordinierungsdefizit.
[323] Kingreen, S. 173.

der Berücksichtigung der Eigenheiten der nationalen Systeme der sozialen Sicherheit, der Praktikabilität und der Kostendämpfung andererseits.

Bezogen auf die Koordinierung von Sachleistungen bei *Krankheit* ist die Frage nach der Angemessenheit des Prinzips der aushelfenden Sachleistungsgewährung zu bejahen. Das Risiko der Krankheit ist in allen Mitgliedstaaten abgesichert. Die mit dem Koordinierungsprinzip verbundene negative Folge eines Niveauverlusts bei Leistungsbezug im ausländischen Wohnland für Versicherte, die in einem höherwertigen Gesundheitssystem versichert sind, ist in Anbetracht der Vorteile des Prinzips, die in der Erreichung der angestrebten Ziele liegen, als nicht gewichtig anzusehen.

Anders stellt sich die Situation im Hinblick auf die Koordinierung von Sachleistungen bei Pflegebedürftigkeit dar. Das Prinzip der aushelfenden Sachleistungsgewährung kann hier dazu führen, dass ein Mitglied der deutschen sozialen Pflegeversicherung, das seine Beiträge zur Bewältigung des finanziellen Aufwandes der Pflegeversicherung beisteuert, damit in den Solidarverband des zuständigen Trägers eingegliedert ist[324] und grundsätzlich einen Anspruch auf die vollen (Sach-) Leistungen des SGB XI erworben hat, bei Wohnort in einem Mitgliedstaat, dessen Träger keine Sachleistungen bei Pflegebedürftigkeit vorsehen, den Anspruch bei Risikoeintritt nicht einlösen kann. Den verwirklichten Zielen der Berücksichtigung der Eigenheiten der nationalen Systeme der sozialen Sicherheit, der Praktikabilität und der Kostendämpfung steht in diesen Fällen die fehlende Wahrung der sozialversicherungsrechtlichen Ansprüche eines Arbeitnehmers gegenüber, der von seiner Freizügigkeit nach Art. 39 EG Gebrauch gemacht hat. Damit lebt im Hinblick auf das Risiko der Pflegebedürftigkeit ein von den Mitgliedstaaten vorausgesehenes wesentliches Hemmnis der Arbeitnehmerfreizügigkeit wieder auf, dem durch Art. 42 EG begegnet werden sollte. Das Prinzip der aushelfenden Sachleistungsgewährung, das zur Erfüllung des Koordinierungsauftrags in die VO 1408/71 aufgenommen worden ist, kann seine koordinierende Wirkung bei Pflegesachleistungen nur eingeschränkt entfalten und hat in den Fällen, in denen das Wohnland solche Leistungen nicht vorsieht, den fehlenden Leistungsbezug und die Nichterfüllung eines erworbenen Anspruchs zur Folge.

Die auf dem Prinzip der aushelfenden Sachleistungsgewährung beruhende Leistungsbeschränkung bei Auseinanderfallen von Wohn- und Beschäftigungsstaat im Hinblick auf Pflegesachleistungen könnte trotz dieser Überlegungen angemessen im Sinne der Verhältnismäßigkeitsprüfung sein, wenn die Ansprüche der Versicherten auf andere Weise gewahrt werden.

Selbst in den Mitgliedstaaten, in denen Sachleistungen bei Pflegebedürftigkeit nicht im Rahmen eines Systems der sozialen Sicherheit vorgesehen sind, existieren

---

[324] So Zuleeg, DVBl. 1997, S. 445 (451).

solche als Sozialhilfeleistungen[325]. Letztere werden zwar nicht durch die VO 1408/71 koordiniert, aber EU-Angehörigen vom Wohnstaat gewährt, selbst wenn sie dessen Staatsangehörigkeit nicht besitzen[326].

Allerdings bestehen Systeme der sozialen Sicherheit gerade deswegen, um eine Inanspruchnahme von Sozialhilfe zu vermeiden. Versicherte sollen bei Eintritt voraussehbarer finanziell belastender Risiken nicht (ausschließlich) ihr Vermögen einsetzen müssen und im Anschluss auf die Sozialhilfe zur Finanzierung angewiesen sein, sondern auf die durch Beiträge[327] erworbenen Ansprüche zurückgreifen können[328]. Unter anderem auf Grund dieser unterschiedlichen Zielrichtung kann auf eine realisierbare Koordinierung von Sachleistungen im Rahmen der sozialen Sicherheit nicht wegen des Vorhandenseins entsprechender Leistungen der Sozialhilfe verzichtet werden. Die Kostenverteilung würde zudem unsachgerecht verschoben, wenn die eigentlich zuständigen Träger wegen des Nichtvorhandenseins von Sachleistungen bei Pflegebedürftigkeit im Rahmen eines Systems der sozialen Sicherheit im Wohnstaat von der Leistungspflicht gegenüber ihren Versicherten frei würden und zwar zu Lasten der Träger der Sozialhilfe des Wohnstaats.

Die Angemessenheit und damit auch die Verhältnismäßigkeit der Gewährung von Sachleistungen bei Pflegebedürftigkeit im Wege der Sachleistungsaushilfe ließe sich auch dadurch begründen, dass zumindest im Rahmen der deutschen Pfle-

---

[325] Siehe dazu oben § 2 B I 3.
[326] So z. B. über Art. 7 Abs. 2 VO 1612/68 für Arbeitnehmer und über Art. 7 der Verordnung (EWG) Nr. 1251/70 über das Recht der Arbeitnehmer, nach Beendigung der Beschäftigung im Hoheitsgebiet eines Mitgliedstaats zu verbleiben, ABl. EG v. 30. 6. 1970, Nr. L 142, S. 24, i.V.m. Art. 7 Abs. 2 VO 1612/68 für Verbleibeberechtigte, jeweils ohne dass deren Aufenthaltsrecht in dem EU-Mitgliedstaat gefährdet wird; vgl. Ketelsen, ZSR 1990, S. 331 (339, 341); Hailbronner, ZAR 1985, S. 108 (112); Zuleeg, NDV 1987, S. 342 (344, 346). Anders verhält es sich bei Unionsbürgern, deren Freizügigkeitsrecht alleine auf Art. 18 Abs. 1 EG beruht und deshalb in der Ausübung den Einschränkungen der RL 90/364/EWG, 90/365/EWG oder 93/96/EWG (siehe zu den Fundstellen unten Fn. 402) unterliegt: In ihrem jeweiligen Art. 1 enthalten sie die Bedingung der Nichtinanspruchnahme der Sozialhilfe des Aufenthaltsstaats.
[327] Der Begriff wird hier im weiteren Sinne verwendet und soll sowohl Beiträge im herkömmlichen Sinne als auch gesonderte Steuern umfassen, die bei nationalen Gesundheitsdiensten zur Finanzierung dienen.
[328] Das Ziel, Pflegebedürftige nicht auf die Sozialhilfe zurückgreifen lassen zu müssen, wurde auch ausdrücklich zur Begründung der neuen sozialversicherungsrechtlichen Pflegevorsorge in Deutschland angeführt. Vgl. Gesetzentwurf der Fraktion der CDU/CSU und FDP: Entwurf eines Gesetzes zur sozialen Absicherung des Risikos der Pflegebedürftigkeit (Pflege-Versicherungsgesetz - PflegeVG), BT-Drucks. 12/5265, S. 1, 2; Gesetzentwurf der Fraktion der SPD: Entwurf eines Gesetzes zur Einführung einer gesetzlichen Pflegeversicherung (Pflegeversicherungsgesetz - PflegeVersG, BT-Drucks. 12/1156, S. 1-3; Gesetzentwurf der Abgeordneten Dr. Ilja Seifert, Dr. Gregor Gysi und der Gruppe der PDS/Linke Liste: Entwurf eines Gesetzes zur sozialstaatlichen Gewährleistung von Assistenz, Anleitung und/oder Pflege (Pflege-Assistenz-Gesetz, BT-Drucks. 12/4099, S. 1, 2.

geversicherung die aus dem Prinzip der aushelfenden Sachleistungsgewährung resultierenden Nachteile anderweitig aufgefangen werden. Im Gegensatz zu den Leistungen der gesetzlichen Krankenversicherung, die - was die unmittelbare Behandlung angeht - ausschließlich Sachleistungen sind, sieht die Pflegeversicherung das Pflegegeld als Alternative zur Pflegesachleistung vor. Hierbei muss berücksichtigt werden, dass es sich bei der Möglichkeit der alternativen Gewährung von Pflegegeld um eine der deutschen sozialen Pflegeversicherung eigene Leistungsgestaltung handelt. Führt ein anderer Mitgliedstaat eine Pflegeversicherung ein, die nur Sachleistungen vorsieht - was ihm wegen der Autonomie der Mitgliedstaaten bei Ausgestaltung der Sozialschutzsysteme unbenommen bleibt - gibt es die Möglichkeit eines Exports von Pflegegeld in einen Mitgliedstaat, der keine Sachleistungen bei Pflegebedürftigkeit vorsieht, nicht[329]. Das Pflegegeld wird nach der Entscheidung des EuGH in der Rechtssache Molenaar gemäß Art. 19 Abs. 1 lit. b VO 1408/71 in den Wohnmitgliedstaat exportiert. Sieht dieser keine Sachleistungen bei Pflegebedürftigkeit vor, die im Wege der Sachleistungsaushilfe erbracht werden könnten, besteht für den Versicherten immer noch die Möglichkeit über das Pflegegeld Pflegehilfe selbst zu beschaffen. Der Pflegebedürftige steht demnach auch im Falle des Fehlens von Sachleistungen nicht völlig schutzlos da.

Allerdings wird bei dieser Argumentation zum einen die im SGB XI angelegte Alternativität von Pflegesachleistung und Pflegegeldleistung, wobei erstere zum Teil den doppelten Wert der Letzteren hat, und die damit verbundene Wahlmöglichkeit des Versicherten aufgehoben[330]. Zum anderen führt das Pflegegeld dann nicht zur Wahrung erworbener Ansprüche, wenn es für den Pflegebedürftigen nicht möglich ist, die Pflege selber sicherzustellen[331]. Das Pflegegeld ist dazu vorgesehen, ehrenamtlich tätige Pflegehilfen für ihren Aufwand zu entschädigen, insbesondere Angehörige. Steht dem Pflegebedürftigen ein solches soziales Netz nicht zur Verfügung, müsste er von dem Pflegegeld eine professionelle Pflegekraft vergüten, eine Verwendungsform, die zwar zulässig ist, für die der Umfang des Pflegegeldes aber nicht ansatzweise ausreicht. Das Pflegegeld ist aus diesem Grunde auch vom deutschen Gesetzgeber eher als zweitrangige Sicherungsform gegenüber der vorrangigen Pflegesachleistung durch professionelle Pflegekräfte in der häuslichen

---

[329] Das gilt natürlich auch, wenn eine Mitgliedstaat im Rahmen seiner Krankenversicherung Sachleistungen bei Pflegebedürftigkeit vorsieht.

[330] Unter anderem mit dieser Wahlmöglichkeit verwirklicht die soziale Pflegeversicherung ihr Ziel, die persönliche Bewegungs-, Gestaltungs- und Entfaltungsfreiheit des Pflegebedürftigen zu fördern, siehe Heine, Arbeit und Sozialpolitik 9-10/97, S. 9 (13). Zur Eigenverantwortung in der sozialen Pflegeversicherung und deren gesetzliche Verankerung in § 6 SGB XI, siehe Trenk-Hinterberger, in: Ruland/von Maydell/Papier (Hrsg.), FS für Zacher, S. 1163ff.

[331] So auch Eichenhofer, in: Sieveking (Hrsg.), Soziale Sicherung bei Pflegebedürftigkeit, S. 127 (139).

Umgebung des Pflegebedürftigen vorgesehen worden[332]. So kann darüber hinaus das Pflegegeld auch dann die Sachleistung nicht ersetzen, wenn die häusliche Pflege nicht mehr ausreichend ist, sondern der Zustand des Pflegebedürftigen die Unterbringung in einer stationären Einrichtungen erfordert. Die dadurch entstehenden Kosten, selbst wenn es nur um die pflegebezogenen geht, die durch die Gewährung von Sachleistungen in Deutschland abgesichert wären, können mit dem Pflegegeld nicht abgedeckt werden[333].

Das Prinzip der aushelfenden Sachleistungsgewährung stellt sich somit im Hinblick auf Art. 39 EG nicht als angemessenes Mittel zur Koordinierung von Sachleistungen bei Pflegebedürftigkeit dar.

5. Vorläufiges Ergebnis: Primärrechtswidrigkeit

Die mittelbare Diskriminierung, die in der leistungsbeschränkenden Komponente des Prinzips der aushelfenden Sachleistungsgewährung liegt, behindert die Inanspruchnahme der Rechte aus der Freizügigkeit der Arbeitnehmer unverhältnismäßig und lässt sich somit nicht rechtfertigen. Art. 19 Abs. 1 lit. a VO 1408/71 verstößt in der Auslegung seiner uneingeschränkten Anwendung auf die Leistungen bei Pflegebedürftigkeit gegen Art. 39 Abs. 2 EG. Daraus folgt die Gemeinschaftsrechtswidrigkeit des Art. 19 Abs. 1 lit. a VO 1408/71 im Hinblick auf Art. 39 EG insgesamt, wenn davon ausgegangen wird, dass eine Inanspruchnahme von Sachleistungen zu Lasten der sozialen Pflegeversicherung im Wohnstaat ausschließlich in der durch Art. 19 Abs. 1 lit. a VO 1408/71 vorgesehenen Form möglich ist, die Regelung also auch für den Fall abschließenden Charaker hat, dass der dortige Träger keine Sachleistungen bei Pflegebedürftigkeit vorsieht.

6. Zweckgerichtete Auslegung

Der EuGH bekennt sich zum Prinzip der gemeinschaftskonformen Auslegung im Sekundärrecht in dem Sinne, dass bei verschiedenen Auslegungen derjenigen der Vorzug zu geben ist, bei der die Bestimmung des Sekundärrechts mit dem Vertrag als vereinbar angesehen werden kann[334].

Die Annahme der Primärrechtswidrigkeit des Prinzips der aushelfenden Sachleistungsgewährung zur Koordinierung von Sachleistungen bei Pflegebedürftigkeit lässt sich durch eine an die Rechtsprechung des EuGH in den Rechtssachen

---

[332] Zur ursprünglichen Konzeption siehe oben § 1 A II 1.
[333] So im Ergebnis auch Füßer, Arbeit und Sozialpolitik 9-10/97, S. 30 (36).
[334] Oppermann, Europarecht, Rn. 688 mit Verweis auf EuGH, Urteil v. 13. Dezember 1983, Rs. 218/82 (Kommission/Rat), Slg. 1983, 4063 (4075 Rz.15); Bleckmann, in: Bleckmann, Europarecht, § 8 Rn. 554.

Decker[335] und Kohll[336] angelehnte sog. zweckgerichtete Auslegung vermeiden. Während die Feststellung der Primärrechtswidrigkeit de lege ferenda zumindest eine Ergänzung von Art. 19 Abs. 1 lit. a VO 1408/71 im Hinblick auf die Koordinierung von Leistungen der sozialen Pflegeversicherung erforderlich machen würde[337], könnte bei zweckgerichteter Auslegung Art. 19 Abs. 1 lit. a VO 1408/71 in seiner jetzigen Form primärrechtskonform existent bleiben und die entstandene Sicherungslücke unter Rückgriff auf Art. 39 EG geschlossen werden[338].

a. Rechtsprechung des EuGH zu Art. 22 Abs. 1 lit. c VO 1408/71 in den Rechtssachen Decker und Kohll

In beiden Rechtssachen stand zwar die Überprüfung der Primärrechtskonformität nationaler, hier luxemburgischer, Rechtsvorschriften im Vordergrund[339]. Der Gerichtshof musste aber gleichzeitig Stellung nehmen zur Reichweite des Art. 22 Abs. 1 lit. c VO 1408/71[340]. Seine diesbezüglichen Ausführungen sind hier von Bedeutung.

aa. Sachverhalte

Im Ausgangsrechtsstreit der Rechtssache Decker ging es um den von Nicolas Decker, einem luxemburgischen Staatsangehörigen, gestellten Antrag an die Caisse de maladie des employés privés - eine luxemburgische Krankenkasse, deren Mitglied er ist - auf Erstattung der Kosten einer Brille mit Korrekturgläsern, die er bei einem Optiker in Belgien auf Verschreibung eines in Luxemburg niedergelassenen Augenarztes erworben hat. Der Antrag richtete sich auf Erstattung der Kosten in Höhe eines Pauschalsatzes, der ihm bei Kauf der Brille in Luxemburg erstattet worden wäre. Der Antrag wurde von der Kasse mit Verweis auf die einschlägigen luxemburgischen Vorschriften[341] abgelehnt, die eine Erstattung von Kosten für im Ausland erhaltene medizinische Leistungen nur nach vorheriger Genehmigung

---

[335] EuGH, Urteil v. 28. April 1998, Rs. C-120/95 (Decker), Slg. 1998, I-1831ff.
[336] EuGH, Urteil v. 28. April 1998, Rs. C-158/98 (Kohll), Slg. 1998, I-1931ff.
[337] Die Primärrechtswidrigkeit von Sekundärrecht hat dessen Aufhebung zur Folge. Im Hinblick auf das Risiko der Krankheit könnte es jedoch bei Art. 19 Abs. 1 lit. a VO 1408/71 bleiben.
[338] Natürlich würde auch in diesem Fall eine ausdrückliche Regelung Klarheit bringen.
[339] Siehe dazu unten § 5 A.
[340] Trotz diverser Unterschiede in den Sachverhalten der beiden Fälle sollen sie gemeinsam behandelt werden, da im Hinblick auf die hier wesentliche Argumentation zu Art. 22 Abs. 1 lit. c VO 1408/71 keine Unterschiede bestehen.
[341] Vgl. zu den luxemburgischen Vorschriften im Einzelnen die Zitate in EuGH, Urteil v. 28. April 1998, Rs. C-120/95 (Decker), Slg. 1998, I-1831 (1875-1877).

durch die Krankenkasse vorsahen. Ist eine solche Genehmigung nicht eingeholt worden, entfällt der Anspruch auf Kostenerstattung[342].

In der Rechtssache Kohll war Gegenstand des Ausgangsrechtsstreits die Weigerung einer luxemburgischen Krankenkasse, der Union des caisses de maladie (UCM), eine Zahnregulierung der Tochter des luxemburgischen Staatsangehörigen Raymond Kohll bei einem Zahnarzt in Deutschland zu genehmigen, wobei die Genehmigung als Bedingung für die spätere Kostenerstattung galt, die Kohll nur in Höhe der luxemburgischen Tarife verlangte[343].

In beiden Fällen stimmten die luxemburgischen Regelungen insoweit mit Art. 22 Abs. 1 lit. c VO 1408/71 überein, als dieser vorschreibt, dass ein Arbeitnehmer dann Sachleistungen für Rechnung des zuständigen Trägers vom ausländischen Träger nach den für diesen geltenden Rechtsvorschriften in Anspruch nehmen kann, wenn zuvor die Genehmigung des zuständigen Trägers für die Behandlung in einem anderen Mitgliedstaat erteilt wurde.

bb. Urteile

Dem EuGH wurden in beiden Fällen von der luxemburgischen Cour de cassation Fragen zur Vorabentscheidung vorgelegt. Im Fall Decker wurde die Vereinbarkeit einer Regelung wie der luxemburgischen, die die Übernahme der Kosten für erstattungsfähige Leistungen von der Genehmigung durch eine Einrichtung der sozialen Sicherheit des Versicherten abhängig macht, wenn die Leistungen in einem anderen Mitgliedstaat als dem Wohnstaat des Versicherten erbracht werden, mit Art. 30 EG-Vertrag (nach Änderung jetzt Art. 28 EG) erfragt[344], im Fall Kohll mit Art. 59 EG-Vertrag (nach Änderung jetzt Art. 49 EG)[345].

Der EuGH hat in beiden Fällen diese Fragen nicht in ihrer Gänze beantwortet[346]. Vielmehr unterscheidet er zunächst danach, ob die Kostenerstattung nach den Tarifen des zuständigen Versicherungsträgers oder nach denjenigen des ausländischen Trägers verlangt wird. Soweit eine Genehmigung durch die Krankenkasse von der nationalen Vorschrift verlangt wird, damit der Versicherte in Höhe der *Tarife des*

---

[342] EuGH, Urteil v. 28. April 1998, Rs. C-120/95 (Decker), Slg. 1998, I-1831 (1874 Rz. 2 - 1875 Rz. 7).
[343] EuGH, Urteil v. 28. April 1998, Rs. C-158/98 (Kohll), Slg. 1998, I-1931 (1938 Rz. 2-5).
[344] EuGH, Urteil v. 28. April 1998, Rs. C-120/95 (Decker), Slg. 1998, I-1831 (1879 Rz. 16). Im Hinblick auf die Vorlagefrage im Fall Decker ist diese Darstellung verkürzt, aber für hiesige Zwecke kommt es auf weitere Details nicht an.
[345] EuGH, Urteil v. 28. April 1998, Rs. C-158/96 (Kohll), Slg. 1998, I-1931 (1941 Rz. 10).
[346] So auch Ruland, JuS 99, S. 410 (412), der von einer Kunstgriff des EuGH durch Modifizierung der Vorlagefrage im Sinne einer Einengung des Problems spricht.

ausländischen Staats einen Kostenerstattungsanspruch hat[347], entspricht diese Regelung derjenigen des Art. 22 Abs. 1 lit. c VO 1408/71. Weder im Hinblick auf eine Regelung wie die luxemburgische noch im Hinblick auf Art. 22 Abs. 1 lit. c VO 1408/71 nimmt der EuGH in den beiden Urteilen Stellung dazu, ob ein solches Genehmigungserfordernis mit dem Primärrecht vereinbar ist. Insoweit bringen die Urteile noch keine Klärung[348].

Der EuGH konkretisiert in seinen Ausführungen vielmehr die Vorlagefragen auf die in den Ausgangsrechtsstreitigkeiten vorliegende Problematik des Erfordernisses einer Genehmigung für die Erstattung der Kosten einer Behandlung im Ausland nach den *Sätzen des zuständigen Trägers*. Im Hinblick auf diese Fallkonstellation hält er Art. 22 Abs. 1 lit. c VO 1408/71 für nicht einschlägig. Art. 22 Abs. 1 lit. c VO 1408/71 verfolge den Zweck, einem Versicherten, der von dem zuständigen Träger die Genehmigung dazu erhalten hat, insbesondere dann zu erlauben, in einem anderen Mitgliedstaat ohne zusätzliche Kosten für Rechnung des zuständigen Trägers nach den Rechtsvorschriften des ausländischen Staates eine seinem Zustand angemessene Behandlung zu erhalten, wenn dies sein Gesundheitszustand erfordert. Daraus könne jedoch nicht auf den abschließenden Charakter des Art. 22 Abs. 1 lit. c VO 1408/71 in dem Sinne geschlossen werden, dass eine Erstattung von im Ausland ohne vorherige Genehmigung erhaltenen medizinischen Leistungen nach den Sätzen des zuständigen Trägers gemeinschaftsrechtlich unzulässig sei, nur weil die Verordnung insoweit keine Regelung vorsehe. Die Zulässigkeit des Genehmigungserfordernisses der nationalen Regelung richte sich letztlich nach Primärrecht. In der Rechtssache Decker kommt der EuGH zu dem Ergebnis, dass eine nationale Regelung, nach der ein Träger der sozialen Sicherheit eines Mitgliedstaats die nach seinem Recht vorgesehene pauschale Kostenerstattung für eine Brille mit Korrekturgläsern, die ein Versicherter bei einem Optiker in einem anderen Mitgliedstaat erworben hat, wegen fehlender vorheriger Genehmigung ableh-

---

[347] So ausdrücklich in der einschlägigen luxemburgischen Regelung im Fall Kohll, vgl. EuGH, Urteil v. 28. April 1998, Rs. C-158/96 (Kohll), Slg. 1998, I-1931 (1939 Rz. 7).
[348] Dafür prüft GA Tesauro in seinen Schlussanträgen in den Rechtssachen Decker und Kohll, Slg. 1998, I-1831 (1865/1866 Rz. 54) (auch) die Primärrechtskonformität von Art. 22 Abs. 1 lit. c VO 1408/71. Er hält das Genehmigungserfordernis dann für gerechtfertigt, wenn die Unterschiede in den Gesundheitssystemen der Mitgliedstaaten ansonsten dazu führen würden, dass Mitgliedstaaten mit preiswerten Sozialleistungen die in anderen Mitgliedstaaten in Anspruch genommenen Leistungen immer voll ersetzen müssten und dadurch das eigene System in Gefahr geriete, ohne Rücksicht darauf, ob die ausländische Leistung wirklich erforderlich war. Zur besonderen Bedeutung der Schlussanträge des Generalanwalts in sozialrechtlichen Verfahren, vgl. Haverkate/Huster, S. 77 (Rn. 74). Zur Vereinbarkeit des Erfordernisses einer Genehmigung mit dem Primärrecht im Bereich der Krankenhausversorgung vgl. EuGH, Urteil v. 12. Juli 2001, Rs. C-157/99 (Smits und Peerbooms), Slg. 2001, I-5473 (5535 Rz. 80, 82).

nen kann, gegen Art. 30 EG-Vertrag verstößt[349]. In ähnlicher Weise entscheidet der Gerichtshof in der Rechtssache Kohll, dass eine nationale Regelung, die die Erstattung der Kosten für eine Zahnbehandlung durch einen Zahnarzt in einem anderen Mitgliedstaat nach den Tarifen des Versicherungsstaats von der Genehmigung des Trägers der sozialen Sicherheit abhängig macht, gegen Art. 59 EG-Vertrag verstößt[350].

b. Übertragung der Grundgedanken der Rechtsprechung

Den Entscheidungen liegen koordinationsrechtlich zwei Rechtsgedanken zugrunde. Zum einen bejaht der EuGH die Möglichkeit der nicht abschließenden Koordinierung eines grenzüberschreitenden Sachverhalts durch die Vorschriften der VO 1408/71[351]. Zum anderen lässt er die Schließung der so entstandenen Regelungslücke durch Rückgriff auf primäres Gemeinschaftsrecht zu, das dadurch koordinierende Wirkung entfaltet.

Diese zusammenhängenden Rechtsgedanken können auf die Problematik der Koordinierung von Sachleistungen der sozialen Pflegeversicherung durch Art. 19 Abs. 1 lit. a VO 1408/71 übertragen werden. Art. 19 Abs. 1 lit. a VO 1408/71 setzt bei strenger Interpretation seines Wortlauts und orientiert am Zweck der leistungsgewährenden Komponente des Prinzips der aushelfenden Sachleistungsgewährung - Wahrung der Ansprüche der Versicherten[352] - voraus, dass der Wohnmitgliedstaat, der für Rechnung des zuständigen Trägers durch Gewährung der eigenen Sachleistungen an einen berechtigten Versicherten aushelfend tätig wird, Sachleistungen überhaupt vorsieht. Eine Regelung dahingehend, in welcher Weise ein durch den zuständigen Träger vermittelter Anspruch auf Sachleistungen erfüllt werden soll, wenn im Wohnmitgliedstaat Sachleistungen nicht vorgesehen sind, ist in dieser Vorschrift nicht enthalten. Insofern kann eine Parallele gezogen werden zu der "Regelungsdichte" von Art. 22 Abs. 1 lit. c VO 1408/71, der vorschreibt, dass Sachleistungen unter Zugrundelegung der Rechtsvorschriften und Sätze des Wohnstaats gewährt werden, wenn eine Genehmigung des zuständigen Trägers vorliegt, aber keine Angaben darüber enthält, inwiefern eine Erstattung für eine im Ausland in Anspruch genommene Behandlung auch nach den Sätzen des zuständigen Trägers durch den Versicherten verlangt werden kann und ob auch dann eine vorherige Genehmigung erforderlich ist. Die Beantwortung dieser Fragen hat der

---

[349] EuGH, Urteil v. 28. April 1998, Rs. C-120/95 (Decker), Slg. 1998, I-1831 (1886 Rz. 46).
[350] EuGH, Urteil v. 28. April 1998, Rs. C-158/98 (Kohll), Slg. 1998, I-1931 (1950 Rz. 54).
[351] So auch ausdrücklich Becker, NZS 1998, S. 359 (360); von Maydell, VSSR 1999, S. 3 (11). Auch Schulte, ZFSH/SGB 1999, S. 269 (275) geht davon aus, dass die Grundfreiheiten weder durch Art. 42 EG noch durch die VOen 1408/71 und 574/72 präkludiert werden.
[352] Siehe Art. 42 EG und den sechsten Erwägungsgrund der VO 1408/71.

EuGH unter Außerachtlassung der VO 1408/71 allein mit Hilfe des Primärrechts, der Grundfreiheiten aus Art. 49 und Art. 28 EG, vorgenommen. So muss auch das Problem der Koordinierung von Sachleistungen der sozialen Pflegeversicherung in den Fällen, in denen Art. 19 Abs. 1 lit. a VO 1408/71 nicht einschlägig ist, anhand der Vorgaben des Art. 39 EG gelöst werden[353].

c. Übertragung der Lösungsmöglichkeit der Rechtsprechung

Die einschränkende zweckgerichtete Auslegung des Art. 19 Abs. 1 lit. a VO 1408/71 führt dazu, dass der Anwendungsbereich der Norm auf die Koordinierung der Fälle begrenzt ist, in denen sowohl zuständiger Staat als auch Wohnmitgliedstaat Sachleistungen vorsehen[354]. Es fehlt hingegen an einer Regelung, die auch bei fehlenden Pflegesachleistungen koordinierende Wirkung hat[355].

Für diese Sicherungslücke muss neben dem Prinzip der aushelfenden Sachleistungsgewährung eine Koordinierungsform gefunden werden, die den Anforderungen der Arbeitnehmerfreizügigkeit genügt: Das Prinzip der aushelfenden Sachleistungsgewährung ist im Hinblick auf die Leistungen der sozialen Pflegeversicherung dann primärrechtskonform[356], wenn auch der Wohnmitgliedstaat der Versicherten Sachleistungen bei Pflegebedürftigkeit vorsieht[357]. Qualitätseinbußen sind - gegebenenfalls in erheblichem Maße - hinzunehmen[358]. Einer koordinationsrechtlichen Ergänzung bedarf es für die Fälle, in denen das Sekundärrecht de lege lata zu einem Verlust der aus der sozialen Pflegeversicherung erworbenen Ansprüche führt, wenn nämlich im Wohnstaat keinerlei Sachleistungen bei Pflegebedürftigkeit vorhanden sind[359].

Hier können die Rechtsausführungen des EuGH in seinen Entscheidungen der Rechtssachen Decker und Kohll die Grundlage für eine Lösung bilden.

---

[353] Zu dem grundsätzlich hinter der Anpassung von Koordinierungsregeln stehenden Gedanken der Gewährleistung der Freizügigkeit, vgl. Igl, in: Gitter/Schulin/Zacher (Hrsg.), FS für Krasney, S. 199 (204).
[354] Zur Herleitung siehe oben § 2 B II 6 b.
[355] Eine Sicherungslücke, die der Schließung bedarf, entsteht auch, wenn Art. 19 Abs. 1 lit. a VO 1408/71 dahingehend ausgelegt wird, dass er die gemeinschaftsrechtliche Koordinierung von Sachleistungen bei Krankheit und Pflegebedürftigkeit abschließend regelt. In den Fällen, in denen der Wohnmitgliedstaat keine Sachleistungen bei Pflegebedürftigkeit vorsieht, verstößt die Vorschrift dann gegen Art. 39 EG; siehe dazu oben § 2 B II 5. Hier folgt schon aus der Primärrechtswidrigkeit die Notwendigkeit einer Neuregelung.
[356] Siehe zur Gemeinschaftsrechtskonformität der Sachleistungsaushilfe ansonsten oben § 2 B II 4 b dd.
[357] Siehe dazu oben insbesondere § 2 B I 1.
[358] Siehe zu diesem Nachteil der Sachleistungsaushilfe auch im Hinblick auf das Risiko der Krankheit oben § 2 B II 4 b dd.
[359] Sieh dazu oben § 2 B I 3.

Art. 22 Abs. 1 VO 1408/71 ordnet für die Fälle lit. a - lit. c in sublit. i an, dass Sachleistungen nach dem Prinzip der aushelfenden Sachleistungsgewährung für Rechnung des zuständigen Trägers vom Träger des Aufenthalts- oder Wohnorts nach den für diesen geltenden Rechtsvorschriften erbracht werden. In diesen Fällen werden die Aufwendungen des aushelfenden Trägers ohne zusätzliche Kosten für den Versicherten vom zuständigen Träger ersetzt. Für Art. 22 Abs. 1 lit. c VO 1408/71 hat der EuGH in den Rechtssachen Decker und Kohll zum einen entschieden, dass die Vorschrift einer Erstattung von Leistungen, die in einem anderen als dem zuständigen Mitgliedstaat ohne Erfüllung der Voraussetzungen des Art. 22 Abs. 1 lit. c VO 1408/71 in Anspruch genommen worden sind, nach den Tarifen des zuständigen Staats nicht entgegensteht, und zum anderen, dass eine Verweigerung der Erstattung gegen Primärrecht verstößt. Der Versicherte hat demnach die Möglichkeit, soweit keine in dem jeweiligen Sozialleistungssystem eines Mitgliedstaats liegenden relevanten Gründe[360] dagegen sprechen, entweder mit Genehmigung des zuständigen Trägers nach dem Prinzip der aushelfenden Sachleistungsgewährung ohne zusätzliche Kosten im Ausland eine medizinische Behandlung in Anspruch zu nehmen (Art. 22 Abs. 1 lit. c VO 1408/71) oder ohne Genehmigung Erstattung nach den Sätzen des zuständigen Staats zu verlangen, unter Umständen mit der Folge beträchtlicher eigener Zuzahlungen, die den Unterschied zwischen den tatsächlichen Kosten der Behandlung und den dafür geleisteten innerstaatlichen Sätzen füllen müssen. Damit hat der EuGH für diesen konkreten Fall einen Export von Sachleistungen bejaht. Während er in der Rechtssache Molenaar die Beantwortung der Frage nach einem Export des deutschen Pflegegeldes noch davon abhängig gemacht hat, ob es sich dabei um eine Geld- oder eine Sachleistung im gemeinschaftsrechtlichen Sinne handelt und damit von der grundsätzlichen Nichtexportierbarkeit von Sachleistungen ausgegangen ist[361], muss die aus Art. 28, 49 EG resultierende Verpflichtung Luxemburgs zur Erstattung der verlangten Kosten in den Rechtssachen Decker und Kohll nach den eigenen Sätzen als eine Form des Exports von Sachleistungen angesehen werden. Die Möglichkeit des Sachleistungsexports besteht, zunächst eindeutig nur für die entschiedenen Fälle in all ihren Einzelheiten, neben der Sachleistungsaushilfe. Eine direkte Übertragung der beiden Entscheidungen kommt hier nicht in Frage, die Fallkonstellationen sind zu unter-

---

[360] In den Rechtssachen Decker und Kohll hat der EuGH als solche anerkannt: Das finanzielle Gleichgewicht eines Systems der sozialen Sicherheit in Verbindung mit der Aufrechterhaltung einer ausgewogenen, allen zugänglichen ärztlichen und klinischen Versorgung und den Gesundheitsschutz durch Qualitätssicherung. Vgl. EuGH, Urteil v. 28. April 1998, Rs. C-158/96 (Kohll), Slg. 1998, I-1931 (1950 Rz. 50).

[361] Davon kann man zumindest inzident ausgehen. Wäre auch ein Export von Sachleistungen möglich gewesen, hätte die Frage nach der Einordnung des Pflegegeldes als Geld- oder Sachleistung nicht einen Schwerpunkt des Urteils bilden müssen. So auch Schaaf, WzS 1998, S. 204 (212).

schiedlich[362] [363]. Entscheidend ist aber, dass der EuGH mit seinen Urteilen in den Rechtssachen Decker und Kohll die Möglichkeit zugelassen hat, dass sich - jenseits der VO 1408/71 - die Verpflichtung eines Mitgliedstaats zum Export von Sachleistungen aus einer Grundfreiheit ergeben kann oder, anders formuliert, ein Mitgliedstaat mit der Verweigerung des Exports gegen Grundfreiheiten verstößt, wenn nicht zwingende Gründe des Allgemeininteresses einem solchen entgegenstehen.

Auch im vorliegenden Fall kommt als Alternative zum Koordinierungsprinzip der aushelfenden Sachleistungsgewährung nur eine Form des Exports von Sachleistungen durch den zuständigen Träger in Betracht[364]. Daraus folgt jedoch nicht, wie zum Teil angenommen, dass es sich bei dem Problem der Koordinierung von Sachleistungen, die nicht in allen Mitgliedstaaten vorhanden sind, um ein solches handelt, das von den Mitgliedstaaten auf nationaler Ebene zu bewältigen ist[365]. Vielmehr stellt die sich aus dem Primärrecht ergebende Folge einen Koordinierungsauftrag an die Gemeinschaft dar, auch dann die Gewährleistungen der Arbeitnehmerfreizügigkeit zu verwirklichen, wenn die Unterschiede in den sozialen Sicherungssystemen der Mitgliedstaaten, sich als Unterschiede im Hinblick auf die Vorsorgerelevanz von Risiken erweisen. Gerade weil aufgrund der Eigenständigkeit der Mitgliedstaaten auf dem Gebiet der sozialen Sicherheit gemeinschafts-

---

[362] Es stehen sich gegenüber: Luxemburg - Kostenerstattung - Brille, Zahnbehandlung - Art. 22 Abs. 1 lit. c VO 1408/71 als Vorschrift zum vorübergehenden Auslandsaufenthalt – Dienstleistungs- und Warenverkehrsfreiheit - Krankheit, in den entschiedenen Fällen einerseits und Deutschland - Sachleistungsprinzip - sämtliche Pflegesachleistungen - Art. 19 Abs. 1 lit. a VO 1408/71 als Vorschrift bei dauerndem Auslandsaufenthalt - Arbeitnehmerfreizügigkeit - Pflegebedürftigkeit, im vorliegenden Fall andererseits.

[363] Die Bedeutung der Rechtsprechung des EuGH in den Rechtssachen Decker und Kohll für das deutsche Gesundheitssystem, insbesondere das deutsche Krankenversicherungsrecht, ist in der Literatur vielfach und kontrovers diskutiert worden und soll in ihren Auswirkungen im Laufe der Arbeit auch an anderer Stelle noch für die soziale Pflegeversicherung überlegt werden, siehe unten § 5. Vgl. zu den Auswirkungen der Urteile auf die gesetzliche Krankenversicherung Berg, EuZW 1999, S. 587ff.; Belter, Europablätter 1999, S. 3ff.; Novak, EuZW 1998, S. 366ff.; Seehofer, KrV 1998, S. 212; Schulz-Weidner, KrV 1998, S. 241ff.; Domscheit, KrV 1998, S. 246ff.; Becker, NZS 1998, S. 359ff.; Eichenhofer, VSSR 1999, S. 101ff; Schulte, ZFSH/SGB 1999, S. 269ff., 347ff.; Lenz/Lampert, Pharma Recht 1999, S. 66ff., 96ff.; Schaaf, SGb 1999, S. 274ff.; von Maydell, VSSR 1999, S. 3ff.; Windschild, KrV 1998, S. 254; siehe auch die Beiträge zum 11. Bonner Europa-Symposion, Grenzüberschreitende Behandlungsleistungen im Binnenmarkt, Zentrum für Europäisches Wirtschaftsrecht (Hrsg.), Bonn 1999. Zur Bedeutung der Urteile für die deutsche substitutive private Krankenversicherung, Heinze, PKV-Dokumentation 23, S. 41ff.

[364] Überlegungen zur Übertragung der Rechtsprechung des EuGH auf Art. 19 Abs. 1 lit. a VO 1408/71, allerdings im Hinblick auf Leistungen bei Krankheit, stellt einzig auch Schulz-Weidner, KrV 1998, S. 241 (245) an.

[365] So aber Huster, NZS 1999, S. 10 (15).

rechtlich nicht die Einführung einer sozialen Absicherung der Pfegebedürftigkeit verlangt werden kann, muss eine neue Koordinierungsform gefunden werden[366].

d. Ausgestaltung

Ein Export von Pflegesachleistungen durch den zuständigen Träger ins mitgliedstaatliche Ausland ist - zumindest theoretisch - auf unterschiedliche Weise denkbar. Die zuständigen Träger könnten in sämtlichen anderen Mitgliedstaaten eigene Sachleistungserbringer für die dort lebenden berechtigten Pflegebedürftigen vorhalten. Sie könnten sich auch der im mitgliedstaatlichen Ausland sitzenden Träger bedienen, die in Anwendung der Vorschriften des zuständigen Trägers Leistungen erbringen. Beide Alternativen sind in der tatsächliche Durchführung nicht realisierbar[367]. Praktikabel ist einzig die Übernahme der Kosten für die vom Pflegebedürftigen selbst auf dem privaten Markt beschafften Leistungen[368]. Insofern kommt auch zur Verwirklichung der Gewährleistungen aus der Arbeitnehmerfreizügigeit neben der Sachleistungsaushilfe nur die Koordinierung von Pflegesachleistungen im Wege der Kostenerstattung in Frage[369]. In Anlehnung an die Rechtsprechung des EuGH in den Rechtssachen Decker und Kohll ist für den Erstattungsbetrag der tatsächliche Wert der Inanspruchnahme nur bis zu der Grenze maßgeblich, die sich bei vergleichbarer inländischer Leistungsgewährung durch den zuständigen Träger ergeben würde.

Bedenken gegen die Kostenerstattung als Alternative zu der Leistungsgewährung durch Sachleistungsaushilfe werden im Hinblick auf die Rechtsstellung des Versicherten zum Teil deswegen angeführt, weil das Recht auf Inanspruchnahme medizinischer Leistungen im ersteren Fall nicht mehr garantiert wird, wenn nur nach den Sätzen des zuständigen Staates abgerechnet wird und die Beschaffungskosten diese übersteigen können[370]. Bezogen auf die Koordinierung von Pflege-

---

[366] So wohl auch Eichenhofer, SGb 1999, S. 57 (61). Denn die Gestaltungsfreiheit der Mitgliedstaaten besteht nur im Rahmen des allgemeinen Anwendungsvorrangs des Gemeinschaftsrechts, also mit der Maßgabe, dass die europäischen Grundfreiheiten und das Wettbewerbsrecht beachtet werden; vgl. Haverkate/Huster, S. 70 (Rn. 60).

[367] Siehe dazu mit Begründung schon oben § 2 B II 4 a, aa.

[368] Ein privater Pflegemarkt existiert auch in den Mitgliedstaaten, die innerhalb eines Systems der sozialen Sicherheit keine Pflegesachleistungen vorsehen. Die Inanspruchnahme muss von dem Pflegebedürftigen selbständig getragen werden und ist wegen der fehlenden Bindung an einen Träger im Vergleich zu gesetzlich vorgesehenen Gesundheitsleistungen sehr teuer. Vgl. dazu beispielsweise für Spanien Sánchez-Rodas Navarro, in: Sieveking (Hrsg.), Soziale Sicherung bei Pflegebedürftigkeit, S. 81 (83).

[369] Zur ausdrücklichen Festschreibung in der VO 1408/71 siehe unten § 6 C II 1.

[370] So Eichenhofer, VSSR 1999, S. 101 (120) in Auseinandersetzung mit der Rechtsprechung des EuGH in den Rechtssachen Decker und Kohll.

sachleistungen sind diese Erwägungen ohne Bedeutung, da die Folge der Gewährung durch Sachleistungsaushilfe die Nichterfüllung des Anspruchs ist[371]. In diesen Fällen bedeutet die Wahl für den Versicherten in erster Linie die Möglichkeit, den erworbenen Anspruch zu wahren. Unter diesem Gesichtspunkt ist auch der dem Prinzip der aushelfenden Sachleistungsgewährung zugrunde liegende Gedanke zu betrachten, dass der Versicherte den Leistungserbringern des aushelfenden Staats nicht als Privatpatient gegenüberstehen soll, sondern so, als wäre er Mitglied der dortigen gesetzlichen Versicherung. Kann nämlich ein Versicherter dem aushelfenden Träger gegenüber seine Anspruchsberechtigung im zuständigen Staat nachweisen, wird er so behandelt wie die beim aushelfenden Träger Versicherten. Eine unterschiedliche Behandlung ist unzulässig[372]. Gewährt der aushelfende Träger Leistungen im Rahmen des Sachleistungsprinzips ohne Zuzahlungen, erhält auch der im Rahmen eines andersstaatlichen Krankenversicherungssystem Versicherte die Leistungen kostenfrei[373]. Diese mit der Sachleistungsaushilfe verbundenen Vorteile entfallen zwar bei der Koordinierung durch Kostenerstattung, weil dem Selberbeschaffen des Kostenerstattungsprinzips die Eigenvorfinanzierung entspricht[374]. Bei fehlenden Pflegesachleistungen im Wohnstaat hat aber auch das Prinzip der aushelfenden Sachleistungsgewährung diese Vorteile nicht zur Folge, weil es seine Koordinierungswirkung nicht entfalten kann[375].

Für die zuständigen Träger, die national - wie die deutschen Pflegekassen - Leistungen nach dem Sachleistungsprinzip erbringen, ergeben sich durch die primärrechtlich verlangte Koordinierung durch Kostenerstattung zwar Neuerungen.

---

[371] Siehe oben § 2 B II 2 b aa.
[372] Siehe Bieback, in: Fuchs (Hrsg.), Europäisches Sozialrecht, Art. 19 Rz. 14.
[373] Die Gewährung von Sachleistungen an Arbeitnehmer, die Angehörige der Mitgliedstaaten der Gemeinschaft sind, ohne Rücksicht darauf, bei welchem nationalen Träger sie versichert sein mögen und wo ihr Wohnort liegen mag, ohne auf die Erstattung der Kosten verzichten zu müssen, ist Inhalt und Ziel der aushelfenden Sachleistungsgewährung. So für Art. 22 Abs. 1 lit. c VO auch GA Tesauro, Schlussanträge in den Rs. C-120/95 und C-158/95, Slg. 1998, I-1831 (1848 Rz. 27) mit Verweis auf EuGH, Urteil v. 16. März 1978, Rs. 117/77 (Pierik I), Slg. 1978, S. 825 (835 Rz. 13/18).
[374] Demgegenüber entspricht dem Verschafftwerden die Drittnachfinanzierung. In dieser Gegenüberstellung Heine, Arbeit und Sozialpolitik 9-10/97, S. 9 (20).
[375] Außerdem entfällt die kostenfreie Inanspruchnahme von Sachleistungen im aushelfenden Mitgliedstaat auch dann, wenn Zuzahlungen von den beim aushelfenden Träger Versicherten für bestimmte Leistungen verlangt werden. Diese muss der den aushelfenden Träger im Hinblick auf diese Leistungen in Anspruch Nehmende aus einem anderen Mitgliedstaat in gleicher Höhe leisten. Werden im aushelfenden Mitgliedstaat Sachleistungen nach dem Kostenerstattungsprinzip erbracht, ist der Versicherte eines fremden Trägers ebenso wie die Versicherten des eigenen Trägers möglicherweise vorleistungspflichtig, allerdings dann nur gemäß den zwischen den Leistungserbringern und dem aushelfenden Träger vereinbarten Tarifen.

Allerdings stellen sich diese bei genauerer Betrachtung sowohl im Hinblick auf die nationalen Rechtsordnungen als auch im Vergleich zu der bisherigen Gewährung von Sachleistungen bei Krankheit nach Verordnungsrecht nicht als systemsprengend dar.

Am Beispiel der deutschen sozialen Pflegeversicherung zeigt sich, dass auch vom Sachleistungsprinzip bestimmte Systeme der sozialen Sicherheit dieses durch Ausnahmetatbestände zugunsten des Kostenerstattungsprinzips durchbrechen. So sieht § 4 Abs. 1 S. 1 i.V.m. § 91 SGB XI vor, dass zugelassene Pflegeeinrichtungen, mit denen keine vertragliche Regelung der Pflegevergütung besteht, und der Pflegebedürftige unmittelbar den Preis für die empfangenen Leistungen vereinbaren können, der dann gemäß § 91 Abs. 2 S. 1 und 2 SGB XI bis zu einer Höhe von 80% des Betrags ersetzt wird, den die Pflegekasse für den einzelnen Pflegebedürftigen nach den Regeln des SGB XI zu leisten hat. Dies zeigt, dass das Sachleistungsprinzip und alternativ die Möglichkeit der Kostenerstattung durchaus selbst innerhalb eines nationalen Sicherungssystems miteinander vereinbar sind[376]. Die Erweiterung dieses nationalgesetzlich bestehenden Nebeneinander von Sachleistungsprinzip und Kostenerstattung auf der Grundlage eines primärrechtlich verlangten - sinnvoller Weise sekundärgemeinschaftsrechtlich verankerten[377] - Koordinierungsprinzips um diejenigen Fälle, in denen berechtigte Pflegebedürftige in einem mitgliedstaatlichen Ausland ohne Pflegevorsorge Sachleistungen verlangen, scheint deshalb realisierbar[378].

Auch das bisherige Verordnungsrecht, das zur Gewährung von Sachleistungen bei Wohnort im Ausland die Sachleistungsaushilfe vorsieht, verlangt von dem zuständigen Träger letztlich eine der Leistungserbringung nachfolgende Kostenerstattung. Auch wenn sich für den Versicherten durch die Sachleistungsaushilfe das Sachleistungsprinzip, soweit es im aushelfenden Staat vorgesehen ist, fortsetzt,

---

[376] So auch Schulte, ZFSH/SGB 1999, S. 347 (360, 362), allerdings bezogen auf die gesetzliche Krankenversicherung in Deutschland mit Verweis auf den insoweit deutlicheren und weitergehenden früheren § 13 Abs. 2 SGB V a. F., der den Versicherten generell die Möglichkeit einräumte, anstatt der Sachleistungen die Kostenerstattung zu wählen. Er hält deshalb eine partielle - nämlich auf die Leistungsinanspruchnahme im EG-Ausland abstellende - Zulassung der Kostenerstattung auch für mit nationalem Recht vereinbar. Nach BSGE 28, 45 (47) kann darüber hinaus ein Versicherter die Kosten für eine im Ausland sebst beschaffte Leistung von dem zuständigen Träger dann ersetzt verlangen, wenn die von dem ausländischen Träger kraft EU-Rechts geschuldete Leistung nicht erbracht wurde, weil die dortigen verpflichteten Leistungserbringer die Behandlung verweigerten. In diesen Fällen ist die Erstattungshöhe begrenzt auf die Aufwendungen, die bei ordnungsgemäßer Erfüllung durch den aushelfenden Träger entstanden wären.

[377] Siehe dazu ausführlich unten § 6 C II 1.

[378] Von Maydell, VSSR 1999, S. 3 (14) schließt nicht einmal aus, dass sich die EG im Rahmen einer Konvergenzentwicklung zugunsten der weiteren Ausdehnung des Kostenerstattungsprinzips auch auf nationaler Ebene auswirkt.

erschöpft sich das Tätigwerden des zuständigen Trägers in der durch Verordnungsrecht vorgesehenen nachträglichen Erstattung der dem aushelfenden Träger entstandenen Aufwendungen[379].

Die Erfüllung der nach dem SGB XI entstandenen Ansprüche von Versicherten mit Wohnort in einem Mitgliedstaat, der keine Pflegesachleistungen vorsieht, im Wege des Koordinierungsprinzips der Kostenerstattung wird für die deutschen Pflegekassen durch die besondere Ausgestaltung der Leistungen der sozialen Pflegeversicherung erleichtert.

Durch die Budgetierung auf der Leistungsseite[380] wird die Erbringung der meisten Pflegeleistungen[381] nicht vorrangig vom Bedarf des einzelnen berechtigten Pflegebedürftigen bestimmt, sondern von der gesetzlich festgelegten monetären Obergrenze. Dadurch bekommen die Sachleistungen des SGB XI den Charakter von gedeckelten Geldleistungen und stehen so im Gegensatz zu - beispielsweise - den Leistungen der gesetzlichen Krankenversicherung, deren Gewährung von der Einschlägigkeit des Leistungskatalogs des SGB V abhängt, innerhalb dessen aber ohne regelmäßige finanzielle Begrenzung ist. Diese Besonderheit der sozialen Pflegeversicherung zeigt sich auch in aller Deutlichkeit anhand von §§ 36 Abs. 4 S. 2, 43 Abs. 3 S. 2 SGB XI. § 36 Abs. 2 S. 1 SGB XI gibt den Pflegekassen die Möglichkeit, in besonders gelagerten Einzelfällen zur Vermeidung von Härten Pflegebedürftigen der Pflegestufe III unter bestimmten Voraussetzungen und Einhaltung einer Obergrenze weitere Pflegeeinsätze zu gewähren. § 36 Abs. 4 S. 2 SGB XI beschränkt diesen Entscheidungsspielraum aber je Pflegekasse auf 3% der häuslich gepflegten Versicherten dieser Pflegestufe. Eine ähnliche Regelung findet sich in § 43 Abs. 3 SGB XI für die vollstationäre Pflege: Die über die gesetzliche Regel hinausgehende Übernahme von pflegebedingten Aufwendungen und solchen der sozialen Betreuung darf für nicht mehr als 5% der versicherten stationären Leistungsempfänger der Pflegestufe III einer Pflegekasse gelten. In beiden Fällen stellt sich nicht der objektive Bedarf als ausschlaggebend für die Gewährung im Einzelnen dar, sondern die zahlenmäßige Ausschöpfung und damit letztlich die finanzielle Belastung der Pflegekassen. Diese Ausgestaltung der sozialen Pflegeversicherung erleichtert für die deutschen zuständigen Träger die ausnahmsweise Leistungserbringung in anderen Mitgliedstaaten per Kostenerstattung wesentlich. Die einzelnen Leistungen haben stets eine betragsmäßige Obergrenze, die als solche auch für die selbst beschafften Leistungen des Versicherten mit Wohnort in einem anderen Mitgliedstaat ohne Pflegesachleistungen die Erstattungsgrenze darstellt.

---

[379] So auch Lenz/Lampert, Pharma Recht, S. 66 (69), der in der Sachleistungsaushilfe und dem zwischenstaatlichen Kostenausgleich eine bestehende Ausnahme vom Grundsatz der Inanspruchnahme von Leistungen im Inland sieht.
[380] Siehe dazu im Einzelnen oben § 1 A II.
[381] Eine Ausnahme besteht nur für technische Hilfsmittel gemäß § 40 Abs. 3 SGB XI.

Mit der Ausgestaltung des Prinzips der aushelfenden Sachleistungsgewährung ist für den Bereich der reinen Leistungserbringung von dem das koordinierende Verordnungsrecht ansonsten beherrschenden Grundsatz der regelmäßigen Geltung des Rechts des Beschäftigungsstaats abgewichen worden[382]. Unter diesem Gesichtspunkt stellt die Annahme eines primärrechtlich geforderten Exports von Pflegesachleistungen im Wege der Kostenerstattung für den Fall, dass die Sachleistungsaushilfe ihre Koordinierungsfunktion wegen fehlender Sachleistungsstruktur im Wohnmitgliedstaat nicht erfüllen kann, lediglich eine Rückkehr zu dem gemeinschaftsgesetzlich anerkannten Anknüpfungspunkt dar.

7. Ergebnis

Bei primärrechtskonformer Auslegung setzt das in Art. 19 Abs. 1 lit. a VO 1408/71 enthaltene Koordinierungsprinzip der aushelfenden Sachleistungsgewährung voraus, dass in sämtlichen Mitgliedstaaten der EU Sachleistungen im Rahmen eines Systems der sozialen Sicherheit vorhanden sind. Ist eine derartige Absicherung nicht vorhanden - wie im Falle des Risikos der Pflegebedürftigkeit - verlangt Art. 39 EG den Export von Sachleistungen durch den zuständigen Träger in den Wohnmitgliedstaat des berechtigten Versicherten[383]. Ein solcher lässt sich nur im Wege der nachträglichen Erstattung der durch den Pflegebedürftigen selbst beschafften Leistungen auf dem ausländischen privaten Pflegemarkt verwirklichen. Die Erstattung durch den zuständigen Träger ist auf die nach dessen Recht geltende Leistungshöhe begrenzt.

III. Beurteilung anhand der primärrechtlichen Niederlassungsfreiheit

Das Kapitel über die Niederlassungsfreiheit, Art. 43-48 EG, regelt die Rechtsstellung der selbständig Erwerbstätigen und Unternehmen[384]. Gemäß Art. 43 Abs. 1 S. 1 EG sind "die Beschränkungen der freien Niederlassung von Staatsangehörigen eines Mitgliedstaats im Hoheitsgebiet eines anderen Mitgliedstaats (...) verboten". Ein Wesensmerkmal der Niederlassungsfreiheit ist das Gebot zur Inländergleichbehandlung. Dieser Grundsatz ist unmittelbar anwendbar[385]. Auch im Hinblick auf

---

[382] So auch Giesen, Vorgaben des EG-Vertrages, S. 90.
[383] Zur "Mitnahme" von Leistungen bei Pflegebedürftigkeit kritisch Igl, in: Gitter/Schulin/Zacher (Hrsg.), FS für Krasney, S. 199 (217/218), der darin einen durch die Koordinierung geschaffenen Anreiz zur Wanderung sieht; a. A. auch Huster, NZS 1999, S. 10 (15). Zum Export von Sachleistungen vgl.Schäfer, in:Ruland/von Maydell/Papier (Hrsg.),FS für Zacher, S. 895 (914).
[384] Lenz-Scheuer, Vorbem. Art. 43-48 Rn. 1.
[385] Lenz-Scheuer, Vorbem. Art. 43-48 Rn. 2.

die Freizügigkeit von Selbständigen stellt sich somit die Frage, ob die uneingeschränkte Anwendung des Prinzips der aushelfenden Sachleistungsgewährung zur Koordinierung von Leistungen bei Pflegebedürftigkeit primärrechtskonform, d. h. mit der Niederlassungsfreiheit vereinbar ist.

1. Anwendungsbereich der Niederlassungsfreiheit

So wie der Begriff des Arbeitnehmers unterschiedlich definiert wird, je nach dem ob er im arbeitsrechtlichen Kontext des Art. 39 EG oder im Rahmen des freizügigkeitsspezifischen Sozialrechts der VO 1408/71 Bedeutung erlangt[386], ist auch der Begriff des Selbständigen im Sinne von Art. 43ff. EG von dem der VO 1408/71 verschieden. Für die Bestimmung des Begriffs des Selbständigen gemäß Art. 43ff. EG ist entscheidend, dass sich ein Staatsangehöriger eines Mitgliedstaats zum Zwecke der Aufnahme und Ausübung selbständiger Erwerbstätigkeiten im Sinne von wirtschaftlichen, grundsätzlich entgeltlichen Tätigkeiten, die in eigener Verantwortung weisungsfrei erfolgen, in einem anderen Mitgliedstaat niederlässt[387]. Der Begriff des Selbständigen im Sinne von Art. 1 lit. a, 2 Abs. 1 VO 1408/71[388] wird synonym zu dem des Arbeitnehmers von dessen sozialversicherungsrechtlicher Position her bestimmt[389]. Selbständiger ist danach jede Person, die in dieser Eigenschaft im Rahmen eines der in Art. 1 lit. a VO 1408/71 genannten Systeme der sozialen Sicherheit versichert ist[390] [391].

---

[386] Siehe dazu oben § 2 B II 1 a.

[387] Bröhmer, in: Calliess/Ruffert (Hrsg.), Art. 43 Rn. 9, 10.

[388] Der Begriff des Selbständigen bzw. der selbständigen Tätigkeit kommt darüber hinaus in den Art. 13 Abs. 2 lit. b, 14a, 14c, 19 Abs. 1, 22 Abs. 1, 37 Abs. 1, 40 Abs. 1 und Abs. 2, 41 Abs. 1 und Abs. 2, 44 Abs. 1, 52 Abs. 1, 54, 55, 60 Abs. 1, 62 Abs. 1, 65, 69 Abs. 1, 72, 73 74, 75 Abs. 1 VO 1408/71 vor. Die selbständig Erwerbstätigen wurden durch die auf Art. 235 EG-Vertrag gestützte Verordnung (EWG) 1390/81 des Rates vom 12. Mai 1981 zur Ausdehnung der Verordnung (EWG) Nr. 1408/71 zur Anwendung der Systeme der sozialen Sicherheit auf Arbeitnehmer und deren Familien, die innerhalb der Gemeinschaft zu- und abwandern, auf die Selbständigen und ihre Familienangehörigen, ABl. EG Nr. L 143 v. 29. 5. 81, S. 1, in den Anwendungsbereich der VO 1408/71 einbezogen. Durch die Verordnung (EWG) Nr. 3427/89 des Rates vom 30. Oktober 1989, ABl. EG Nr. L 331 v. 16. 12. 89, S. 1, wurden auch die letzten Ausnahmen bei den Familienleistungen zugunsten einer vollständigen Anwendbarkeit der VO 1408/71 auf Selbständige ausgeräumt.

[389] Borchardt, in: Dauses (Hrsg.), Hdb. EU-WirschaftsR, D.II. Rn. 71; Brechmann, in: Calliess/Ruffert (Hrsg.), EUV/EGV, Art. 42 Rn. 7; GTE-Willms, Art. 51 Rn. 57.

[390] EuGH, Urteil v. 30. Januar 1997, Rs. C-340/94 (De Jaeck), Slg. 1997, I-461 (500 Rz. 10). Ausführlich GA Darmon, Schlussanträge in der Rs. 300/84 (van Roosmalen), Slg. 1986, 3097 (3109/3110 Rz. 4).

[391] Was die Definition des Begriffs im Einzelnen angeht, müssen auch die Regeln des Anhangs I Teil I der VO 1408/71 berücksichtigt werden. Darauf kommt es aber im vorliegenden Zusam-

Wie für die Arbeitnehmerfreizügigkeit gilt, dass es für die Inanspruchnahme der Rechte aus der Niederlassungsfreiheit notwendig ist, dass die Grenzüberschreitung mit dem Ziel einer wirtschaftlichen Tätigkeit in einem anderen Mitgliedstaat erfolgen muss und eine privat motivierte Wohnsitzverlegung bei unveränderter Selbständigkeit im Heimatstaat dem Schutzbereich von Art. 43 EG nicht unterfällt[392]. Für die Anwendung der VO 1408/71 sind hingegen die Hintergründe des Auseinanderfallens von Wohn- und Beschäftigungsstaat irrelevant[393].

Demnach können sich bezüglich der Rechtsfolgen der Anwendung des Art. 19 Abs. 1 lit. a VO 1408/71 auf die Leistungen der sozialen Pflegeversicherung auf Art. 43 EG nur diejenigen Selbständigen berufen, bei denen die Trennung von Wohn- und Beschäftigungsstaat nicht ausschließlich auf einer privat motivierten Wohnsitzverlegung beruht, ohne dass sie jemals eine selbständige Tätigkeit in einem anderen als ihrem Heimatstaat aufgenommen und ausgeübt haben.

2. Beeinträchtigung der Niederlassungsfreiheit

Art. 43 EG enthält ebenso wie Art. 39 EG eine spezielle Ausprägung des allgemeinen Diskriminierungsverbots aufgrund der Staatsangehörigkeit gemäß Art. 12 EG. Das Diskriminierungsverbot ist weit zu verstehen und umfasst neben unmittelbaren Diskriminierungen auch mittelbare[394]. Dass es sich bei dem Prinzip der aushelfenden Sachleistungsgewährung um eine mittelbare Diskriminierung aufgrund der Staatsangehörigkeit handelt, wie in obiger Darstellung ausgeführt wurde, gilt im Rahmen der Niederlassungsfreiheit gleichermaßen[395]. Auch ergeben sich aus der

---

menhang nicht an.
[392] Siehe zur Prüfung der privat motivierten Wohnsitzverlegung unter dem Gesichtspunkt der Arbeitnehmerfreizügigkeit oben § 2 B II 1 b. Die Ausführungen gelten für die Niederlassungsfreiheit entsprechend; siehe insbesondere dazu EuGH, Urteil v. 26. Januar 1993, Rs. C-112/91 (Werner), Slg. 1993, I-429ff.
[393] Siehe oben Fn. 257.
[394] GTE-Troberg, Art. 52 Rn. 37; Bröhmer, in: Calliess/Ruffert (Hrsg.), Art. 43 Rn. 19; Lenz-Scheuer, Art. 43 Rn. 5; Geiger, EUV/EGV, Art. 43 Rn. 14; vgl. Everling, in: Mestmäcker/Möller/Schwarz (Hrsg.), FS für von der Groeben, S. 111 (116).
[395] Da sich die die Freizügigkeit der Arbeitnehmer und Selbständigen behindernde Regelung als mittelbare Diskriminierung darstellt, muss auf die Frage, ob die Niederlassungsfreiheit neben dem Verbot der unmittelbaren und mittelbaren Diskriminierung aufgrund der Staatsangehörigkeit auch unterschiedslos anwendbare Maßnahmen als unzulässige Beschränkungen verbietet, nicht eingegangen werden. Die Beantwortung dieser Frage ist nachwievor umstritten. Für ein umfassendes Beschränkungsverbot spricht sich Lenz-Scheuer, Art. 43 Rn. 7 aus, seit der Neufassung von Art. 43 Abs. 1 EG auch unter Berufung auf den Wortlaut der Vorschrift; ebenso Everling, in: Schön (Hrsg.), GS für Knobbe-Keuk, S. 607 (612); Roth; in: Schön (Hrsg.), GS für Knobbe-Keuk, S. 729 (733); Eberhartinger, EWS 1997, S. 43 (48). Gegen ein Beschränkungsverbot aus der Niederlassungsfreiheit wohl Bröhmer, in: Calliess/Ruffert (Hrsg.),

Situation der freizügigkeitsberechtigten Selbständigen keine weiteren Gründe, die diese mittelbare Diskriminierung rechtfertigen könnten.

3. Ergebnis

Art. 19 Abs. 1 lit. a VO 1408/71 verstößt demnach - neben Art. 39 EG - auch gegen Art. 43 EG, wenn die Vorschrift als abschließende Regelung zur Koordinierung von Sachleistungen bei Pflegebedürftigkeit begriffen wird. Eine primärrechtskonforme Auslegung führt aber auch hier dazu, dass neben der Sachleistungsaushilfe ein Export von Sachleistungen zur Erfüllung der Gewährleistungen des Art. 43 EG dann zulässig sein muss, wenn Versicherte ihren erworbenen Anspruch auf Pflegesachleistungen deshalb nicht verwirklichen können, weil ihr Wohnmitgliedstaat solche im Rahmen eines Systems der sozialen Sicherheit nicht vorsieht[396].

IV. Beurteilung anhand der primärrechtlichen Vorschriften über die Unionsbürgerschaft

Wie an anderer Stelle der Arbeit festgestellt wurde, gibt es Beschäftigte (Arbeitnehmer und Selbständige), die zwar in den Anwendungsbereich der VO 1408/71 fallen, sich jedoch nicht auf die Rechte aus Art. 39 bzw. Art. 43 EG berufen können, weil die von ihnen verwirklichte Grenzüberschreitung nicht wirtschaftlich, sondern ausschließlich privat motiviert ist[397]. Fraglich ist, ob die betroffenen Personen unter Berufung auf ihr allgemeines Freizügigkeitsrecht, das mit Einführung der Unionsbürgerschaft primärrechtlich verankert wurde, die Koordinierung von Sachleistungen bei Pflegebedürftigkeit ausschließlich im Wege der Sachleistungsaushilfe als gemeinschaftsrechtswidrig rügen können.

1. Unionsbürgerschaft, Art. 17 EG

Die Unionsbürgerschaft ist durch den Vertrag von Maastricht[398] in den EG-Vertrag eingefügt worden. Art. 17 EG besitzt einen unmittelbar wirkenden Rechtsgehalt,

---

EUV/EGV, Art. 43 Rn. 29-31. Zu dem Thema ausführlich Lackhoff, Klaus, Die Niederlassungsfreiheit des EGV - nur ein Gleichheits- oder auch ein Freiheitsrecht?, 2000. Er spricht sich im Ergebnis für ein Beschränkungsverbot aus, S. 381/382.

[396] Dazu ausführlich oben § 2 B II 6, 7.
[397] Siehe im Hinblick auf Arbeitnehmer ausführlich oben § 2 B II 1 b, c, im Hinblick auf Selbständige unter Verweis auf die für Darstellung zu den Arbeitnehmern oben § 2 B III 1.
[398] Vertrag über die Europäische Union unterzeichnet zu Maastricht am 7. Februar 1992, in Kraft getreten am 1. November 1993. Die entscheidenden Vorschriften waren nach der damaligen

durch den der Unionsbürger als Rechtssubjekt förmlich anerkannt wird[399]. Gemäß Art. 17 Abs. 2 EG haben die Unionsbürger die im EG-Vertrag vorgesehenen Rechte und Pflichten. Zu den Rechten gehören zum einen die den Unionsbürgern kraft Unionsbürgerschaft zustehenden in den Art. 18 - 21 EG aufgeführten öffentlich-rechtlichen Rechtspositionen, aber auch sämtliche weiteren Primärrechts- und Sekundärrechtsnormen[400].

2. Recht auf Freizügigkeit, Art. 18 EG

Gemäß Art. 18 Abs. 1 EG hat jeder Unionsbürger das Recht, sich im Hoheitsgebiet der Mitgliedstaaten frei zu bewegen und aufzuhalten. Erfasst werden damit die Einreise in andere Mitgliedstaaten und die freie Bewegung in deren Hoheitsgebiet ebenso wie das Recht, das Hoheitsgebiet des Heimatstaats oder eines anderen Mitgliedstaats zu verlassen. Auch der ständige Aufenthalt an einem Ort einschließlich der Wohnsitznahme sind umfasst[401]. Dieses Recht wird vorbehaltlich der im EG-Vertrag und in den Durchführungsbestimmungen[402] vorgesehenen Beschränkungen und Bedingungen gewährt. Im Hinblick auf diesen in der Vorschrift enthaltenen Zusatz ist fraglich, ob das Freizügigkeitsrecht unmittelbar durch Art. 18 Abs. 1 EG vermittelt wird und der Verweis auf das sekundäre Gemeinschaftsrecht lediglich einen Ausgestaltungsvorbehalt darstellt, oder ob die Gewährung des Aufenthaltsrechts erst konstitutiv durch Sekundärrecht erfolgt[403]. Damit wird das Problem der unmittelbaren Anwendbarkeit einer Vorschrift des gemeinschaftlichen Primärrechts aufgeworfen, die es dem einzelnen Unionsbürger ermöglicht, sich auf sie zu berufen.

Nummerierung Art. 8 - 8e EG-Vertrag.
[399] Hilf, in: Grabitz/Hilf, Art. 17 Rn. 3.
[400] Hilf, in: Grabitz/Hilf, Art. 17 Rn. 2, 54, 55. Zu den verbürgten Rechten gehören damit auch die Diskriminierungsverbote des Vertrags, wie die grundlegenden in Art. 12, 39, 43, 49 EG, die den Staatsangehörigen der Mitgliedstaaten jedoch schon zuvor unabhängig von der Unionsbürgerschaft gewährt wurden. Art. 17 Abs. 2 EG verstärkt und ergänzt diese Geltung. Vgl. auch EuGH, Urteil v. 12. Mai 1998, Rs. C-85/96 (Martínez Sala), Slg. 1998, I-2691 (2726 Rz. 62, 63): Der Gerichtshof hat in dieser Rechtssache ein Verbot der Diskriminierung aufgrund der Staatsangehörigkeit gemäß Art. 17 Abs. 2 i. V.m. Art. 12 EG - und damit allein über die Unionsbürgerschaft vermittelt - bejaht.
[401] Kluth, in: Calliess/Ruffert (Hrsg.), EUV/EGV, Art. 18 Rn. 3.
[402] Siehe dazu die drei Richtlinien: Richtlinie des Rates vom 28. Juni 1990 über das Aufenthaltsrecht (90/364/EWG), ABl. EG v. 13. 7. 90 Nr. L 180, S. 26; Richtlinie des Rates vom 28. Juni 1990 über das Aufenthaltsrecht der aus dem Erwerbsleben ausgeschiedenen Arbeitnehmer und selbständig Erwerbstätigen (90/365/EWG), ABl. EG v. 13. 7. 90 Nr. L 180, S. 28; Richtlinie 93/96/EWG des Rates vom 29. Oktober 1993 über das Aufenthaltsrecht der Studenten, ABl. EG v. 18. 12. 93 Nr. L 317, S. 59.
[403] Vgl. so zu der Problemstellung Pechstein/Bunk, EuGRZ 1997, S. 547 (547).

Überwiegend wird vertreten, dass Art. 18 EG ein umfassendes Recht auf Freizügigkeit und Aufenthalt enthält, das den Unionsbürgern unmittelbar zusteht, unabhängig von dem Zweck der Inanspruchnahme[404]. Allerdings ist mit der Formulierung " (...) vorbehaltlich der (...) vorgesehenen Beschränkungen und Bedingungen (...)" ausdrücklich die Möglichkeit in den Vertrag aufgenommen worden, das Bestehen des Rechts von Bedingungen abhängig zu machen[405].

3. Bedeutung für die aufgeworfene Fragestellung

Auch wenn es durch die unmittelbare Anwendbarkeit des Art. 18 Abs. 1 i.V.m. Art. 12 Abs. 1 EG[406] für den einzelnen Unionsbürger eine Möglichkeit gibt, sich auf sein gemeinschaftsrechtlich verbürgtes Freizügigkeits- und Aufenthaltsrecht zu berufen, können daraus jedoch keine Schlussfolgerungen bezüglich des Bestandes erworbener Ansprüche sozialer Sicherheit gezogen werden. Im Hinblick auf die Freizügigkeit der Arbeitnehmer gemäß Art. 39 EG hat der Gemeinschaftsgesetzgeber durch Art. 42 EG i.V. m. der VO 1408/71 gezeigt, dass er eine volle Verwirklichung der Grundfreiheit der Arbeitnehmerfreizügigkeit ohne eine Koordinierung der Ansprüche der sozialen Sicherheit nicht für möglich hält. Bis heute sind die Gewährleistungen der Arbeitnehmerfreizügigkeit vorrangiger Auslegungsmaßstab für die Vorschriften der VO 1408/71 geblieben[407]. Eine sozialrechtliche Absicherung des allgemeinen Freizügigkeits- und Aufenthaltsrecht nach Art. 18 EG ist hingegen im Vertrag nicht vorgesehen[408]. Vielmehr wird durch das Erfordernis ausreichender finanzieller Mittel und eines Krankenversicherungsschutzes[409] das

---

[404] Hilf, in: Grabitz/Hilf, Art. 18 Rn. 1; GTE-Haag, Art. 8a Rn. 4; Kluth, in: Calliess/Ruffert, EUV/EGV, Art. 18 Rn. 9; Fischer, EuZW 1992, S. 566 (567); Dautzenberg, BB 1993, S. 1563 (1564/1565); Koenig/Pechstein, Kap. 9 Rn. 14. A. A. Lenz-Kaufmann-Bühler, Art. 18 Rn. 1; Göbel-Zimmermann, in: Hailbronner (Hrsg.), 30 Jahre Freizügigkeit, S. 41 (41/42). Nach Pechstein/Bunk, EuGRZ 1997, S. 547 (550f.) hat die Entscheidung über die unmittelbare Anwendbarkeit der Vorschrift bezüglich der primärrechtlichen Absicherung der eingeräumten Rechtsgewährung keine Bedeutung.

[405] Demgegenüber können "Beschränkungen" nur ein *bestehendes* Recht materiell eingrenzen; vgl. Hilf, in: Grabitz/Hilf, Art. 18 Rn. 11.

[406] So Kluth, in: Calliess/Ruffert (Hrsg.), EUV/EGV, Art. 18 Rn. 5; Pechstein/Bunk, EuGRZ 1997, S. 547 (553/554). Im Gegensatz dazu geht Hilf, in: Grabitz/Hilf, Art. 18 Rn. 5, 7 davon aus, dass Art. 18 EG selbst eine Ausprägung des allgemeinen Diskriminierungsverbots des Art. 12 EG darstellt.

[407] Siehe dazu oben § 2 B II 1.

[408] Vgl. auch den Zweiten Bericht der Kommission über die Unionsbürgerschaft v. 27. 05. 1997, KOM (97) 230 endg., S. 19, in diesem Zusammenhang, in dem hervorgehoben wird, dass es bei Art. 8, 8a EG-Vertrag in erster Linie um ein allgemeines Einreise- und Aufenthaltsrecht geht.

[409] Siehe Art. 1 der Richtlinien 90/364/EWG, 90/365/EWG, 93/96/EWG.

Vorhandensein eines sozialen Schutzes im weiteren Sinne für eine Ausübung des Rechts vorausgesetzt.

Dass Personen, die von ihrem Freizügigkeitsrecht nach Art. 18 EG Gebrauch machen, in den Schutzbereich der VO 1408/71 fallen können, liegt an dem weiten persönlichen Anwendungsbereich, der zur Bestimmung des Begriffs des Arbeitnehmers nicht auch die Inanspruchnahme der Arbeitnehmerfreizügigkeit voraussetzt[410]. Eine primärrechtliche Verpflichtung des Gemeinschaftsgesetzgebers zur Schaffung dieses extensiven Anwendungsbereichs bestand nicht[411]. Es können dann aber auch keine noch über die Regelungen der VO 1408/71 hinausgehenden Koordinierungsprinzipien im Hinblick auf die Sachleistungen bei Pflegebedürftigkeit nach dem SGB XI aus Art. 18 i.V.m. Art. 12 EG abgeleitet werden[412].

V. Ergebnis

Die uneingeschränkte Anwendung des Prinzip der aushelfenden Sachleistungsgewährung zur Koordinierung der Sachleistungen bei Pflegebedürftigkeit nach den Vorschriften des SGB XI verstößt gegen Art. 39 und Art. 43 EG. Im Hinblick auf die Vereinbarkeit mit Art. 18 EG bestehen keine Bedenken.

C. Export von Pflegegeld

I. Konsequenzen der Einordnung durch den EuGH

Der EuGH hat in seinem Urteil in der Rechtssache Molenaar entschieden, dass das gemäß § 37 Abs. 1 S. 1 SGB XI von der sozialen Pflegeversicherung als Leistungsform vorgesehene Pflegegeld für selbst beschaffte Pflegehilfen in gemeinschaftsrechtlicher Auslegung eine Geldleistung im Sinne von Art. 19 Abs. 1 lit. b VO 1408/71 darstellt. Das Pflegegeld muss danach vom zuständigen Träger gemäß

---

[410] Siehe oben § 2 B II 1 a bb. Als Beispielsfall vgl. EuGH, Urteil v. 8. Juni 1995, Rs. C-451/93 (Delavant), Slg. 1995, I-1545ff.

[411] Die explizite Verpflichtung ergibt sich nur aus Art. 42 EG.

[412] Vgl. Gassner, VSSR 1995, S. 255 (269), der darauf hinweist, dass die Art. 8ff. EG-Vertrag weder der wirtschaftlichen noch der sozialen, sondern in erster Linie der quasi-staatsbürgerlichen Integration dienen. Die Regelungen seien nur zur Erweiterung des status activus des Unionsbürgers in Richtung eines europäischen Indigenats gedacht; der Schritt vom Marktbürger zum Sozialbürger müsse erst noch vollzogen werden. Deshalb sei auch bei Bestimmung des Leistungsumfangs der Grundsatz zu beachten, dass das ebenso komplexe wie fragile Kompetenzgefüge innerhalb der Union nicht durch exzessive Anwendung von geschriebenen oder ungeschriebenen Benachteiligungsverboten erschüttert werden darf.

den eigenen Rechtsvorschriften an den Wohnort des Leistungsberechtigten in einen anderen Mitgliedstaat exportiert werden[413]. Insoweit begegnet die Anwendung der für Leistungen bei Krankheit (und Mutterschaft) konzipierten Vorschrift auf die Leistungen der sozialen Pflegeversicherung keinen primärrechtlichen Bedenken. Fraglich ist allerdings, in welcher Höhe das Pflegegeld von den deutschen Trägern exportiert werden muss. Das Pflegegeld beträgt nach § 37 Abs. 1 S. 3 SGB XI je Kalendermonat für Pflegebedürftige der Pflegestufe I 400 DM, für solche der Pflegestufe II 800 DM und in der Pflegestufe III 1300 DM. Ein Pflegebedürftiger mit Wohnsitz in Deutschland erwirbt mit seinen Beitragszahlungen zur sozialen Pflegeversicherung einen Anspruch auf den seiner Pflegestufe entsprechenden Betrag. Für die Bestimmung der Höhe des zu exportierenden Pflegegeldes gibt es Alternativen: Es kann entweder der Betrag gezahlt werden, der dem Pflegebedürftigen zustehen würde, hätte er seinen Wohnsitz in Deutschland, also die in § 37 Abs. 1 S. 3 SGB XI genannte jeweilige Summe. Der Betrag könnte aber auch den örtlichen Bedürfnissen im Wohnland angepaßt werden, mit der möglichen Folge, dass er den in § 37 Abs. 1 S. 3 SGB XI festgesetzten Betrag unter- oder überschreiten würde. Letzteres könnte durch eine Beschränkung auf höchstens den Betrag, der im Inland hätte geleistet werden müssen, vermieden werden.

Die Exportanordnung in Art. 19 Abs. 1 lit. b VO 1408/71 hingegen sieht nach ihrem Wortlaut die Möglichkeit der Anpassung einer Geldleistung an die Bedürfnisstruktur des Wohnstaats, wenn dieser vom zuständigen Staat verschieden ist, nicht vor[414]. Dass sich die Frage danach dennoch stellt, beruht auf der Art und Weise der Ausgestaltung des Pflegegeldes durch den deutschen Gesetzgeber, der sich für die Festschreibung einer fixen Summe je nach Pflegestufe entschieden hat. Eine vergleichbare Leistung findet sich in der gesetzlichen Krankenversicherung nicht. Vor allem kann keine Parallele zum dort vorgesehenen Krankengeld, §§ 44-51 SGB V gezogen werden. Dessen Höhe und Berechnung richten sich gemäß § 47 Abs. 1 SGB V nach dem erzielten regelmäßigen Arbeitsentgelt, eine Größe, die im Inland gleichermaßen wie bei Aufenthalt im Ausland verwendet werden kann[415]. Ob eine sachgerechte Anpassung des Pflegegeldes an die jeweilige Bedürfnisstruktur im mitgliedstaatlichen Ausland zulässig ist, wird anhand der Primärrechtskonformität einer solchen Anpassung bestimmt werden müssen.

---

[413] Zum Verfahren beim Geldleistungsexport vgl. Art. 18 VO 574/72.
[414] So auch Pfeil, in: Sieveking (Hrsg.), Soziale Sicherung bei Pflegebedürftigkeit, S. 51 (55).
[415] Zur Exportierbarkeit des deutschen Krankengeldes vgl. EuGH, Urteil v. 12. März 1987, Rs. 22/86 (Rindone), Slg. 1987, 1339ff.; EuGH, Urteil v. 3. Juni 1992, Rs. C-45/90 (Paletta I), Slg. 1992, I-3423ff.; EuGH, Urteil v. 2. Mai 1996, Rs. C-206/94 (Paletta II), Slg. 1996, I-2357ff.

II. Primärrechtliche Beurteilung einer Anpassung der Höhe nach

Eine Anpassung der Höhe des von den Pflegekassen zu exportierenden Pflegegeldes an die Gegebenheiten des Wohnorts wird in der Literatur mehrfach unter Berufung auf die sonstige Zweckentfremdung dieser Leistung gefordert[416]. In Wohnmitgliedstaaten mit niedrigerem Lohnniveau als Deutschland bekomme das Pflegegeld einen sehr viel höheren Wert und verliere den Sinn der Förderung ehrenamtlicher Pflege.

Auf die unterschiedlichen Gegebenheiten in den einzelnen Mitgliedstaaten stützt sich auch eine weitere Kritik an der Entscheidung des EuGH in der Rechtssache Molenaar, mit der die Exportfähigkeit des Pflegegeldes festgestellt wurde[417]. Das Pflegegeld sei in seiner Konzeption in ein bestimmtes Leistungsambiente eingebettet und könne nur in Verbindung mit den geschaffenen Kontrollmechanismen die Grundpfeiler des deutschen Pflegeversicherungsrechts wie den Vorrang der häuslichen Pflege und den der Prävention und Rehabilitation verwirklichen. Fehle es an solchen Kontrollmechanismen in einem anderen Mitgliedstaat, sei es nicht möglich, die konkrete Funktion der Leistung sicherzustellen. Diese Kritik ist gerade im Hinblick auf die in einigen Mitgliedstaaten nicht vorhandenen Pflegeleistungen in einem sozialversicherungsrechtlichen Kontext[418] berechtigt, da sich in diesen Fällen das Hinzuziehen kompetenter ausländischer Träger als schwierig erweist. Auch in diesem Zusammenhang könnte eine Anpassung des Pflegegeldes von Vorteil sein, da sie zu diesem Zweck einsetzbare finanzielle Mittel freistellt.

Fraglich ist, ob eine Anpassung des Pflegegeldes die Rechte der im EG-Ausland wohnenden Versicherten unverhältnismäßig einschränkt.

Das Pflegegeld soll dem Pflegebedürftigen die Möglichkeit geben, in eigener Verantwortlichkeit und Selbstbestimmung die erforderliche Grundpflege und hauswirtschaftliche Versorgung sicherzustellen. In erster Linie soll es dazu dienen, Angehörigen, Freunden oder Nachbarn für deren Pflegetätigkeit eine finanzielle Anerkennung zukommen zu lassen[419] [420]. Bei einer Anpassung des Pflegegeldes

---

[416] Giesen, Vorgaben des EG-Vertrages, S. 148; Bokeloh, in: Zentrum für Europäisches Wirtschaftsrecht (Hrsg.), 1997, S. 115 (152). Zwar nicht bezogen auf das Pflegegeld, aber für eine grundsätzliche Berücksichtigung des Ortes der Erbringung bei Bestimmung des Umfangs einer Sozialleistung, Heinze in der FAZ v. 28. 10. 2000, S. 23.

[417] Igl, in: Gitter/Schulin/Zacher (Hrsg.), FS für Krasney, S. 199 (213). Seiner Ansicht nach beruhen wesentliche Koordinierungsprobleme auf der modernen Politik, neben der Absicherung von Risiken auch deren Vermeidung durch Berücksichtigung des Risikoumfeldes einzubeziehen. Eine solche Politik baue immer auf nationalen Strukturen auf. Ähnlich auch Bokeloh, in: Zentrum für Europäisches Wirtschaftsrecht (Hrsg.), 1997, S. 115 (152).

[418] Siehe dazu oben § 2 B I 3.

[419] Dass auch die Bezahlung professioneller Pflegekräfte mit dem Pflegegeld eine Verwendungsmöglichkeit ist, wurde durch das 1. SGB XI-ÄndG klargestellt. Die in § 37 Abs. 1 S. 2 SGB XI

müsste dieser Zweck bzw. diese Funktion der Leistungsform beachtet werden, der veränderte Betrag demnach auch im Wohnland geeignet sein, eine vergleichbare Anerkennung darzustellen.

Die Entscheidung für die eine oder die andere Alternative hängt davon ab, worin die Korrespondenz zwischen Beitragszahlung und Leistung im Fall des Pflegegeldes liegt, deren Wahrung letztlich auch Ziel der Leistungsgewährung im Ausland ist[421]: Sie kann in dem Erwerb eines Anspruchs auf den *konkreten* Betrag liegen oder auf einen Betrag, der die Möglichkeit gibt, Pflegehilfen zwar keine ihrer Leistung entsprechenden Vergütung, aber eine Anerkennung zu zahlen. Im ersten Fall würde bei Anpassung der Höhe des Pflegegeldes an die jeweiligen örtlichen Gegebenheiten die Korrespondenz von Beitrag und Leistung durchbrochen, im zweiten Fall bliebe sie erhalten. Die Konzeption des deutschen Sozialversicherungssystems im Allgemeinen und der in diesem Sinne ausgestalteten sozialen Pflegeversicherung sprechen für letztere Auslegung. Das Pflegegeld stellt keine Lohnersatzleistung[422] dar, deren Anpassung gleichzeitig eine Senkung des im Wohnmitgliedstaat sonst gehaltenen Lebensstandards bedeuten würde. Vielmehr wurde mit dem Pflegegeld eine Leistung geschaffen, die in ihrem Charakter zwischen einer Sachleistung in Form eines Sachleistungssurrogats und einer Geldleistung liegt[423] und vom EuGH gemeinschaftsrechtlich als Geldleistung eingeordnet wurde. Die Exportanordnung des Art. 19 Abs. 1 lit. b VO 1408/71, die eine Anpassung von Geldleistungen der Höhe nach nicht vorsieht, ist für den Regelfall der Lohnersatzleistung konzipiert worden[424]. Werden die vorhandenen Koordinierungsprinzipien da-

---

a. F. verwendeten Wörter "durch eine Pflegeperson" wurden gestrichen, um das durch den Bezug zu § 19 S. 1 SGB XI, der den Begriff der Pflegeperson als nicht erwerbstätige Pflegehilfe definiert, entstandene Missverständnis auszuräumen; vgl. Spinnarke, in: LPK-SGB XI, § 37 Rn. 8. Allerdings ist in Deutschland die Inanspruchnahme der Pflegesachleistung gemäß § 36 SGB XI sinnvoller, wenn der Pflegebedürftige Bedarf für eine professionelle Pflegekraft hat. Zu der finanziellen Differenz zwischen Pflegegeld und Pflegesachleistung siehe oben § 1 A II 1.

[420] Siehe zum Pflegegeld ausführlich oben § 1 A II 1.
[421] Vgl. Langer, in: Sieveking (Hrsg.), Soziale Sicherung bei Pflegebedürftigkeit, S. 251 (261).
[422] Der Begriff der Lohnersatzleistung wird als die Kompensation der durch Krankheit entstehenden Einkommensverluste definiert; ein deutsches Beispiel ist das Krankengeld. Vgl. so Schmid, Wohlfahrtsstaaten, S. 170. Mit Fragen zum Export des deutschen Krankengeldes war der EuGH insbesondere in den Entscheidungen EuGH, Urteil v. 12. März 1987, Rs. 22/86 (Rindone), Slg. 1987, 1339ff.; EuGH, Urteil v. 3. Juni 1992, Rs. C-45/90 (Paletta I), Slg. 1992, I-3423ff.; EuGH, Urteil v. 2. Mai 1996, Rs. C-206/94 (Paletta II), Slg. 1996, I-2357ff. befasst.
[423] Von dieser "Zwischenstellung" rührte auch die kontroverse Diskussion um die Einordnung des Pflegegeldes als Geld- oder Sachleistung vor der Entscheidung des EuGH in der Rechtssache Molenaar; siehe oben § 1 B II 2.
[424] Siehe als Indiz z. B. Art. 18 Abs. 1 VO 574/72, der von einer engen Verknüpfung der Geldleistung mit der Beschäftigung ausgeht.

hingehend überprüft, ob sie auch zur Koordinierung von Pflegeleistungen nach dem SGB XI geeignet sind, muss hierbei auch die Ambivalenz einer Leistung wie der des Pflegegeldes Berücksichtigung finden.

Wird eine Sachleistung bei Krankheit oder Pflege durch den Wohnmitgliedstaat in Sachleistungsaushilfe gewährt, erstattet der zuständige Träger dem aushelfenden Träger die dadurch entstandenen Kosten. Liegen diese Kosten unter dem Wert der Leistung, die der zuständige Träger im Inland hätte erbringen müssen, bleiben seine Ausgaben dennoch auf die Höhe derjenigen im Wohnmitgliedstaat begrenzt. Vergleichbar stellt sich die Situation beim Pflegegeld dar. Die Leistung der vollen Summe würde eine grundlose Übervorteilung der Versicherten bedeuten. Die Besserstellung von Wanderarbeitnehmern ist zwar gemeinschaftsrechtlich zulässig, aber keineswegs gefordert[425].

Besteht die Korrespondenz von Beitrag und Leistung demnach in der Möglichkeit, ehrenamtlich Tätigen für ihre Pflegehilfe eine Anerkennung zukommen zu lassen, ist eine Benachteiligung von Versicherten, die nicht in Deutschland wohnen, auch bei Anpassung des Pflegegeldes nicht zu erkennen[426].

---

[425] Insgesamt relevant im Zusammenhang mit einer Anpassung des Pflegegeldes ist die Europäische Währungsunion. Dazu Wollenschläger, in: Hailbronner (Hrsg.), 30 Jahre Freizügigkeit, S. 125 (129), mit dem Hinweis, dass die Europäische Währungsunion zwar eine einheitliche Währung mit sich bringen wird; die unterschiedliche Kaufkraft bleibe allerdings mittelfristig noch erhalten, was notwendigerweise auch hinsichtlich der Sozialleistungen Auswirkungen habe. Außerdem Terwey, Europablätter 1998, S. 159ff. Zu den Auswirkungen der Währungsunion auf das Gesundheitswesen Sendler, KrV 1998, S. 285 (286); Schulte, ZFSH/SGB 1999, S. 269 (269).

[426] Eine Anpassung des Pflegegeldes an die Gegebenheiten des Wohnmitgliedstaats wird hier allerdings nur in eine Richtung, im Sinne einer Senkung, befürwortet. Würden die Gegebenheiten des Wohnlandes bei Anpassung eine Anhebung erfordern, ist diese im Hinblick auf die dadurch entstehende finanzielle Belastung der Pflegekassen abzulehnen. Da das Lohnniveau in Deutschland bei gesamteuropäischer Betrachtungsweise aber vergleichsweise hoch ist, kommt einer solchen Konstellation ohnehin nur geringe praktische Bedeutung zu.

§ 3 Die Rechtsstellung des Pflegebedürftigen - Rentenberechtigte

Obwohl die Konzeption des SGB XI davon ausgeht, dass die Pflegebedürftigkeit ein vom Alter unabhängiges Risiko ist, das sich in jeder Lebensstufe verwirklichen kann, ist die Zahl der Berechtigten im Rentenalter, die Leistungen der Pflege beziehen, unter sämtlichen Pflegebedürftigen die höchste[427]. Demnach sind die Konsequenzen, die sich aus der Subsumtion des Risikos der Pflegebedürftigkeit unter das Risiko der Krankheit im Rahmen der VO 1408/71 ergeben, für diese Personengruppe bei Erfüllung grenzüberschreitender Tatbestände von besonderer Bedeutung. Die für die Koordinierung relevanten Vorschriften sind vor allem[428] die der Art. 27-34 VO 1408/71, die die Leistungen bei Krankheit für Rentenberechtigte (und deren Familienangehörige)[429] regeln.

A. Zusammenrechnung von Versicherungszeiten

Der in Art. 18 VO 1408/71 niedergelegte Grundsatz der Zusammenrechnung der Versicherungs-, Beschäftigungs- und Wohnzeiten gilt als "Abschnitt 1. Gemeinsame Vorschriften" für sämtliche folgenden Abschnitten des "Kapitel[s] 1. Krankheit und Mutterschaft" und somit auch für dessen Abschnitt 5 über den Bezug von Leistungen durch Rentenberechtigte. Im Hinblick auf diesen Grundsatz gilt das zu den Beschäftigten Gesagte[430]. Aus der Gleichstellung der Risiken Krankheit und Pflegebedürftigkeit ergeben sich für Rentenbezieher in diesem Zusammenhang keine Nachteile.

---

[427] Laut Arbeits- und Sozialstatistik des Statistischen Bundesamtes Hauptergebnisse 1999, S. 210, waren zum 31. Dezember 1998 die meisten Leistungsempfänger mit 21% in der Altersgruppe der 85- bis unter 90-jährigen.

[428] Außerdem sind noch Art. 17a, 18 VO 1408/71 von Bedeutung. Bei Wechsel des Mitgliedstaats während einer Krankheit gilt Art. 22 VO 1408/71, siehe Schuler, in: Fuchs (Hrsg.), Europäisches Sozialrecht, Art. 31, Rz. 1 mit Verweis auf EuGH, Urteil v. 31. Mai 1979, Rs. 182/78 (Pierik II), Slg. 1979, 1977 (1993 Rz. 6).

[429] Siehe zu deren Außerachtlassung oben § 1 C.

[430] Siehe dazu oben § 2 A.

B. Prinzip der aushelfenden Sachleistungsgewährung

I. *Konsequenzen der Einordnung durch den EuGH*

Rentner, die ihre Rente aus Deutschland erhalten und in Deutschland krankenversichert sind, sei es, weil sie gemäß § 5 Abs. 1 Nr. 11, 12 SGB V in der gesetzlichen Krankenversicherung versicherungspflichtig sind, sei es, weil sie die Voraussetzungen einer freiwilligen Mitgliedschaft aufgrund einer Weiterversicherung erfüllen, sind gemäß § 20 Abs. 1 Nr. 11, Abs. 3 SGB XI in die soziale Pflegeversicherung einbezogen.

Auch an leistungsberechtigte Rentner erfolgt die Gewährung von Sachleistungen bei Krankheit (und Pflegebedürftigkeit) in dem Fall, dass der Wohnstaat des Rentenberechtigten von dem Mitgliedstaat, in dem der zuständige Träger seinen Sitz hat, verschieden ist, im Wege der aushelfenden Sachleistungsgewährung. So enthält Art. 28 Abs. 1 S. 2 lit. a VO 1408/71 das Prinzip der aushelfenden Sachleitungsgewährung als Koordinierungsprinzip, wenn der Rentner nach den Rechtsvorschriften eines Mitgliedstaats oder mehrerer Mitgliedstaaten zum Bezug einer Rente berechtigt ist, aber in seinem Wohnland keinen Anspruch auf Leistungen bei Krankheit hat[431]. Hätte er bei Wohnsitz in einem der Mitgliedstaaten, aus denen er eine Rente bezieht, dort einen Anspruch auf Leistungen bei Krankheit, wird der Träger des gemäß Art. 28 Abs. 2 lit. b VO 1408/71 vorrangig leistungspflichtigen Mitgliedstaats der zuständige. Der Wohnstaat erbringt die Sachleistungen dann für dessen Rechnung. Auch in Art. 28a VO 1408/71 wird für den Fall, dass der Rentenberechtigte in einem Mitgliedstaat mit Einwohnersicherungssystem wohnt, dort aber keine Rente bezieht, die Gewährung von Sachleistungen im Wege der Sachleistungsaushilfe zu Lasten eines nach Art. 28 Abs. 2 VO 1408/71 zu bestimmenden rentenzahlenden Staats angeordnet[432]. Sieht der Wohnstaat keine Pflegesachleistungen vor, werden zugunsten des Rentners trotz seiner Mitgliedschaft in der deutschen sozialen Pflegeversicherung keine Sachleistungen erbracht[433].

Inwiefern die uneingeschränkte Anwendung des Prinzips der aushelfenden Sachleistungsgewährung zur Koordinierung von Sachleistungen bei Pflegebedürftigkeit mit gemeinschaftlichem Primärrecht vereinbar ist, muss auch hier im Hin-

---

[431] Das wird in der Regel daher rühren, dass er von dorther auch keine Rente bezieht.
[432] Bei Art. 28 VO 1408/71 liegt der Grund für die aushelfende Sachleistungsgewährung darin, dass ein Anspruch auf Leistungen im Wohnland nicht besteht (sonst wäre nach Art. 27 VO 1408/71 der Wohnsitzträger *primär* zuständig), bei Art. 28a VO darin, dass soziale Sicherungssysteme, die den Schutz der gesamten Bevölkerung umfassen, nicht zu sehr belastet werden. Regeln die Vorschriften daher auch unterschiedliche Fälle, ist ihnen doch die Rechtsfolge gemein. Nur auf die kommt es hier an. Eine weitere Aufgliederung des vorliegenden Beispiels ist deshalb nicht nötig.
[433] Siehe die nähere Darstellung dieses Problems oben § 2 B I.

blick auf die Arbeitnehmerfreizügigkeit, die Niederlassungsfreiheit und die aus der Unionsbürgerschaft resultierende allgemeine Freizügigkeit beantwortet werden.

II. Beurteilung anhand der primärrechtlichen Arbeitnehmerfreizügigkeit und der Niederlassungsfreiheit

Im Hinblick auf Rentenberechtigte, die im Laufe ihres Berufslebens von den im EG-Vertrag gewährten Freiheiten für Beschäftigte Gebrauch gemacht haben, kann nichts anderes gelten als für aktive Arbeitnehmer und Selbständige[434]. Entscheidend für die primärrechtliche Bewertung des Prinzips der aushelfenden Sachleistungsgewährung zur Koordinierung von Sachleistungen bei Pflegebedürftigkeit sind nicht die Rechte, die speziell Rentner im Alter aus der Arbeitnehmerfreizügigkeit innehaben. Diese werden sich regelmäßig in dem durch Art. 39 Abs. 3 lit. d EG i.V.m. VO 1251/70[435] für Arbeitnehmer und durch die Richtlinie 75/34/EWG[436] für Selbständige vermittelten Verbleiberecht erschöpfen[437]. Es kommt vielmehr darauf an, inwieweit durch die Koordinierungsvorschriften der VO 1408/71, hier durch das Prinzip der aushelfenden Sachleistungsgewährung, diejenigen Ansprüche der sozialen Sicherheit gewahrt werden, die während des Beschäftigungslebens bei Inanspruchnahme der Arbeitnehmerfreizügigkeit bzw. der Niederlassungsfreiheit erworben wurden. Dazu sei auf die schon gemachten Ausführungen verwiesen[438].

---

[434] Zur Anwendbarkeit der Arbeitnehmerfreizügigkeit auf Rentner siehe indirekt Füßer, NJW 1998, S. 1762 (1763). Unter den Arbeitnehmerbegriff des Art. 39 EG fallen auch "im Ruhestand lebende Personen, worunter ehemals im Einwanderungsland Beschäftigte zu verstehen seien, die aber das in diesem Land normale Ruhestandsalter erreicht haben und nicht länger arbeiten", vgl. Klang, S. 132/133.

[435] Verordnung (EWG) Nr. 1251/70 der Kommission vom 29. Juni 1970 über das Recht der Arbeitnehmer, nach Beendigung einer Beschäftigung im Hoheitsgebiet eines Mitgliedstaats zu verbleiben, ABl. EG v. 30. 6. 70, Nr. L 142, S. 24.

[436] Richtlinie 75/34/EWG des Rates vom 17. Dezember 1974 über das Recht der Staatsangehörigen eines Mitgliedstaats, nach Beendigung der Ausübung einer selbständigen Tätigkeit im Hoheitsgebiet eines anderen Mitgliedstaats zu verbleiben, ABl. EG v. 20. 1. 75, Nr. L 14, S. 10. Diese Richtlinie wurde in Ermangelung einer der Vorschrift des Art. 39 Abs. 3 lit. d EG entsprechenden Ermächtigung im Kapitel über das Niederlassungsrecht auf Art. 308 EG gestützt.

[437] Veltmann, S. 46ff.

[438] Siehe dazu oben § 2 B II.

III. Beurteilung anhand der primärrechtlichen Vorschriften über die Unionsbürgerschaft

Rentenberechtigten, die während ihres Beschäftigungslebens von der Arbeitnehmerfreizügigkeit gemäß Art. 39 EG bzw. derjenigen der Selbständigen, Art. 43 EG, keinen Gebrauch gemacht haben, steht nach Art. 17, 18 Abs. 1 EG das aus der Unionsbürgerschaft resultierende, von einer wirtschaftlichen Tätigkeit unabhängige allgemeine Freizügigkeitsrecht zu, dessen Ausübung den Regeln der Richtlinie 90/365/EWG für aus dem Erwerbsleben ausgeschiedene Arbeitnehmer und Selbständige[439] unterliegt. Im Hinblick auf die Beantwortung der Frage, ob Rentenberechtigte unter dem Gesichtspunkt dieses allgemeinen Freizügigkeitsrechts die uneingeschränkte Anwendung des Prinzips der aushelfenden Sachleistungsgewährung auf Sachleistungen bei Pflegebedürftigkeit[440] als primärrechtswidrig beanstanden können, sei auf die Ausführungen zu den Arbeitnehmern verwiesen[441].

C. Export von Pflegegeld

Rentner, die zum Bezug einer Rente nach den Rechtsvorschriften eines oder mehrerer Mitgliedstaaten berechtigt sind, aber keinen Anspruch auf Leistungen bei Krankheit nach den Rechtsvorschriften des Mitgliedstaats haben, in dem sie wohnen[442], erhalten gemäß Art. 28 Abs. 1 S. 2 lit. b VO 1408/71 Geldleistungen vom zuständigen Träger nach den für diesen geltenden Rechtsvorschriften. Zuständiger Träger ist nach Art. 28 Abs. 1 S. 1 VO 1408/71 zunächst derjenige des Mitgliedstaats, nach dessen Rechtsvorschriften der Rentner eine Rente bezieht und der Leistungen bei Krankheit zu gewähren hätte, würde der Rentner in dessen Gebiet wohnen. Erfüllen diese Voraussetzungen mehrere Mitgliedstaaten, richtet sich die vorrangige Zuständigkeit eines Trägers nach der Prioritätsregel des Art. 28 Abs. 2 lit. b VO 1408/71. Da der EuGH das deutsche Pflegegeld als Geldleistung im Sinne der VO 1408/71 eingeordnet hat, muss es, für den Fall, dass der deutsche Träger der zuständige ist, von diesem an die Rentner, die im mitgliedstaatlichen Ausland wohnen, exportiert werden. Hier kann nun auf die weiteren Ausführungen zu der

---

[439] Siehe zur Fundstelle oben Fn. 402.
[440] Siehe so in Art. 28 Abs. 1 S. 2 lit. a, Art. 28a VO 1408/71.
[441] Dazu oben § 2 B IV 3.
[442] In der Regel wird der Grund für den fehlenden Leistungsanspruch darin liegen, dass der Rentner nach den Rechtsvorschriften des Staats, in dem er wohnt, keine Rente erhält. Der Wortlaut des Art. 28 VO 1408/71 hält allerdings genauso die Möglichkeit offen, dass ein Rentner nach den Rechtsvorschriften seines Wohnlandes zwar zum Bezug einer Rente berechtigt ist, trotzdem aber dort keinen Anspruch auf Leistungen bei Krankheit hat.

leistungsberechtigten Gruppe der Beschäftigten verwiesen werden. Das gilt auch im Hinblick auf die Anpassung der Höhe des Pflegegeldes an die jeweiligen Gegebenheiten im mitgliedstaatlichen Ausland. Eine solche ist ohne Verletzung der Rechte von Altersrentenbeziehern möglich und zu befürworten.

D. Blockade von Pflegeversicherungsansprüchen durch Krankenversicherungansprüche[443]

Mit den Art. 27-34 VO 1408/71 hat der Gemeinschaftsgesetzgeber ein sehr differenziertes Regelungswerk geschaffen, um die Leistungsansprüche, die Rentner im Laufe ihres Beschäftigungslebens für den Krankheitsfall erworben haben, umfänglich zu koordinieren. Dabei berücksichtigen die Vorschriften die unterschiedlichen Konstellationen, in denen Rentenbezug, Leistungsberechtigung im Krankheitsfall und aktueller Wohnmitgliedstaat aufeinandertreffen können (Art. 27, 28 VO 1408/71), stimmen Ansprüche aus Einwohnersicherungs- und Beschäftigtenversicherungsystemen miteinander ab (Art. 28a VO 1408/71). Die Subsumtion der Pflegebedürftigkeit unter das Risiko der Krankheit durch den EuGH und die daraus folgende unterschiedslose Anwendung auch der Art. 27-34 VO 1408/71 auf die Risiken Krankheit und Pflegebedürftigkeit führen zu bisher nicht vorhandenen Fallkonstellationen, die neuer, am Primärrecht orientierter Lösungswege bedürfen.

I. Art. 27, 28 VO 1408/71

Wenn ein Rentner nach den Rechtsvorschriften von zwei oder mehr Mitgliedstaaten, darunter den Rechtsvorschriften des Mitgliedstaats, in dessen Gebiet er wohnt, zum Bezug von Renten berechtigt ist und nach den Rechtsvorschriften des letztgenannten Mitgliedstaats auch Anspruch auf Leistungen bei Krankheit hat, bestimmt Art. 27 VO 1408/71, dass er Leistungen bei Krankheit nur vom Träger des Wohnortes zu dessen Lasten bezieht und Krankenversicherungsansprüche, die er in anderen Mitgliedstaaten erworben hat, unberücksichtigt bleiben[444]. Er wird behandelt wie ein "einfacher" Inlandsrentner[445]. Daraus folgt für einen Rentner, der sowohl in Deutschland beschäftigt und deshalb kranken- und pflegeversichert war, als auch in einem anderen Mitgliedstaat gearbeitet hat und Mitglied der dortigen Versicherung war, dass er sich bei Wohnsitz in Letzterem allein auf die Leistungen bei Krankheit

---

[443] Siehe zu dieser Konsequenz nur Giesen, Vorgaben des EG-Vertrages, S. 144-146.
[444] Sie müssen allerdings - wenn erforderlich - zur Begründung eines Anspruchs auf Leistungen bei Krankheit im Wohnstaat über Art. 18 VO 1408/71 herangezogen werden.
[445] So Schuler, in: Fuchs (Hrsg.), Europäisches Sozialrecht, Art. 27, Rz. 3.

(und Pflegebedürftigkeit) des dortigen Trägers verweisen lassen muss. Sieht sein Wohnmitgliedstaat keine Leistungen bei Pflegebedürftigkeit im Rahmen eines Versicherungssystems vor, bleibt er im Falle der Pflegebedürftigkeit auf anderweitige Hilfen[446] angewiesen, obwohl er während seiner Beschäftigung in Deutschland Ansprüche aus der Pflegeversicherung erworben hat. Ein Export des Pflegegeldes scheidet aber wegen der alleinigen Leistungszuständigkeit des Trägers des Wohnorts aus.

Besser gestellt sind insoweit Rentner, die im Gegensatz zu dem oben gebildeten Beispiel im Wohnland *keinen* Anspruch auf Leistungen bei Krankheit erworben haben. Beziehen sie aufgrund einer Beschäftigung in Deutschland ihre Rente von dort und unterliegen dementsprechend der deutschen Kranken- und Pflegeversicherung, erhalten sie nach Art. 28 Abs. 1 S. 2 lit. a i.V.m. Abs. 2 lit. a VO 1408/71 bei Krankheit und Pflegebedürftigkeit Sachleistungen ihres Wohnlandes, soweit dessen Träger solche vorsieht, zu Lasten der deutschen Kassen. Das Pflegegeld hingegen wird gemäß Art. 28 Abs. 1 S. 2 lit. b i.V.m. Abs. 2 lit. a VO 1408/71 von den deutschen Pflegekassen in den Wohnstaat exportiert[447].

Handelt es sich bei den so koordinierten Leistungen ausschließlich um solche bei Krankheit im engeren Sinne, d. h. ohne Berücksichtigung des Risikos der Pflegebedürftigkeit, kann die Regelung des Art. 27 VO 1408/71 Nachteile für den betroffenen Rentner nur im Umfang eines Niveauverlusts bedeuten. Das ist dann der Fall, wenn der Rentenberechtigte während einer früheren Beschäftigung Beiträge zu einer Sozialversicherung mit höherem Leistungsniveau in einem anderen Mitgliedstaat gezahlt hat, nach den Verordnungsvorschriften aber nur noch zum Leistungsbezug nach den Regeln des Wohnlandes berechtigt ist. Ein solches Niveaugefälle als Resultat der Verschiedenheit der einzelnen nationalen Systeme der sozialen Sicherheit ist gemeinschaftsrechtlich akzeptiert[448].

Die Probleme, die sich insbesondere durch Vergleich mit der Situation eines Rentners, der unter die Regelung des Art. 28 VO 1408/71 fällt[449], im Hinblick auf die Absicherung gegen das Risiko der Pflegebedürftigkeit ergeben, gehen über diese in der Verordnung angelegten Nachteile weit hinaus. Hier stellt sich der Nachteil nicht als Niveauverlust dar, sondern als Sicherungsverlust gegen ein Risi-

---

[446] Dies sind z. B. Sozialhilfeleistungen.
[447] Ist Deutschland nicht der einzige Mitgliedstaat, nach dessen Rechtsvorschriften Rente geschuldet wird und Krankenversicherungsleistungen bei Wohnsitz des Rentners im Inland gewährt würden, gelten die Ausführungen entsprechend, wenn sich die Zuständigkeit der deutschen Kranken- bzw. Pflegekassen auf Grund der Prioritätsregel des Art. 28 Abs. 2 lit. b VO 1408/71 ergibt.
[448] Siehe oben zur Sachleistungsaushilfe bei Krankheit § 2 B II 4 b, dd.
[449] Siehe dazu oben § 3 D I.

ko, das sich gerade in Dauer, finanzieller Belastung und Behandlungsweise wesentlich von dem der Krankheit unterscheidet. Nach Art. 28 VO 1408/71 wäre dem Rentner die Absicherung gegen das Risiko der Pflegebedürftigkeit erhalten geblieben. Der Bezug von Pflegeleistungen der deutschen Pflegekassen und insbesondere des Pflegegeldes hängt nach jetzigem Koordinierungsrecht alleine davon ab, ob der Rentner in seinem Wohnland auch einen Anspruch auf Krankenversicherungsleistungen erworben hat. In diesem Fall blockieren die Krankenversicherungsansprüche die Geltendmachung derjenigen Ansprüche, die gegenüber der deutschen Pflegekasse entstanden sind. Die Problematik beruht in erster Linie darauf, dass mit der Betrachtung von Krankheit und Pfegebedürftigkeit als einheitliches Risiko zum Zwecke der gemeinschaftsrechtlichen Koordinierung, soziale Gefahren aneinander gekoppelt werden, von denen die eine in sämtlichen Mitgliedstaaten im Rahmen eines Systems der sozialen Sicherheit abgesichert ist, die andere hingegen nicht. Eine Norm wie Art. 27 VO 1408/71 kann daher in Anwendung auf die Leistungen bei Pflegebedürftigkeit Koordinierungswirkung mit sachgerechtem Ergebnis nur dann entfalten, wenn die Risiken Krankheit und Pflegebedürftigkeit voneinander gelöst werden und das Vorhandensein eines Anspruchs auf Leistungen nach dem Recht des Wohnstaats, wie es Art. 27 VO 1408/71 verlangt, auch dann verneint werden kann, wenn im Wohnstaat sozialer Schutz gegen ein Risiko gar nicht vorgesehen ist. Diese Ausgestaltung ist eine Aufgabe der Koordinierung de lege ferenda.

II. Wohnsitz in einem Mitgliedstaat mit Einwohnersicherungssystem, Art. 28a VO 1408/71

Als problematisch erweist sich auch der Fall, dass der in Deutschland versicherte pflegebedürftige Rentner in einem Mitgliedstaat wohnt, in dem Leistungen bei Krankheit im Rahmen eines Einwohnersicherungssystems erbracht werden. Die Vorschrift des Art. 28 Abs. 1 S. 2 lit. b VO 1408/71, die den Export von Geldleistungen bei Krankheit (und Pflegebedürftigkeit) anordnet, ist nach dem Wortlaut des Art. 28 Abs. 1 S. 1 VO 1408/71 nur einschlägig, wenn Ansprüche auf Leistungen im Wohnland nicht bestehen. Es gehört aber gerade zu den Merkmalen eines Einwohnersicherungssystems, dass jedem Inlandsansässigen ein Anspruch auf Leistungen zugebilligt wird und somit die Voraussetzungen des Art. 28 Abs. 1 VO 1408/71 nie erfüllt sind. Wegen der Gleichstellung von Krankheit und Pflegebedürftigkeit kommt es in diesem Zusammenhang auch nicht darauf an, ob das Einwohnersicherungssystem Leistungen bei Pflegebedürftigkeit vorsieht, es reichen vielmehr Leistungen bei Krankheit aus. Art. 28 VO 1408/71 lässt sich demnach für diesen Fall keine Exportanordnung entnehmen.

Fraglich ist, inwiefern Art. 28a VO 1408/71 zur Lösung dieses Problems beitragen kann. Die Ansprüche eines Rentners, der aufgrund der Rechtsvorschriften seines Wohnlandes keinen Rentenanspruch, aber wegen der Ausgestaltung des Sozialleistungssystems des Wohnlandes als Einwohnersicherungssystem dort einen Anspruch auf Sachleistungen bei Krankheit hat, werden durch Art. 28a VO 1408/71 koordiniert. Art. 28a VO 1408/71 stellt klar, dass Sachleistungen durch den Träger des Wohnstaats nicht in primärer, sondern lediglich in aushelfender Leistungszuständigkeit gewährt werden und zu Lasten des nach Art. 28 Abs. 2 VO 1408/71 zu bestimmenden zuständigen Trägers gehen. Im Hinblick auf die Gewährung von Geldleistungen trifft Art. 28a VO 1408/71 keine gesonderte Regelung, so dass auch nach dieser Vorschrift zunächst keine Pflicht des zuständigen deutschen Trägers zum Export des Pflegegeldes besteht.

In diesen Fällen scheitert der Bezug von Pflegegeld durch den Rentenberechtigten daran, dass er aufgrund des Einwohnersicherungssystems seines Wohnlandes auch dort einen Anspruch auf Krankenversicherungsleistungen hat.

Die Anwendung der Verordnungsvorschriften Art. 28a, 28 VO 1408/71 zur Koordinierung von Leistungen der sozialen Pflegeversicherung führt damit zu dem Ergebnis, dass ein in Deutschland pflegeversicherter Rentner, der in einem Mitgliedstaat mit Einwohnersicherungssystem wohnt, nach dem Wortlaut der Vorschriften kein deutsches Pflegegeld beziehen kann, weil es an einer entsprechenden Exportanordnung zu fehlen scheint.

Gemäß Art. 28a VO 1408/71 wird derjenige Rentner, der zwar keine Rente aus seinem Wohnland bezieht, aber dort einen Anspruch auf *Sach*leistungen bei Krankheit hat, weil der Wohnstaat die Gewährung dieser Leistungen nicht von Versicherungs- oder Beschäftigungsbedingungen abhängig macht, in der Rechtsfolge so behandelt, als habe er im Wohnstaat keinen Anspruch auf Leistungen. Art. 28a VO 1408/71 ordnet also die Rechtsfolge an, die sich aus Art. 28 VO 1408/71 bei Einschlägigkeit ergeben hätte: Sachleistungsaushilfe durch den Wohnstaat zu Lasten des zuständigen Staats, der sich aus der Prioritätsregel des Art. 28 Abs. 2 VO 1408/71 bestimmt. Der Grund für diese Verteilung der Leistungspflicht liegt zum einen in dem Schutz derjenigen Mitgliedstaaten vor übermäßiger Belastung, die ihre Sicherungssysteme als nationale Gesundheitssysteme ausgestaltet haben[450]. Zum anderen beruht sie auch auf der in Art. 13 Abs. 2 lit. a VO 1408/71 statuierten regelmäßigen Zuständigkeit des Beschäftigungsstaats, die sich in der primären Leistungszuständigkeit des ehemaligen Beschäftigungsstaats für den Fall, dass keine Beschäftigung mehr ausgeübt wird, fortsetzt.

---

[450] Vgl. Schuler, in: Fuchs (Hrsg.), Europäisches Sozialrecht, Art. 28a, Rz. 2.

Im Hinblick auf *Geld*leistungen trifft Art. 28a VO 1408/71 keine entsprechende Anordnung. Fraglich ist daher, was sich aus dem Verhältnis der Vorschriften zueinander und der dahinterstehenden Wertung für die Koordinierung von *Geld*leistungen ergibt, wenn ein Rentner seinen Wohnsitz in einem Mitgliedstaat mit Einwohnerssicherungssystem hat, nach dessen Rechtsvorschriften er zum Bezug einer Rente nicht berechtigt ist.

Zum einen ist der Fall ungeregelt[451], in dem das Einwohnersicherungssystem des Wohnlandes dem Rentner nicht nur einen Anspruch auf Sachleistungen, sondern auch einen solchen auf Geldleistungen bei Krankheit einräumt. Diese Konstellation wird nur in seltenen Fällen vorkommen, da Einwohnersicherungssysteme Leistungen bei Krankheit in der Regel unmittelbar, d. h. ohne Zwischenschaltung rechtlich selbständiger Leistungserbringer[452], als Sachleistungen durch den zur Behandlung verpflichteten öffentlich-rechtlichen Träger gewähren. Sollten dennoch auch Geldleistungen zum Leistungskatalog des Trägers im Wohnmitgliedstaat zählen, darf nichts anderes als im Hinblick auf die Gewährung von Sachleistungen gelten: Es bleibt bei der Anwendbarkeit von Art. 28 VO 1408/71 und damit bei der Exportverpflichtung des nach Art. 28 Abs. 2 VO 1408/71 zuständigen Staats gemäß Art. 28 Abs. 1 S. 2 lit. b VO 1408/71. Jede andere Auslegung würde dem Sinn und Zweck des Art. 28a VO 1408/71 - Belastungsschutz der Mitgliedstaaten mit nationalen Gesundheitsdiensten - zuwiderlaufen. Sieht der rentengewährende zuständige Mitgliedstaat mithin eine solche Geldleistung vor, ist sie von ihm in das Wohnland des Rentners zu exportieren. Es könnte demnach auch der in Deutschland pflegeversicherte Rentner das Pflegegeld gemäß § 37 SGB XI über eine zweckorientierte Auslegung von Art. 28a VO 1408/71 beziehen.

Durch die Vorschriften der Verordnung ungeklärt bleibt weiterhin der Fall, dass ein Rentner - anders als eben beschrieben - keinen Anspruch auf Geldleistungen im Wohnland aufgrund des dortigen Einwohnersicherungssystems hat, aber der nach Art. 28a, 28 Abs. 1 und 2 VO 1408/71 für die Gewährung von Sachleistungen primär leistungspflichtige Träger solche vorsehen würde, hätte der Rentner seinen Wohnsitz in diesem zuständigen Staat[453]. Es kann nicht im Sinne des Gemeinschaftsgesetzgebers gewesen sein, den Rentnern, die ihren Wohnsitz in einem Mitgliedstaat mit Einwohnersicherungssystem haben, den Bezug von Geldleistungen zu verweigern, während diejenigen Rentner, die keinen Anspruch auf Leistungen

---

[451] Das ist er für Leistungen bei Krankheit ohne das zusätzliche Problem der Pflegebedürftigkeit auch.
[452] So die Definition von nationalen Gesundheitsdiensten bei Eichenhofer, Internationales Sozialrecht, S. 182 (Rn. 403).
[453] Auch hier gelten die Überlegungen ebenfalls für das Risiko der Krankheit.

im Wohnstaat haben, solche gemäß Art. 28 Abs. 1 S. 2 lit. b VO 1408/71 beziehen können. Ein sachgerechtes Ergebnis ließe sich wie folgt erreichen: In der Regel sehen Einwohnersicherungssysteme keine Geldleistungen vor. Wohl aus diesem Grunde ist Art. 28a VO 1408/71 ausschließlich auf Sachleistungen bezogen formuliert worden[454]. Im Hinblick auf *Geld*leistungen hat der Rentner dann aber *keinen* Anspruch gegen den Träger des Wohnlandes und fällt somit unter die Regelung des Art. 28 VO 1408/71, für dessen Anwendbarkeit das Nichtvorliegen eines Anspruchs gegen den Träger des Wohnlandes Voraussetzung ist. Der Export der Geldleistung ergibt sich als Folge aus Art. 28 Abs. 1 S. 2 lit. b VO 1408/71[455].

Aus der Zusammenschau von Art. 28a und Art. 28 VO 1408/71 im Hinblick auf das Verhältnis der Vorschriften zueinander und ausgehend von ihren Regelungszwecken folgt demnach, dass Rentner, die Mitglieder in der deutschen Kranken- und Pflegeversicherung sind und in einem Mitgliedstaat mit Einwohnersicherungssystem wohnen, Pflegegeld der deutschen Pflegekassen im Wege des Leistungsexports beziehen können. Auch wenn sich dieses Ergebnis durch Auslegung erreichen lässt, ist eine entsprechende Ausformulierung de lege ferenda wünschenswert.

---

[454] Werden Geldleistungen ausnahmsweise doch vorgesehen, vgl. dazu die Ausführungen des vorhergehenden Abschnitts.
[455] Skeptisch Giesen, Vorgaben des EG-Vertrages, S. 146 (dort auch Fn. 494), der wegen Fehlens einer gesonderten Regelung in Art. 28a VO 1408/71 für Geldleistungen nicht auf den Rechtsgedanken des Art. 28 Abs. 1 S. 2 lit. b VO 1408/71 zurückgreifen will, allerdings auch nicht ausdrücklich die Pflicht des Wohnstaats zur Erbringung von Geldleistungen folgert.

§ 4 Auswirkungen auf die Versicherer

Auch auf die Versicherer hat die Einordnung der Leistungen bei Pflegebedürftigkeit als Leistungen bei Krankheit im Sinne der VO 1408/71 durch den EuGH Auswirkungen. Das gilt zum einen für die deutschen gesetzlichen Pflegekassen als Träger der sozialen Pflegeversicherung, zum anderen aber auch für die jeweils zuständigen Träger anderer Mitgliedstaaten bei deutscher Sachleistungsaushilfe.

A. Zusammenrechnung von Versicherungszeiten

I. Konsequenzen der Einordnung durch den EuGH

Wegen der Qualifizierung der Leistungen der sozialen Pflegeversicherung als Leistungen bei Krankheit im gemeinschaftsrechtlichen Sinne reicht zur Erfüllung der im SGB XI zum Leistungsbezug erforderlichen Vorversicherungszeiten auch die Zurücklegung von Krankenversicherungszeiten in anderen Mitgliedstaaten gemäß Art. 18 VO 1408/71. Das kann zu einer sehr weitgehenden Leistungsverpflichtung der Pflegekassen führen. Nicht so sehr die Fälle sind hier von Bedeutung, in denen die Pflegekassen im Wege der Sachleistungsaushilfe tätig werden[456]. Die Kosten, die ihnen in diesem Zusammenhang entstehen, werden vom primär leistungspflichtigen zuständigen Träger ersetzt. Vielmehr liegt eine erhöhte Belastung der Pflegekassen in erster Linie dann vor, wenn Mitgliedstaatsangehörige, die erst seit kurzem in Deutschland beschäftigt und dementsprechend Mitglied der sozialen Pflegeversicherung sind, pflegebedürftig werden. Sie erwerben einen Anspruch auf Pflegeleistungen gegen die Pflegekassen trotz fehlender Vorversicherungszeit in der sozialen Pflegeversicherung wegen Art. 18 VO 1408/71 durch die Anrechnung der Krankenversicherungszeiten, die sie in anderen Mitgliedstaaten zurückgelegt haben.

Hier wird deutlich, dass sich sowohl die Risiken Krankheit und Pflegebedürftigkeit wesentlich unterscheiden, als auch die Ausgestaltung der Sozialversicherungssysteme zu ihrer Absicherung. Die Krankheit ist ein vorübergehendes Risiko, das stets für den konkreten Fall einen Leistungsanspruch gegen die Krankenkasse auslöst. Zwar müssen die deutschen Krankenkassen vom ersten Tag der Mitgliedschaft eines Versicherten an Leistungen bei Risikoeintritt erbringen, da das SGB V keine Vorversicherungszeiten zum Erwerb eines Anspruchs auf Leistungen vorsieht.

---

[456] Auch hier muss die Vorversicherungszeit erfüllt sein, siehe oben § 2 A I und Fn. 109.

Diese Leistungspflicht der Krankenkassen ist aber wegen des temporären Charakters des Risikos Krankheit per se begrenzt und kommt nach Gesundung regelmäßig vorerst nicht mehr zum Tragen. Demgegenüber ist die Pflegebedürftigkeit ein dauernder Zustand. Ist die Leistungspflicht der Pflegekassen ausgelöst, kann sie das ganze Leben des Pflegebedürftigen hindurch bestehen[457]. So lässt sich auch das bei der sozialen Pflegeversicherung im Gegensatz zur gesetzlichen Krankenversicherung bestehende Erfordernis der Erfüllung bestimmter Vorversicherungszeiten erklären. Eine besondere Belastung der Pflegekassen rührt in diesem Zusammenhang auch daher, dass die verordnungsrechtlich vorgesehene Lastentragungspflicht bei Gewährung von Krankenleistungen durch die Gleichstellung der Risiken Krankheit und Pflegebedürftigkeit auch für Letztere gilt. Während bei Alters-, Invaliditäts- und Hinterbliebenenleistungen die Aufwendungen unter den Mitgliedstaaten entsprechend dem Verhältnis der in ihnen jeweils zurückgelegten Zeiträume ("pro rata temporis") aufgeteilt werden[458], hat in den Leistungsfällen Krankheit und Mutterschaft die Gesamtaufwendungen der Sozialleistungen der Staat zu tragen, in dessen Gebiet sich das soziale Risiko endgültig verwirklicht hat[459]. Die Regel, wonach der Staat der letzten Beschäftigung (oder des letzten Aufenthalts) für die unter Zusammenrechnung ermittelte geschuldete Leistung aufkommt, lässt die grundsätzlich wünschenswerte Entsprechung von Leistung und Gegenleistung vermissen. Was bei der Gewährung von Leistungen kurzer Dauer - wie beispielsweise im allgemeinen den Krankenleistungen - aus Gründen der Vereinfachung der Administration der Leistungsgewährung vertretbar erscheint, führt in Anwendung auf ein Langzeitrisiko zu überhöhten Belastungen der zuständigen Träger.

II. Lösung

Mit Art. 18 VO 1408/71 soll der Folge vorgebeugt werden, dass sich ein Wechsel der Beschäftigung, der stets auch einen Wechsel des Sozialversicherungssystems entspricht, zum Nachteil desjenigen auswirkt, der die Grenzen überschreitet. Vielmehr soll die soziale Absicherung des Beschäftigten ähnlich lückenlos sein, als hätte er sein gesamtes Arbeitsleben nur innerhalb eines mitgliedstaatlichen Sozialsystems verbracht. Ein einmal erworbener Anspruch auf Leistungen bei Krankheit soll nicht durch einen Wechsel in einen anderen Mitgliedstaat verloren gehen. Zwar geht der Anspruch auf die konkreten Leistungen im Einzelnen verloren, weil

---

[457] Siehe auch § 14 Abs. 1 SGB XI zum Begriff der Pflegebedürftigkeit, der auch eine zeitliche Komponente hat. Der Zustand der Pflegebedürftigkeit muss "auf Dauer, voraussichtlich für mindestens sechs Monate" bestehen.
[458] Vgl. insbesondere Art. 46 VO 1408/71.
[459] Vgl. Eichenhofer, in: Hailbronner (Hrsg.), 30 Jahre Freizügigkeit, S. 75 (82).

bei Wechsel in einen anderen Mitgliedstaat zu einem anderen Träger auch dessen Leistungskatalog für den Leistungsbezug ausschlaggebend ist. Der Anspruch auf die Absicherung gegen das bestimmte Risiko bleibt hingen bestehen. Dadurch, dass bei Gleichstellung der Risiken Krankheit und Pflegebedürftigkeit mit der Zurücklegung von Zeiten, die der Absicherung eines Kurzzeitrisikos dienen, gleichzeitig ein Anspruch auf gegebenenfalls lebenslange Leistungsgewährung bei Eintritt eines Langzeitrisikos erworben wird, erfolgt jedoch eine Besserstellung der Berechtigten, die weder von der Regelung des Art. 18 VO 1408/71 noch von der ihr zugrunde liegenden primärrechtlichen Basisnorm des koordinierenden Sozialrechts der Gemeinschaft, Art. 42 Abs. 1 lit. a EG, gewollt ist. Art. 18 VO 1408/71 muss deshalb so ausgelegt werden, dass nur die Zeiten zusammenzurechnen sind, die von einem Versicherten innerhalb eines Systems der sozialen Sicherheit zurückgelegt wurden, das auch das Risiko der Pflegebedürftigkeit absichert[460]. In welcher Weise diese Absicherung in das jeweilige mitgliedstaatliche System integriert ist, spielt dabei keine Rolle[461].

Ein solcher Ansatz ist jedoch nur sinnvoll, wenn auch die Lastentragungspflicht aufgeteilt wird. Nicht ohne Grund ist im Vorfeld der Entscheidung des EuGH in der Rechtssache Molenaar diskutiert worden, ob die Leistungen bei Pflegebedürftigkeit im Rahmen des Katalogs des Art. 4 Abs. 1 VO 1408/71 nicht dem Risiko des Alters zugeordnet werden sollten. Während hinsichtlich des Risikos der Krankheit die Leistungs- und Kostentragungspflicht alleine bei dem im Zeitpunkt der Risikoverwirklichung zuständigen Träger liegt, werden die Lasten bei der Gewährung von beispielsweise Altersleistungen zwischen den Trägern, die Beiträge erhalten haben, nach dem Prinzip "pro rata temporis" aufgeteilt. Damit wird der unbestimmten Dauer der Leistungsgewährung und den damit verbundenen möglichen hohen Kosten Rechnung getragen. Gerade im Hinblick auf die Dauer aber gleicht das Risiko der Pflegebedürftigkeit eher dem des Alters als dem der Krankheit. Deshalb ist eine Aufteilung der Lasten "pro rata temporis" auch für die Gewährung von Pflegeleistungen de lege ferenda zu befürworten.

Dass Beschäftigte, die aus einem Mitgliedstaat ohne Absicherung des Pflegerisikos nach Deutschland wechseln, dort die volle gesetzlich vorgeschriebene Wartezeit zurücklegen müssen, um die Leistungen des SGB XI zu erhalten, bedeutet keinen Verlust von Ansprüchen. Solche wurden im Mitgliedstaat der früheren Beschäftigung nur für das Risiko der Krankheit erworben und bleiben diesbezüglich auch erhalten.

---

[460] So auch Giesen, Vorgaben des EG-Vertrages, S. 147; Eichenhofer, VSSR 1994, S. 323(338); indirekt auch Klein, S. 187.
[461] Dazu oben § 2 B II.

B. Prinzip der aushelfenden Sachleistungsgewährung

Bei der Darstellung der Konsequenzen, die die Anwendung des Prinzips der aushelfenden Sachleistungsgewährung auf die Koordinierung der Leistungen bei Pflegebedürftigkeit gemäß Art. 19 Abs. 1 lit. a, 28 Abs. 1 lit. a, 28a VO 1408/71[462] im Hinblick auf die Versicherer hat, muss insbesondere unterschieden werden zwischen den deutschen Pflegekassen als zuständigen Trägern einerseits und als aushelfenden Trägern bei gleichzeitiger primärer Leistungspflicht eines mitgliedstaatlichen Trägers, der keine Leistungen zur Pflege vorsieht, andererseits.

I. Deutsche Pflegekasse als zuständiger Träger

Die Anwendung des Prinzips der aushelfenden Sachleistungsgewährung auf das Risiko der Pflegebedürftigkeit führt zu einer Entlastung der deutschen Pflegekassen, soweit ein Mitglied der sozialen Pflegeversicherung leistungsberechtigt ist, seinen Wohnsitz in einem anderen Mitgliedstaat hat und dem persönlichen Anwendungsbereich der VO 1408/71 unterliegt. Sachleistungen bei Pflegebedürftigkeit, für die die Pflegekassen aufkommen müssen, werden in diesem Fall nur dann gewährt, wenn im Rahmen der Systeme der sozialen Sicherheit des Wohnortes ebenfalls solche vorgesehen sind und der Pflegebedürftige die notwendigen Voraussetzungen für deren Bezug erfüllt. Sieht der Träger des Wohnortes Sachleistungen bei Pflege nicht vor, ist die Pflegekasse von ihrer Leistungspflicht befreit[463]. Sie wird entlastet, weil sie trotz eingehender Beitragszahlungen weder Sachleistungen erbringen noch dem Träger des Wohnorts die Kosten einer aushelfenden Sachleistungsgewährung ersetzen muss.

Nach der hier vertretenen Ansicht verstößt die uneingeschränkte Anwendung des Prinzips der aushelfenden Sachleistungsgewährung auf die Leistungen bei Pflegebedürftigkeit gegen Primärrecht[464]. Der zuständige Versicherer wird in den genannten Fällen nicht von seiner Leistungspflicht befreit. Er muss ihr vielmehr nachkommen, entweder im Wege der vertraglichen Absprache und direkter Abrechnung mit einem (privaten) Leistungserbringer im Wohnstaat oder durch Ko-

---

[462] Das Prinzip der aushelfenden Sachleistungsgewährung findet sich überdies auch an anderen Stellen der Verordnung, vgl. z. B. Art. 22 Abs. 1 lit. i, Abs. 3 lit. a VO 1408/71, der aber im Hinblick auf das Risiko der Pflegebedürftigkeit keinen Anwendungsbereich hat, Art. 25 Abs. 1 lit. a, Abs. 3 lit. i VO 1408/71, der sich auf die Leistungsgewährung an Arbeitslose bezieht. Im Text sind jedoch nur diejenigen Vorschriften genannt worden, die sich auf die in der Untersuchung behandelten Versicherten beziehen.
[463] Siehe die Mitgliedstaaten, die keine Sachleistungen bei Pflegebedürftigkeit vorsehen, im Einzelnen oben § 2 B I 3.
[464] Dazu § 2 B II 5.

stenerstattung an den Leistungsberechtigten, der im Wohnstaat einen Leistungserbringer in Anspruch genommen hat, wobei die Erstattung auf den Wert der inländischen Sachleistung begrenzt ist.

II. Deutsche Pflegekasse als aushelfender Träger bei gleichzeitiger primärer Leistungspflicht des Trägers eines Mitgliedstaats ohne Pflegeversicherung

Ein im mitgliedstaatlichen Ausland Beschäftigter und dort Versicherter, der in Deutschland wohnt und pflegebedürftig wird, erhält Leistungen der sozialen Pflegeversicherung im Wege der aushelfenden Sachleistungsgewährung, wenn die Pflegekasse das verwirklichte Risiko als solches der Pflegebedürftigkeit einordnet[465]. Voraussetzung für die Sachleistungsaushilfe der Pflegekassen ist allerdings der Nachweis durch den Leistungsbeanspruchenden im Wege einer Bescheinigung des zuständigen Trägers, dass er gegenüber diesem zum Bezug von Sachleistungen berechtigt ist, Art. 17 Abs. 1 S. 1 VO 574/72. Da die Pflegeleistungen des SGB XI im gemeinschaftsrechtlichen Sinne der VO 1408/71 Leistungen bei Krankheit sind, reicht der Nachweis aus, dass der Versicherte einen Anspruch auf Sachleistungen bei Krankheit gegen den zuständigen Träger des Beschäftigungsstaats hat. Eine solche Bescheinigung muss nämlich nicht im Hinblick auf den konkreten Leistungsfall und damit für jeden weiteren erneut eingeholt werden, sondern wird einmalig als grundsätzliche Berechtigung zum Bezug von Sachleistungen bei Krankheit ausgestellt. Das ergibt sich aus Art. 17 Abs. 2 S. 1 VO 574/72, der die Geltung einer solchen Bescheinigung so lange vorschreibt, bis der Träger des Wohnorts eine Mitteilung über ihren Widerruf erhalten hat[466]. Gemäß Art. 36 Abs. 1 VO 1408/71 i.V.m. Art. 93 Abs. 1 VO 574/72 müssen die Aufwendungen des aushelfenden Trägers in voller Höhe vom zuständigen Träger ersetzt werden[467]. Werden

---

[465] Für die Definition des Leistungsfalls ist allein das Leistungsrecht des Wohnortes maßgeblich, vgl. Bieback, in: Fuchs (Hrsg.), Europäisches Sozialrecht, Art. 19, Rz. 19.
[466] Siehe zu der Besonderheit bei Zuständigkeit eines französischen Trägers, Art. 17 Abs. 2 S. 2 VO 574/72.
[467] A. A. wohl Eichenhofer, Internationales Sozialrecht, S. 195 (Rn. 426), der eine Erstattung nur begrenzt auf die Beträge annimmt, die der zuständige Träger für die entsprechende Behandlung im Inland hätte aufwenden müssen. Missverständlich ist auch der zur näheren Erläuterung dieser Aussage angeführte Verweis auf die Vorschriften der Art. 41ff. VO 574/72, die sich ausschließlich auf Leistungen bei Invalidität, Alter und Tod beziehen. Ohne weitere Begründung begrenzt Eichenhofer die Erstattungshöhe auf die im zuständigen Staat üblichen Sätze außerdem in NZA 1998, S. 742 (743); SGb 1999, S. 57 (60). Für eine Erstattungspflicht in voller Höhe dann aber in VSSR 1999, S. 101 (108) und in Igl (Hrsg.), Europäische Union und gesetzliche Krankenversicherung, S. 45 (54). Von einer Erstattung der angefallenen Kosten in voller Höhe gehen auch aus: Neumann-Duesberg, in: Schulte/Zacher (Hrsg.), Wechselwirkungen,

die Pflegekassen aushelfend für den zuständigen Krankenversicherungsträger tätig, entsteht für Letzteren durch die Erstattung eine Art Importpflicht[468] von Pflegesachleistungen, die eine außerordentliche finanzielle Belastung darstellt, wenn sein eigener Leistungskatalog solche nicht vorsieht.

Dieses Problem ließe sich möglicherweise über die Anwendung des Rechtsgedankens des Art. 17 Abs. 7 S. 1 VO 574/72 schließen, durch den der Träger des Wohnorts angehalten wird, den zuständigen Träger im Voraus von jeder Entscheidung zu unterrichten, die sich auf die Gewährung von Sachleistungen bei Krankheit bezieht, deren Kosten einen bestimmten Betrag[469] [470] übersteigen. Art. 17 Abs. 7 S. 2, 1. HS VO 574/72 räumt dem zuständigen Träger dann ein (eingeschränktes) Ablehnungsrecht ein.

Wird, wie hier vertreten, davon ausgegangen, dass als gemäß Art. 18 VO 1408/71 relevante zurückgelegte Zeiten nur solche in Betracht kommen, die in einem System zurückgelegt wurden, das auch das Risiko der Pflegebedürftigkeit absichert, erhält die Pflegebedürftigkeit den Charakter eines eigenständigen Risikos. Dann muss aber Voraussetzung für das Tätigwerden des deutschen Trägers im Wege der Sachleistungsaushilfe sein, dass sich auch der gemäß Art. 17 Abs. 1 S. 1 VO 574/72 erforderliche Nachweis der Anspruchsberechtigung gegen den zuständigen Träger auf *Pflege*leistungen bezieht. Sieht dieser solche nicht vor, wird die Pflegekasse nicht aushelfend tätig. Die übermäßige finanzielle Belastung des zuständigen Trägers entfällt.

C. Export von Pflegegeld

Deutsche Pflegekassen müssen gemäß Art. 19 Abs. 1 lit. b, 28 Abs. 1 lit. b VO 1408/71 das in Art. 37 SGB XI vorgesehene Pflegegeld an leistungsberechtigte Beschäftigte und Rentenberechtigte mit Wohnsitz im Ausland exportieren. Auch in

---

S. 83 (93, 95); Bieback, in: Fuchs (Hrsg.), Europäisches Sozialrecht, Art. 36, Rz. 2. So jetzt auch ausdrücklich EuGH, Urteil v. 12. Juli 2001, Rs. C-368/98 (Vanbraekel u.a.), Slg. 2001, I-5363 (5404 Rz. 55).

[468] So Giesen, Vorgaben des EG-Vertrages, S. 144.

[469] Im Falle der Leistungen bei Krankheit handelt es sich um von der Verwaltungskommission festgelegte periodisch überprüfte Pauschbeträge. Siehe die Beschlüsse von der Verwaltungskommission Nr. 116 vom 15. 12. 1982 und Nr. 121 vom 21. 4. 1983, ABl. EG v. 20. 7. 83 Nr. C 193, S. 8 und 10.

[470] Die Beschlüsse und Empfehlungen der Verwaltungskommission sind allerdings nicht rechtsverbindlich, sondern dienen in erster Linie den Mitgliedstaaten als Hilfsmittel zur Auslegung; vgl. EuGH, Urteil v. 5. Dezember 1967, Rs. 19/67 (van der Vecht), Slg. 1967, 461 (474); Stahlberg, S. 225/226.

diesem Zusammenhang stellt sich die Frage nach einer Anpassung der Höhe des Pflegegeldes an die Gegebenheiten im Wohnland[471].

Nach obigen[472] Ausführungen gibt es für die Pflegekassen ohne Verstoß gegen die im EG-Vertrag verankerten Rechte der Versicherten die Möglichkeit einer solchen Anpassung.

D. Exkurs: Pflegeversicherungsmonopol und EG-Vertrag

Die Pflegeversicherung ist eine Pflichtversicherung, deren Versichertenkreis dem der Krankenversicherung folgt[473]. Für die Versicherungspflicht in der Pflegeversicherung ist es irrelevant, ob eine Krankenversicherung im Rahmen des gesetzlichen Systems besteht oder durch Vertrag mit einem privaten Krankenversicherungsunternehmen[474]. Allerdings unterliegen diejenigen Mitglieder der gesetzlichen Krankenversicherung, deren dortige Mitgliedschaft auf der Anordnung des § 5 SGB V beruht, dem Zwang, auch Mitglied der sozialen Pflegeversicherung zu werden[475]. Für sie besteht zwar die Möglichkeit einer privaten Pflegeversicherung. Diese genügt aber der gesetzlichen Versicherungspflicht nicht, kann immer nur zusätzlichen Charakter haben und ist demnach wirtschaftlich sinnlos[476]. Die Pflegekassen besitzen in dieser Hinsicht eine faktische Monopolstellung[477]. Im Rahmen der Versorgung gesetzlich Versicherungspflichtiger mit Versicherungsleistungen ist damit sowohl deren grenzüberschreitender Austausch als auch ein Wettbewerb praktisch ausgeschlossen. Maßstäbe der gemeinschaftsrechtlichen Zulässigkeit einer solchen Monopolstellung sind demnach die Dienstleistungsfreiheit, Art. 49 EG, und die Wettbewerbsvorschriften, Art. 81ff. EG[478].

---

[471] Siehe zu dieser Fragestellung ausführlich oben § 2 C.
[472] Siehe zur Herleitung oben § 2 C II.
[473] Dazu oben § 1 A I 2.
[474] Siehe oben § 1 A I 2. Zum Abschluss einer privaten Pflegeversicherung mit einem Versicherungsunternehmen aus einem anderen Mitgliedstaat zur Erfüllung des Versicherungsobligatoriums, siehe Schäfer, in: Ruland/von Maydell/Papier (Hrsg.), FS für Zacher, S. 895 (916).
[475] Im Gegensatz dazu können sich freiwillig gesetzlich Krankenversicherte zwischen der Mitgliedschaft in der soziale Pflegeversicherung und derjenigen in einer privaten Pflegeversicherung entscheiden; siehe ausführlich oben § 1 A I 2. Zur Unterscheidung von Versicherungspflicht und Versicherungszwang, Roth, in: Baur/Hopt/Mailänder (Hrsg.), FS für Steindorff, S. 1313 (1317).
[476] Giesen, SGb 1994, S. 63 (67). So für deutsche Sozialversicherungsträger im allgemeinen Heinze, Die BG 1995, S. 89 (91).
[477] Heinze, Die BG 1995, S. 89 (91).
[478] Für Grundfreiheiten und Wettbewerbsvorschriften als Maßstab: Giesen, Sozialversicherungsmonopol, S. 23; Heinze, Die BG 1995, S. 89 (89/90); Isensee, VSSR 1996, S. 169 (173); Mestmäcker, in: Immenga/Mestmäcker (Hrsg.), EG-WbR, Art. 37, 90, C. Rn. 12.

I. Maßstab Dienstleistungsfreiheit

Nach der Rechtsprechung des EuGH handelt es sich bei Versicherungsleistungen um Dienstleistungen im Sinne von Art. 49 EG[479]. Sie können von Versicherungsunternehmen anderer Mitgliedstaaten grenzüberschreitend auf dem deutschen Markt angeboten werden. Die gesetzlich ausgestaltete Monopolstellung der Sozialversicherungsträger - im Hinblick auf die Pflegeversicherung die der Pflegekassen - berührt die Rechte der Versicherungsunternehmen als Dienstleistungserbringer wie auch die der (potenziellen) Versicherungsnehmer als Dienstleistungsempfänger[480]. Da durch die sozialrechtlichen Vorschriften deutsche wie ausländische Versicherer gleichermaßen betroffen sind, handelt es sich um eine nicht-diskriminierende, unterschiedslos geltende Beschränkung der Erbringung von Versicherungsleistungen[481]. Sie ist als solche nach den Regeln der Dienstleistungsfreiheit verboten, wenn nicht zwingende Gründe des Allgemeininteresses unter Wahrung des Grundsatzes der Verhältnismäßigkeit rechtfertigend wirken[482].

In der Literatur[483] wird entgegen der vorstehenden Ausführungen teilweise davon ausgegangen, dass die Dienstleistungsfreiheit eine Bereichsausnahme für die Tätigkeiten zur sozialen Sicherung enthält. Diese Ansicht wird in der Regel damit begründet, dass es bei der Sozialversicherung an dem für das gesamte Marktrecht der EG und damit auch für die Anwendbarkeit der Dienstleistungsfreiheit erforderliche Merkmal der wirtschaftlichen Tätigkeit fehle[484]. Darüber hinaus werden auch primär- und sekundärrechtliche Indizien dafür angeführt, dass die Sozialversicherung eine vom Gemeinschaftsrecht unbeeinflußte Domäne darstellt: Art. 118 EG-Vertrag (die Art. 117 bis 120 EG-Vertrag sind durch die Art. 136 EG bis 143 EG ersetzt worden) spreche von einer Zusammenarbeit in sozialen Fragen und unter-

---

[479] Vgl. die Urteile des EuGH vom 4. Dezember 1986: Rs. 205/84 (Kommission/Bundesrepublik Deutschland), Slg. 1986, 3755 (3800ff.); Rs. 220/83 (Kommission/Französische Republik), Slg. 1986, 3663 (3706ff.); Rs. 252/83 (Kommission/Königreich Dänemark), Slg. 1986, 3713 (3746ff.); Rs. 206/84 (Kommission/Irland), Slg. 1986, 3817 (3847ff.).

[480] Giesen, SGb 1994, S. 63 (67/68); Roth, in: Baur/Hopt/Mailänder (Hrsg.), FS für Steindorff, S. 1313 (1325).

[481] Giesen, SGb 1994, S. 63 (68).

[482] EuGH, Urteil v. 25. Juli 1991, Rs. C-353/89 (Mediavet), Slg. 1991, I-4069 (4094 Rz. 18/19); EuGH, Urteil v. 24. März 1994, Rs.C-275/92 (Schindler), Slg. 1994, I-1039 (1096 Rz. 58; 1097 Rz. 62);

[483] Becker, JZ 1997, S. 534 (540); ders., NZS 1998, S. 359 (360); Bieback, EWS 1999, S. 361 (364); Schulte, ZFSH/SGB 1999, S. 269 (272); Fuchs, ZIAS 1996, S. 338 (347/348).

[484] Becker, JZ 1997, S. 534 (540) unter Hinweis auf eine diesbezügliche "Andeutung" des EuGH, Urteil v. 26. März 1996, Rs. C-238/94 (García), Slg. 1996, I-1673 (1686 Rz. 13) und den zugehörigen Schlussantrag des GA Tesauro, Slg. 1996, I-1673 (1677 Rz. 9); Bieback, EWS 1999, S. 361 (364); Fuchs, ZIAS 1996, S. 338 (347/348). Für die steuerlich finanzierte Daseinsvorsorge auch Hailbronner/Nachbaur, EuZW 1992, S. 105 (108/109).

stütze damit die lediglich ergänzende Funktion der gemeinschaftlichen Tätigkeit in diesem Bereich; Art. 51 EG-Vertrag räume der Gemeinschaft nur die Kompetenz zur Koordinierung und nicht zur Harmonisierung sozialer Sicherungssysteme ein; die Vorschriften der Richtlinien über die Schadens- und Lebensversicherung[485] nehmen die Sozialversicherung ausdrücklich aus ihrem Anwendungsbereich aus[486].
Diese Argumente vermögen allesamt nicht zu überzeugen. Denn der für die Einschlägigkeit der Dienstleistungsfreiheit notwendige wirtschaftliche Austauschprozess, der sich auch in der Entgeltlichkeit von Leistungen widerspiegelt, ist in der sozialversicherungsrechtlichen Tätigkeit klar gegeben, da sie auf dem Prinzip von Leistung und Gegenleistung beruht[487]. Darüber hinaus ist für die Beantwortung der Frage danach, ob der Anwendungsbereich der Dienstleistungsfreiheit eröffnet ist, nicht in erster Linie ausschlaggebend, ob sich die Monopolanstalten selbst auf diese Vorschriften berufen können, sondern vielmehr ob die Erbringung grenzüberschreitender Dienstleistungen, beispielsweise von kommerziellen Versicherern, durch die Monopolstellung des mitgliedstaatlichen Trägers beschränkt wird[488].
Es bleibt demnach bei der Überprüfbarkeit des Monopols der Pflegekassen anhand der Art. 49ff. EG[489].

II. Maßstab Wettbewerbsregeln

In Bezug auf die Vereinbarkeit von Sozialversicherungsmonopolen mit dem EG-Wettbewerbsrecht hat der EuGH sich in mehreren Entscheidungen geäußert. In der

---

[485] Damit sind die Erste, Zweite und Dritte Richtlinie Schadenversicherung gemeint: Richtlinie 73/239/EWG, Erste Richtlinie des Rates vom 24. Juli 1973 zur Koordinierung der Rechts- und Verwaltungsvorschriften betreffend die Aufnahme und Ausübung der Direktversicherung (mit Ausnahme der Lebensversicherung), ABl. EG v. 16. 8. 73, Nr. L 228, S. 3; Richtlinie 88/357/EWG, Zweite Richtlinie des Rates vom 22. Juni 1988 zur Koordinierung der Rechts- und Verwaltungsvorschriften für die Direktversicherung (mit Ausnahme der Lebensversicherung) und zur Erleichterung der tatsächlichen Ausübung des freien Dienstleistungsverkehrs sowie zur Änderungung der Richtlinie 73/239/EWG, ABl. EG v. 4. 7. 88, Nr. L 172, S. 1; Richtlinie 92/49/EWG des Rates vom 18. Juni 1992 zur Koordinierung der Rechts- und Verwaltungsvorschriften für die Direktversicherung (mit Ausnahme der Lebensversicherung) sowie zur Änderung der Richtlinie 73/239/EWG und 88/357/EWG (Dritte Richtlinie Schadenversicherung), ABl. EG v. 11. 8. 92, Nr. L 228, S. 1.
[486] Fuchs, ZIAS 1996, S. 338 (347/348).
[487] So auch Burgi, EuR 1997, S. 261 (265, Fn. 24). Luthe, SGb 2000, S. 505 (515) spricht sich sogar für eine Lockerung des Entgeltbegriffs zur Definition der Dienstleistung aus.
[488] Vgl. auch Roth, in: Baur/Hopt/Mailänder (Hrsg.), FS für Steindorff, S. 1313 (1319); Benicke, ZFSH/SGB 1998, S. 22 (27/28).
[489] So für sämtliche staatliche Monopole, Heinemann, S. 130.

Rechtssache Höfner und Elser[490] hatte er über die Rechtmäßigkeit des gesetzlichen Vermittlungsmonopols der Bundesanstalt für Arbeit im Hinblick auf die Vermittlung von Führungskräften zu befinden. Voraussetzung für die Anwendung der Art. 81ff. EG ist, dass es sich bei dem Träger der sozialen Sicherheit um ein Unternehmen im Sinne der Wettbewerbsregeln des EG-Vertrags handelt. In der Rechtssache Höfner und Elser hat der EuGH den Begriff des Unternehmens als "jede eine wirtschaftliche Tätigkeit ausübende Einheit, unabhängig von ihrer Rechtsform und der Art ihrer Finanzierung" funktional definiert[491] und für die Bundesanstalt für Arbeit das Vorliegen dieser Merkmale bejaht[492]. Das Vermittlungsmonopol wurde dann in einem zweiten Schritt durch Prüfung von Art. 90 Abs. 2 EG (jetzt Art. 86 EG) für unzulässig erklärt[493]. Anders hingegen in den Fällen Poucet und Pistre[494]. Unter Berufung auf den sozialen Zweck der Sozialversicherungstätigkeit und den ihre Ausübung bestimmenden Grundsatz der Solidarität hat der Gerichtshof die Anwendbarkeit der Wettbewerbsregeln auf französische Träger der gesetzlichen Krankenversicherung und der Handwerkeraltersversicherung wegen deren fehlender Unternehmenseigenschaft abgelehnt[495]. In der Entscheidung Fédération francaise[496] hat der Gerichtshof zur Frage der Unternehmenseigenschaft eines freiwilligen Sozialversicherungssystems wiederum die Kriterien des sozialen Zwecks einer Tätigkeit und der Solidarität bei deren Ausübung herangezogen, hier jedoch die unternehmerische Tätigkeit im Sinne der Art. 85ff. EG-Vertrag (jetzt Art. 81ff. EG) bejaht[497].

Die referierte Vorgehensweise des EuGH in den Rechtssachen Poucet und Pistre und Fédération francaise wird von Teilen der Literatur kritisiert[498]. Die soziale

---

[490] EuGH, Urteil v. 23. April 1991, Rs. C-41/90 (Höfner und Elser), Slg. 1991, I-1979ff.
[491] EuGH, Urteil v. 23. April 1991, Rs. C-41/90 (Höfner und Elser), Slg. 1991, I-1979 (2016 Rz. 21).
[492] EuGH, Urteil v. 23. April 1991, Rs. C-41/90 (Höfner und Elser), Slg. 1991, I-1979 (2017 Rz. 23).
[493] EuGH, Urteil v. 23. April 1991, Rs. C-41/90 (Höfner und Elser), Slg. 1991, I-1979 (2017 Rz. 24, 25) unter Hinweis auf EuGH, Urteil v. 30. April 1974 (Sacchi), Slg. 1974, S. 409 (431 Rz. 15).
[494] EuGH, Urteil v. 17. Februar 1993, verb. Rs. C-159/91 und C-160/91 (Poucet und Pistre), Slg. 1993, I-637ff.
[495] EuGH, Urteil v. 17. Februar 1993, verb. Rs. C-159/91 und C-160/91 (Poucet und Pistre), Slg. 1993, I-637 (670 Rz. 18, 19).
[496] EuGH, Urteil v. 16. November 1995, Rs. C-244/94 (Fédération francaise), Slg. 1995, I-4013ff.
[497] EuGH, Urteil v. 16. November 1995, Rs. C-244/94 (Fédération francaise), Slg. 1995, I-4013 (4030 Rz. 22).
[498] Giesen, Sozialversicherungsmonopol, S. 122ff. zur Entscheidung "Poucet und Pistre" und in VSSR 1996, S. 311 (322f.) zu "Fédération francaise"; Burgi, EuR 1997, S. 261 (265, Fn. 24); Isensee, VSSR 1996, S. 169 (174). Wie der EuGH hingegen Fuchs, ZIAS 1996, S. 38 (351); Becker, JZ 1997, S. 534 (540); Bieback, EWS 1999, S. 361 (362).

Zwecksetzung und die Solidarität der sozialen Sicherung seien zwar die wesentlichen materiellen Gründe, die zugunsten eines Monopols herangezogen werden müssten[499]. Auf diese könne jedoch nicht schon bei Prüfung des unternehmerischen Verhaltens abgestellt werden. Für die Beantwortung der Frage, ob soziale Sicherungssysteme unternehmerisch tätig seien oder nicht, komme es vielmehr auf die Grundstrukturen der sozialen Sicherung an[500]. Folgen diese dem Prinzip von Leistung und Gegenleistung, was für Einrichtungen der sozialen Vorsorge in der Regel gelte, müsse eine wirtschaftliche Tätigkeit und damit auch die Unternehmenseigenschaft bejaht werden[501]. Erst im Rahmen der Rechtfertigungserwägungen gemäß Art. 86 Abs. 2 EG seien die Kriterien des sozialen Zwecks und der Solidarität einzubeziehen[502].

Im Ergebnis macht es jedoch keinen Unterschied, ob das Monopol eines Unternehmens nach Art. 86 Abs. 2 EG zulässig ist oder ob das Fehlen der unternehmerischen Ausgestaltung des Monopols zur Unanwendbarkeit der Wettbewerbsvorschriften führt. Über die Kriterien besteht Einigkeit, und der EuGH legt auch bei Bestimmung der Unternehmenseigenschaft den Verhältnismäßigkeitsmaßstab zugrunde[503]. Der Unterschied liegt demnach lediglich darin, dass sich die Argumentation einmal auf der Tatbestands- und einmal auf der Rechtfertigungsebene bewegt[504]. Eine Entscheidung zwischen den Alternativen soll daher hier nicht getroffen werden.

---

[499] Giesen, Sozialversicherungsmonopol, S. 122.
[500] Giesen, Sozialversicherungsmonopol, S. 124/125.
[501] Giesen, Sozialversicherungsmonopol, S. 125; Burgi, EuR 1997, S. 261 (265, Fn. 24). Im Ergebnis so auch Hänlein/Kruse, NZS 2000, S. 165 (168); Mestmäcker, in: Immenga/Mestmäcker (Hrsg.), EG-WbR, Art. 37, 90, D. Rn. 37. Für eine Bejahung der Unternehmenseigenschaft im wohl auch Heinze, ZVersWiss 1996, S. 281 (298).
[502] Giesen, Sozialversicherungsmonopol, S.126; ders., VSSR 1996, S. 311 (323); Burgi, EuR 1997, S. 261 (265, Fn. 24); so wohl auch Fesenmair, S. 229; Mestmäcker, in: Immenga/ Mestmäcker (Hrsg.), EG-WbR, Art. 37, 90, C. Rn. 12.
[503] Giesen, Sozialversicherungsmonopol, S. 120. A. A. Fuchs, ZIAS 1996, S. 338 (351), der in den Ausführungen des EuGH keine kaschierte Verhältnismäßigkeitsprüfung sieht. Letztere Ansicht verkennt, dass der EuGH bei Erfüllung der Kriterien des sozialen Zwecks und der Verwirklichung des Grundsatzes der Solidarität durch den Sozialversicherungsträger nicht *automatisch* die Unternehmenseigenschaft verneint, sondern - wie beispielsweise in der Enscheidung Fédération francaise (EuGH, Urteil v. 16. November 1995, Rs. C-244/94, Slg. 1995, I-4013 (4029/4030 Rz. 20)) - erst nach Bewertung sämtlicher Eigenschaften des Trägers zu einem Ergebnis kommt. Das jedoch ist eine Vorgehensweise, die der Anlegung des Verhältnismäßigkeitsmaßstabs entspricht.
[504] Darüber hinaus müssen bei Eröffnung des Anwendungsbereichs der Wettbewerbsvorschriften durch Bejahung der Unternehmenseigenschaft die Art. 82, 86 Abs. 1, 87 EG geprüft werden.

III. Gemeinsame Kriterien der Zulässigkeit

Sowohl für die Rechtfertigung der in dem Monopol der Pflegekassen liegenden Beschränkung der Dienstleistungsfreiheit als auch im Rahmen der wettbewerbsrechtlichen Bedenken bezüglich der Monopolstellung kommt es demnach zunächst auf die Erfüllung der Kriterien des sozialen Zwecks und der Solidarität in der Ausübung der Sozialversicherungstätigkeit[505] durch die Pflegeversicherung an. Beide stellen im Hinblick auf die Beschränkung der Art. 49ff. EG zwingende Gründe des Allgemeininteresses dar, deren verhältnismäßige Verwirklichung zur Rechtfertigung führen würde[506]. Ihre Bejahung ließe darüber hinaus unter Berücksichtigung des Grundsatzes der Verhältnismäßigkeit die Unternehmenseigenschaft der Pflegekassen entfallen bzw. die Rechtfertigung des Verstoßes gegen die Wettbewerbsvorschriften zu. Der EuGH hat beide Kriterien bisher nur durch die Anwendung auf die konkreten Fälle mit Inhalt gefüllt, ohne jemals eine allgemeine Definition voranzustellen.

1. Sozialer Zweck der Pflegeversicherung

In dem Urteil Poucet und Pistre hält der EuGH es zur Bejahung des sozialen Zwecks für ausreichend, dass die Systeme der sozialen Sicherheit des Ausgangsverfahrens "(...) allen Personen, die ihnen angehören, unabhängig von ihrer Vermögenslage und ihrem Gesundheitszustand zum Zeitpunkt des Beitritts, Versicherungsschutz (...) gewähren"[507]. In der Entscheidung Fédération francaise werden bezogen auf den sozialen Zweck der in Frage stehenden Einrichtung keine näheren Ausführungen gemacht.

Gemäß § 1 Abs. 4 SGB XI ist es die Aufgabe der sozialen Pflegeversicherung, Pflegebedürftigen Hilfe zu leisten, die wegen der Schwere der Pflegebedürftigkeit auf solidarische Unterstützung angewiesen sind. Die Erfüllung dieser Aufgabe ist das Ziel der Pflegekassen als Träger der Pflegeversicherung. Auch zur sozialen Pflegeversicherung ist ein Beitritt unabhängig von Vermögenslage und Gesundheitszustand mit der Folge möglich, dass allen Mitgliedern Versicherungsschutz gewährt wird. Der Zweck ist insoweit ein sozialer.

---

[505] Schulz-Weidner, in: Ebsen (Hrsg.), Gestaltungsvorgaben, S. 57 (61) versteht den Begriff der Solidarität im Sinne des EuGH als Umverteilung von Risiken und finanzieller Leistungsfähigkeit.
[506] Giesen, SGb 1994, S. 63 (68).
[507] EuGH, Urteil v. 17. Februar 1993, verb. Rs. C-159/91 und C-160/91 (Poucet und Pistre), Slg. 1993, I-637 (668 Rz. 9).

2. Grundsatz der Solidarität

Den Solidaritätsgrundsatz sieht der EuGH in der Entscheidung Poucet und Pistre dadurch verwirklicht, dass das geprüfte Versicherungssystem für Krankheit gleiche Leistungen für alle Empfänger gewährt, während sich die Beiträge nach den Einkommen richten. Dadurch könne eine Einkommensverteilung zwischen den Wohlhabenden und den Personen stattfinden, denen sonst angesichts ihrer finanziellen Mittel und ihrer gesundheitlichen Lage die notwendige Absicherung fehlen würde[508]. Bei dem ebenfalls geprüften Rentenversicherungssystem kommt nach Auffassung des Gerichtshofs die Solidarität zum einen dadurch zum Ausdruck, dass die Renten von den erwerbstätigen Arbeitnehmern finanziert werden. Zum anderen seien die Rentenansprüche gesetzlich festgelegt und damit in der Höhe nicht von den Beiträgen zur Rentenversicherung abhängig[509].

Auch die Pflegeversicherung schafft einen sozialen Ausgleich zwischen hohen und niedrigen Pflegerisiken, indem sie die wesentlichen Risikofaktoren - Alter und Geschlecht der Versicherten - bei der Beitragsbemessung unberücksichtigt lässt und bei gleichen Leistungen die Beiträge nach Maßgabe des Arbeitseinkommens erhoben werden[510]. Die Finanzierung der Leistungen erfolgt im Wege des Umlageverfahrens, das eine sofortige Leistungsfähigkeit bei Einführung der Pflegeversicherung dadurch garantiert, dass die benötigten Mittel von den Versicherten eingenommen und direkt an den Leistungsempfänger ausgezahlt werden[511]. Gerade im Hinblick auf das Pflegefallrisiko, das erst mit zunehmendem Alter signifikant anwächst, gewinnt der Solidarausgleich zwischen jungen und alten Versicherten besondere Bedeutung[512]. Der Gedanke der Solidarität äußert sich in der sozialen Pflegeversicherung folglich sowohl bezogen auf die unterschiedlichen Einkommen und Gesundheitsrisiken als auch zwischen den Generationen.

3. Ergebnis

Mit der Monopolstellung der Pflegekassen wird demnach ein sozialer Zweck verfolgt und der Grundsatz der Solidarität verwirklicht[513].

---

[508] EuGH, Urteil v. 17. Februar 1993, verb. Rs. C-159/91 und C-160/91 (Poucet und Pistre), Slg. 1993, I-637 (668 Rz. 10).
[509] EuGH, Urteil v. 17. Februar 1993, verb. Rs. C-159/91 und C-160/91 (Poucet und Pistre), Slg. 1993, I-637 (668 Rz. 11).
[510] Vgl. § 55 SGB XI. Isensee, VSSR 1996, S. 169 (175).
[511] Siehe zur Definition des Umlageverfahrens Giesen, Sozialversicherungsmonopol, S. 183; Sahmer, NZS 1997, S. 260 (261).
[512] Rolfs, SGb 1998, S. 202 (206).
[513] Im Gegensatz zu herkömmlichen Privatversicherungen handelt es sich bei der privaten Pflegeversicherung um eine sozial regulierte, die die Kriterien des sozialen Zwecks und der Solidari-

IV. Verhältnismäßigkeit der Monopolstellung

Diese Erwägungen allein genügen jedoch nicht für die Zulässigkeit des Monopols. Unabhängig davon, ob obige Kriterien im Rahmen der Dienstleistungsfreiheit und der Wettbewerbsvorschriften zur Rechtfertigung des Monopols herangezogen werden oder bei Letzteren schon der Bestimmung des Unternehmensbegriffs dienen, ist entscheidend, dass es für die Erreichung der Ziele, insbesondere derjenigen, die mit dem Grundsatz der Solidarität einhergehen[514], keine wettbewerbsfreundlichere Alternative gibt[515].

Zur Verwirklichung des sozialen Ausgleichs auch in einer Wettbewerbssituation und zur Vermeidung einer Negativauslese der "schlechten Risiken", also der gesundheitlich Anfälligen, könnte durch die Versicherer ein allgemeiner Risikostrukturausgleich in Form eines Umlagepools geschaffen werden, der die entstehenden unterschiedlichen Belastungen ausgleicht. Die Versicherungsunternehmen mit einer schlechten Risikostruktur würden dabei von denjenigen mit einer guten Risikostruktur Zahlungen erhalten, die ihrer höheren Schadenserwartung entsprechen würden[516]. Ob allerdings ein solcher Risikostrukturausgleich tatsächlich in der Lage ist, die Absicherung "schlechter Risiken" zu garantieren und die monopolistische Sozialversicherung zu ersetzen, kann beim derzeitigen Erfahrungsstand nicht beantwortet werden[517].

Das Umlageverfahren hat die sofortige Versorgung von Pflegebedürftigen mit Einführung der Pflegeversicherung ohne zu hohe Beitragsbelastung möglich gemacht. Die Funktionsfähigkeit dieses Finanzierungssystems kann nur durch ein mit der Versicherungspflicht einhergehendes Versicherungsmonopol gewährleistet werden, da es auf einen gleichbleibenden Bestand an Versicherten und den damit verbundenen kontinuierlichen Beitragsfluß angewiesen ist[518]. Fraglich ist aber, ob es nicht durch das wettbewerbsfreundliche Kapitaldeckungsverfahren ersetzt werden könnte, das die Versichertenanwartschaften durch Ansammlung entsprechen-

---

tät in der Ausübung ihrer Versicherungstätigkeit zumindest teilweise auch erfüllt. Vgl. zu dem Problem der Grenzziehung zwischen Sozial- und Privatversicherung in diesem Zusammenhang Bieback, EWS 1999, S. 361 (363); Isensee, VSSR 1996, S. 169 (173).

[514] Dazu oben § 4 D III.
[515] Giesen, SGb 1994, S. 63 (68).
[516] Giesen, Sozialversicherungsmonopol, S. 172.
[517] So Giesen, Sozialversicherungsmonopol, S. 183. Möglicherweise können aber in Zukunft durch das nach § 111 SGB XI von den privaten Pflegeversicherungsunternehmen zu schaffende Ausgleichssystem, den sog. Pflege-Pool, Erfahrungen gesammelt werden. Heinze, Die BG 1995, S. 89 (93), weist darüber hinaus darauf hin, dass auch ein allgemeiner Risikoausgleich den Wettbewerb verhindern kann und auf seine Gemeinschaftsrechtskonformität zu überprüfen ist. So auch ders., in: Heinze/Schmitt (Hrsg.), FS für Gitter, S. 355 (364).
[518] Giesen, Sozialversicherungsmonopol, S. 184/185.

der Kapitalbeträge deckt[519]. Dieses für die private Versicherungswirtschaft bestimmende Verfahren bringt gerade im Hinblick auf die erwünschte Gleichzeitigkeit von Kapitalansammlung und bereitgestellten Pflegeleistungen Probleme mit sich. Bei Einführung eines neuen Vorsorgesystems, wie 1995 der Pflegeversicherung, und bei einer Umstellung von einem Umlage- auf ein Kapitaldeckungsverfahren muss eine Versichertengeneration doppelt zahlen, um sowohl die laufenden Leistungen als auch die eigenen späteren zu sichern. Diese Belastung kann auch durch anderweitige Vorteile des Kapitaldeckungsverfahrens, wie beispielsweise den durch das angelegte Kapital erwirtschafteten hohen Zins[520], nicht aufgewogen werden.

Zur Zeit gibt es demnach zu der Monopolstellung der Pflegekassen keine wettbewerbsfreundliche Alternative. Die damit einhergehende Beschränkung des Wettbewerbs und des freien Dienstleistungsverkehrs stellt sich als verhältnismäßig dar.

V. Ergebnis

Das Monopol der Pflegekassen ist folglich sowohl unter dem Gesichtspunkt der Dienstleistungsfreiheit als auch im Hinblick auf die Wettbewerbsregeln des EG-Vertrags mit dem Gemeinschaftsrecht vereinbar[521].

---

[519] Siehe zur Definition des Kapitaldeckungsverfahrens Giesen, Sozialversicherungsmonopol, S. 183. Nach der Untersuchung von Hof, PKV-Dokumentation 24, S. 266 ist dieses Verfahren außerdem wesentlich demographiefester.
[520] Giesen, Sozialversicherungsmonopol, S. 191.
[521] So auch ausdrücklich Heinze, Die BG 1995, S. 89 (93); Giesen, SGb 1994, S. 63 (69); Bieback, EWS 1999, S. 361 (372).

§ 5 Auswirkungen auf die Erbringer von Pflegeleistungen

Leistungserbringer in der sozialen Pflegeversicherung sind die Pflegeeinrichtungen, die ambulant als Pflegedienste oder stationär als Pflegeheime tätig werden, und die Einzelkräfte, die entweder bei den Pflegekassen selbst angestellt sind oder mit denen gesonderte Vergütungsvereinbarungen bestehen[522]. Außerdem schließen die Pflegekassen gemäß § 78 SGB XI Verträge mit Leistungserbringern zur Versorgung der Pflegebedürftigen mit Pflegehilfsmitteln. Weder das Verhältnis von Leistungserbringer zu Leistungsberechtigtem (dem Pflegebedürftigen) noch dasjenige zwischen Leistungserbringer und Leistungsträger (der Pflegekasse) ist Regelungsgegenstand der VO 1408/71. Insofern hat auch die Entscheidung des EuGH in der Rechtssache Molenaar, durch die die Leistungen der sozialen Pflegeversicherung als Leistungen bei Krankheit im Sinne der VO 1408/71 eingeordnet wurden, keine unmittelbaren Auswirkungen auf das Leistungserbringungsrecht[523]. Die Gleichstellung der Risiken Krankheit und Pflegebedürftigkeit ist aber insofern bedeutsam für das Leistungserbringungsrecht, als dadurch den Entscheidungen des EuGH in den Rechtssachen Decker[524] und Kohll[525] Beachtung geschenkt werden muss. Dessen Ausführungen zu dem Einfluß der Grundfreiheiten auf die grenzüberschreitende Erbringung von Leistungen bei Krankheit sind nun auch für die Erbringung von Pflegeleistungen relevant.

Nachdem die Entscheidungen bereits an anderer Stelle[526] bezüglich der in ihnen enthaltenen Erörterungen zum sekundären Gemeinschaftsrecht untersucht wurden, sind an dieser Stelle diejenigen zu den primärrechtlichen Anforderungen an nationales Sozialrecht von Bedeutung[527].

---

[522] Siehe zu den Leistungserbringern nach SGB XI ausführlich oben § 1 A I 4.
[523] Den Leistungserbringern selbst erwachsen aus der VO 1408/71 i.V.m. nationalen Vorschriften keine Rechte und Pflichten. Sie sind nur mittelbar durch die Rechte und Pflichten der Leistungsberechtigten und der Leistungsträger in das Koordinierungssystem einbezogen. So etwa, wenn deutsche Pflegeeinrichtungen zur Erfüllung der den Pflegekassen aus der VO 1408/71 erwachsenden Verpflichtung zur Sachleistungsaushilfe tätig werden. Die Leistungserbringer rechnen aber nach rein innerstaatlichen Vorschriften mit der Pflegekasse ab, als handele es sich bei dem Pflegebedürftigen um ein Mitglied der sozialen Pflegeversicherung. Erst die Pflegekasse wird dann in der Erstattungsfrage mit dem zuständigen ausländischen Träger konfrontiert und dabei den Regelungen der VO 1408/71 unterworfen.
[524] EuGH, Urteil v. 28. April 1998, Rs. C-120/95 (Decker), Slg. 1998, I-1831ff.
[525] EuGH, Urteil v. 28. April 1998, Rs. C-158/96 (Kohll), Slg. 1998, I-1931ff.
[526] Siehe oben § 2 B II 6 a.
[527] Der Stellenwert der Urteile des EuGH in den Rechtssachen Decker und Kohl für die europäi-

A. Vorgaben der Dienstleistungs- und Warenverkehrsfreiheit[528] für die grenzüberschreitende Erbringung von Pflegeleistungen

Der EuGH hat in der Rechtssache Decker entschieden, dass eine nationale Regelung, nach der ein Träger der sozialen Sicherheit eines Mitgliedstaats die nach seinem Recht vorgesehene pauschale Kostenerstattung für eine Brille, die ein Versicherter in einem anderen Mitgliedstaat erworben hat, wegen fehlender vorheriger Genehmigung ablehnen kann, gegen Art. 30 EG-Vertrag verstößt. In der Rechtssache Kohll stellt der EuGH fest, dass eine nationale Regelung, die die Erstattung der Kosten für eine Zahnbehandlung durch einen Zahnarzt in einem anderen Mitgliedstaat nach den Tarifen des Versicherungsstaats von der Genehmigung des Trägers der sozialen Sicherheit abhängig macht, mit Art. 59 EG-Vertrag unvereinbar ist[529].

Fraglich ist, welche Bedeutung diese Rechtsprechung des EuGH für die Inanspruchnahme von Pflegeleistungen durch die aus der sozialen Pflegeversicherung Berechtigten bei im mitgliedstaatlichen Ausland ansässigen Leistungserbringern hat.

Als gemeinschaftsrechtlichen Prüfungsmaßstab hat der EuGH die Dienstleistungsfreiheit, Art. 49ff. EG, und die Warenverkehrsfreiheit, Art. 28ff. EG, herangezogen. Beide Grundfreiheiten sind auch im Hinblick auf die Leistungen, die die soziale Pflegeversicherung vorsieht, relevant.

Der gemeinschaftsrechtliche Begriff der Dienstleistung umfasst gemäß Art. 50 Abs. 1 EG "(...) Leistungen, die in der Regel gegen Entgelt erbracht werden, soweit sie nicht den Vorschriften über den freien Waren- und Kapitalverkehr und über die Freizügigkeit der Personen unterliegen"[530]. Der Dienstleistungsverkehr wird als grenzüberschreitender Austausch von Produkten unternehmerischer Tätigkeit, die

---

sche Sozial- und Gesundheitspolitik wurde vereinzelt schon mit dem der Bismarckschen Sozialgesetze verglichen; siehe Zitat bei Windschild, KrV 1998, S. 254.

[528] Die beiden Grundfreiheiten werden hier wegen ihrer strukturellen Ähnlichkeit parallel behandelt; vgl. zu den Gemeinsamkeiten von Warenverkehrs- und Dienstleistungsfreiheit, Hailbronner/Nachbaur, EuZW 1992, S. 105 (106, 107).

[529] Zu den Sachverhalten siehe auch oben § 2 B II 6 a, aa.

[530] Während der gemeinschaftsrechtliche Dienstleistungsbegriff im Lichte des in Art. 3 Abs. 1 lit. c EG verankerten Vertragsziels des Abbaus der Beschränkungen des freien Dienstleistungsverkehrs zu sehen ist und damit in erster Linie der Herstellung größtmöglicher Produktmobilität dient, zielt der volkswirtschaftliche Dienstleistungsbegriff darauf ab, wirtschaftliche Vorgänge, die nicht der Ur- oder Warenproduktion zuzuordnen sind, als "tertiären Sektor" im volkswirtschaftlichen Sinne zu erfassen. Insofern unterscheiden sich die beiden Dienstleistungsbegriffe voneinander. Vgl. Hailbronner/Nachbaur, EuZW 1992, S. 105 (106); GTE-Troberg, Vorbem. Art. 59-66 Rn. 7ff. Zu den Unterschieden zwischen dem gemeinschaftsrechtlichen Dienstleistungsbegriffs und demjenigen im Sinne des BGB einerseits und im Sinne des Art. 86 Abs. 2 S. 1 EG andererseits siehe Wetzel, S. 18-20.

nicht Waren sind, definiert[531]. Art. 50 Abs. 2 EG zählt im Anschluss durch lit. a bis d beispielhaft[532] Tätigkeiten auf, die als Dienstleistungen gelten. Die Bestimmung ist extensiv zu verstehen: Sie soll die Dienstleistungsfreiheit nicht einengen, sondern im Gegenteil auf alle denkbaren Sektoren wirtschaftlichen Tuns erstrecken[533]. Bei der häuslichen Pflegehilfe[534], der Tages- und Nachtpflege[535], der Kurzzeitpflege[536] und der vollstationären Pflege[537] handelt es sich um Leistungen, die vom Pflegenden an den Pflegebedürftigen gegen Entgelt erbracht werden. Zur Erfüllung dieses Kriteriums ist es nicht entscheidend, dass das Entgelt vom Empfänger der Dienstleistung an den Erbringer zahlbar sein muss, sondern dass es sich überhaupt um eine geldwerte Leistung handelt[538]. Dieser Umstand ist im Hinblick auf die Pflegeleistungen deswegen von Bedeutung, weil gesetzlich Versicherte den Leistungserbringer nicht direkt vergüten, sondern Letzterer selbst mit der jeweiligen Pflegekasse abrechnet[539]. Bei der Erbringung der genannten Pflegeleistungen handelt es sich demnach um Dienstleistungen im Sinne des EG-Vertrags, die Art. 49ff. EG unterfallen[540].

Waren im Sinne der Art. 28ff. EG sind Erzeugnisse, die einen Geldwert haben und deshalb Gegenstand von Handelsgeschäften sein können[541]. Bei den Pflege-

---

[531] Vgl. GA Lenz in seinen Schlussanträgen in der Rechtssache Cowan, Slg. 1989, 195 (205 Rz. 13); Hailbronner/Nachbaur, EuZW 1992, S. 105 (106).
[532] Zum Beispielcharakter der Aufzählung Hailbronner/Nachbaur, EuZW 1992, S. 105 (106).
[533] GTE-Troberg, Art. 60 Rn. 6.
[534] § 28 Abs. 1 Nr. 1, 3, 4 i.V.m. §§ 36, 38, 39 SGB XI. Bei der Pflege durch Anghörige handelt es sich in der Regel um eine unentgeltliche Tätigkeit. Sie sind aber auch nicht als Leistungserbringer in die soziale Pflegevorsorge integriert, sondern werden lediglich bei der Gewährung von Pflegegeld für selbst beschaffte Pflegehilfen, §§ 28 Abs. 1 Nr. 2, 37 SGB XI, berücksichtigt.
[535] §§ 28 Abs. 1 Nr. 6, 41 SGB XI.
[536] §§ 28 Abs. 1 Nr. 7, 42 SGB XI.
[537] §§ 28 Abs. 1 Nr. 8, 43 SGB XI.
[538] Reindl, S. 48; von Wilmowsky, ZaöRV Bd. 50 (1990), S. 231 (237).
[539] Siehe zum Sachleistungsprinzip oben § 1 A I 4.
[540] So auch ausdrücklich für die ehemals durch die Krankenkassen erbrachten pflegerischen Leistungen: Hollmann/Schulz-Weidner, ZIAS 1998, S. 180 (189).
[541] So die Definition des EuGH, Urteil v. 10. Dezember 1968, Rs. 7/68 (Kommission/Italien), Slg. 1968, 633 (642). GA Tesauro weist in seinen Schlussanträgen, in denen er die Rechtssachen Decker und Kohll gemeinsam erörtert, darauf hin, dass es auch möglich sei, den Kauf der Brille durch Herrn Decker bei einem Optiker in Belgien als eine Verwirklichung der Dienstleistungsfreiheit des EG-Vertrags anzusehen. Dabei müsse dann der Schwerpunkt der grenzüberschreitenden Tätigkeit auf die Inanspruchnahme der gewerblichen Leistungen eines Optikers und dessen eingesetzten qualifizierten Personals gelegt werden, Slg. 1998, I-1831 (1855, Fn. 52). Eine solche Einschätzung wäre zumindest im Hinblick auf die technischen Hilfen auch möglich, wenn vorausgesetzt wird, dass diese den individuellen Bedürfnissen des Pflegebedürftigen angepasst werden müssen, erfordert aber wohl wegen der Subsidiarität der Dienstleistungsfreiheit gegenüber der Warenverkehrsfreiheit, Art. 50 Abs. 1 EG, eine gesonderte Begründung.

hilfsmitteln und technischen Hilfen gemäß §§ 28 Abs. 1 Nr. 5, 40 SGB XI handelt es sich um geldwerte Erzeugnisse, die handelbar sind. Sie erfüllen deshalb die Voraussetzungen einer Ware im gemeinschaftsrechtlichen Sinne.

Die Entscheidung des EuGH in der Rechtssache Kohll bezieht sich auf den ärztlichen ambulanten Sektor und hat die Konstellation zum Ausgangspunkt, dass sich ein Versicherter zur Inanspruchnahme der ärztlichen Leistung in einen anderen Mitgliedstaat begibt, um einen dort ansässigen Leistungserbringer aufzusuchen. Hierbei handelt es sich um einen Fall der passiven Dienstleistungsfreiheit: Der Dienstleistungsempfänger sorgt für das grenzüberschreitende Element, indem er sich in den Mitgliedstaat begibt, in dem der Dienstleistungserbringer ansässig ist[542].

Für die ambulante pflegerische Versorgung wird hingegen zur Inanspruchnahme eines im Ausland ansässigen Leistungserbringers durch einen Versicherten zumeist der Leistungserbringer die mitgliedstaatlichen Grenzen überschreiten. Das Risiko der Pflegebedürftigkeit und dadurch auch die häuslichen Pflegehilfe als ambulante pflegerische Versorgung beinhalten begriffsnotwendig die Immobilität des Versicherten[543]. Für die Einschlägigkeit der Dienstleistungsfreiheit macht es jedoch keinen Unterschied, ob der Dienstleistungsempfänger oder der Dienstleistungserbringer die Grenze zu einem anderen Mitgliedstaat als demjenigen, in dem er ansässig ist, überschreitet[544]. Obgleich bei der ambulanten pflegerischen Versorgung die aktive Dienstleistungsfreiheit wegen Überschreitung der Grenze durch den Leistenden im Vordergrund zu stehen scheint[545], kann sich auch der Pflegebedürftige - wenn er zwar im Inland, aber durch einen im mitgliedstaatlichen Ausland ansässigen Leistungserbringer Pflegeleistungen in Anspruch nimmt - auf Beeinträchtigungen der Dienstleistungsfreiheit durch nationale Vorschriften berufen[546].

Erst bei der Versorgung eines Versicherten in einer stationären Einrichtung im Ausland wird der Pflegebedürftige die entsprechenden Leistungen dort entgegen nehmen und dazu die Grenze überschreiten[547].

---

[542] Diese Erscheinungsform des grenzüberschreitenden Dienstleistungsverkehrs hat der EuGH mit der insoweit grundlegende Entscheidung Luisi und Carbone anerkannt: EuGH, Urteil v. 31. Januar 1984, verb. Rs. 286/82 und 26/83 (Luisi und Carbone), Slg. 1984, 377 (403 Rz. 16). Hailbronner/Nachbaur, EuZW 1992, S. 105 (108); Eichenhofer, VSSR 1999, S. 101 (103); Müller-Graff, in: Leßmann/Großfeld/Vollmer (Hrsg.), FS für Lukes, S. 471 (474/475).

[543] Außerdem ist der Pflegende in der Regel nicht an eine Betriebsstätte gebunden, siehe Plute, DOK 1994, S. 421 (421).

[544] Völker, S. 90. Zu den einzelnen Erbringungsformen grenzüberschreitender Dienstleistungen Müller-Graff, in: Leßmann/Großfeld/Vollmer (Hrsg.), FS für Lukes, S. 471 (474/475).

[545] Diese Konstellation ist nach der Konzeption des EG-Vertrags der klassische Anwendungsfall von Art. 49ff. EG. Vgl. Hailbronner/Nachbaur, EuZW 1992, S. 105 (108).

[546] So zumindest für die Arbeitnehmerfreizügigkeit EuGH, Urteil v. 7. Mai 1998 (Clean Car Autoservice), Slg. 1998, I-2521 (2546 Rz. 25).

[547] In diesen Fällen wird der Anwendungsbereich der Dienstleistungsfreiheit allerdings dadurch begrenzt, dass ein Pflegebedürftige, der in einem anderen Mitgliedstaat ein Pflegeheim bezieht,

I. Versorgung durch ambulante Pflegeeinrichtungen (Pflegedienste)

Das nationale Recht des SGB XI enthält keine Vorschrift, die eine Inanspruchnahme von Leistungserbringern in bzw. aus anderen Mitgliedstaaten vorsieht oder eine Erstattung von im Ausland erhaltenen Leistungen zum Inhalt hat. Vielmehr schreibt § 34 SGB XI das Ruhen sämtlicher Ansprüche aus der sozialen Pflegeversicherung bei Aufenthalt des Berechtigten im Ausland vor. Ausnahmen bestehen nur bei einem Aufenthalt von bis zu sechs Wochen im Kalenderjahr für die Weitergewährung des Pflegegeldes und die Pflegesachleistung nach § 36 SGB XI, wenn die Pflegekraft den Pflegebedürftigen ins Ausland begleitet. Nach § 72 Abs. 1 S. 1 SGB XI dürfen die Pflegekassen ambulante (und stationäre) Pflege nur durch Pflegeeinrichtungen gewähren, mit denen ein Versorgungsvertrag besteht. Nach dem Gesetzeswortlaut (§§ 71ff. SGB XI) bestehen keine nach der Niederlassung des Leistungserbringers differenzierenden Zulassungsvoraussetzungen. In der Praxis beschränkt sich das Leistungsangebot jedoch auf den nationalen Raum[548], was zum einen an den Erfordernissen einer ausreichenden möglichst orts- und bürgernahen Versorgung[549] und deren Zweckmäßigkeit und Wirtschaftlichkeit liegt. Aber auch die Ausgestaltung des Zulassungsverfahrens, in dem die Beteiligung unterschiedlicher nationaler Institutionen[550] vorgesehen ist, zeigt, dass trotz des extensiven und offenen Wortlauts von § 72 Abs. 1 S. 1 SGB XI keine echte gesetzgeberische Umsetzung der Einbeziehung ausländischer Leistungserbringer erfolgen sollte.

1. Geltung der Dienstleistungs- und Warenverkehrsfreiheit

Eine Übertragung der Rechtsprechung des EuGH auf die Leistungen der sozialen Pflegeversicherung hätte zur Folge, dass die Pflegekassen auch diejenigen ambulanten Leistungen finanzieren müssten, die Versicherte bei Leistungserbringern aus anderen Mitgliedstaaten in Anspruch nehmen und zwar begrenzt auf den Wert, den die Pflegekasse mit einer entsprechenden Sachleistungsgewährung durch inländische Leistungserbringer hätte aufwenden müssen.

---

in der Regel auch seinen Wohnsitz in diesen Mitgliedstaat verlegen wird. Bei Wohnsitznahme des Pflegebedürftigen in dem Mitgliedstaat des Leistungserbringers ist die Dienstleistungsfreiheit nicht mehr einschlägig; diese Konstellation soll hier nicht weiter behandelt werden.

[548] Siehe als Ausnahme im Bereich der Krankenbehandlung das Modellprojekt im niederländisch-deutschen Grenzgebiet, Godry, ZFSH/SGB 1997, S. 416ff.
[549] Vgl. § 75 Abs. 2 Nr. 8 SGB XI. Siehe auch Giesen, Vorgaben des EG-Vertrages, S. 97.
[550] In § 72 Abs. 2 SGB XI werden als am Abschluss eines Versorgungsvertrags Beteiligte neben dem Träger der Pflegeeinrichtung bzw. einer vertretungsberechtigten Vereinigung und den Landesverbänden der Pflegekassen auch die überörtlichen bzw. örtlichen Träger der Sozialhilfe genannt.

Dass sich die Entscheidungen des EuGH auf das Krankenversicherungssystem in Luxemburg und damit auf ein System beziehen, das Krankheitskosten im Wege der Kostenerstattung begleicht und innerhalb dessen nicht - wie in Deutschland - Sachleistungen durch die Kranken- bzw. Pflegekassen bereitgestellt werden, ist in diesem Zusammenhang von keiner rechtlichen Bedeutung[551]. Die Dienstleistungsfreiheit wird nämlich gewährleistet im Verhältnis zwischen Versichertem und Leistungserbringer[552], einem Rechtsverhältnis des Privatrechts, das als solches von der rechtlichen Ausgestaltung des Versicherungsverhältnisses zwischen Versichertem und Versicherer[553] völlig unabhängig ist[554]. Letzteres spielt erst bei der Finanzierung der Leistungen einen Rolle[555]. Auch im pflegebezogenen Leistungserbringungverhältnis liegt eine wirtschaftliche Betätigung, die den Regeln der aktiven und passiven Dienstleistungsfreiheit bzw. der Warenverkehrsfreiheit unterliegt.

In welcher Weise sich die Finanzierung dieser Leistungserbringung durch die zuständigen Träger vollzieht, kann wegen der stets auch vom EuGH betonten Autonomie der Systeme der sozialen Sicherheit[556] gemeinschaftsrechtlich nicht vorgeschrieben werden[557]. Keineswegs zwingen die Urteile in den Rechtssachen Decker und Kohll zu einem Übergang vom Sachleistungs- zum Kostenerstattungsprin-

---

[551] Heinze, PKV-Dokumentation 23, S. 41 (44f.); Eichenhofer, Zentrum für Europäisches Wirtschaftsrecht (Hrsg.), 1999, S. 1 (17); Lenz/Lampert, Pharma Recht 1999, S. 66 (70). Im Ergebnis auch von Maydell, VSSR 1999, S. 3 (14). Anders Seehofer, KrV 1998, S. 212; Neumann-Duesberg, Zentrum für Europäisches Wirtschaftsrecht (Hrsg.), 1999, S. 21 (33f.). Mit einer Begrenzung der Bedeutung der Urteile auf Kostenerstattungssysteme würde außerdem die einheitliche Geltung des Europäischen Gemeinschaftsrechts und der einheitliche Gemeinsame Markt in Frage gestellt; so Schulte, ZFSH/SGB 1999, S. 347 (348). Vgl. auch EuGH, Urteil v. 12. Juli 2001, Rs. C-157/99 (Smits und Peerbooms), Slg. 2001, I-5473 (5529 Rz. 55). Eine endgültige Klärung wird die Entscheidung des EuGH über die vom Bundessozialgericht in der Sitzung vom 30.10.2002 - B 1 KR 28/01 R - formulierten Vorlagefragen nach Art. 234 EG bringen.

[552] Das Verhältnis zwischen Versichertem und Leistungserbringer ist das sog. Behandlungsverhältnis. Vgl. dazu nur das Modell der Erbringung von Krankenbehandlung als Sachleistung durch selbständige Leistungserbringer von Ebsen, in: Gitter/Schulin/Zacher (Hrsg.), FS für Krasney, S. 81 (82).

[553] Das Verhältnis zwischen Versicherer (Krankenkasse) und Versichertem heißt Leistungsverhältnis; auch dazu nur Ebsen, in: Gitter/Schulin/Zacher (Hrsg.), FS für Krasney, S. 81 (82).

[554] Heinze, PKV-Dokumentation 23, S. 41 (44f.); Eichenhofer, Zentrum für Europäisches Wirtschaftsrecht (Hrsg.), 1999, S. 1 (17); ders., VSSR 1999, S. 101 (116).

[555] Diese kann privatrechtlich (Kostenerstattung) oder öffentlich-rechtlich (Sachleistungsprinzip, nationaler Gesundheitsdienst) ausgestaltet sein, vgl. Heinze, PKV-Dokumentation 23, S. 41 (45); Eichenhofer, Zentrum für Europäisches Wirtschaftsrecht (Hrsg.), 1999, S. 1 (17); Schultz, NZS 1998, S. 269 (269).

[556] Siehe nur grundlegend EuGH, Urteil v. 5. Juli 1967, Rs. 9/67 (Colditz), Slg. 1967, 307 (315); EuGH, Urteil v. 6. März 1979, Rs. 100/78 (Rossi), Slg. 1979, 831 (844 Rz. 13).

[557] Heinze, PKV-Dokumentation 23, S. 41 (59ff.); Schulz-Weidner, KrV 1998, S. 241 (242); Belter, Europablätter 1999, S. 3 (8).

zip[558]. Entscheidend ist lediglich, dass sich die nationalen Gesundheitssysteme und damit auch die deutschen Pflegekassen Leistungen aus dem mitgliedstaatlichen Ausland gegenüber öffnen. Gibt es für die deutschen Pflegekassen, z. B. durch Einbeziehung ausländischer Leistungserbringer in das Versorgungssystem, die Möglichkeit, das Sachleistungsprinzip in Zukunft auch grenzüberschreitend zu verwirklichen, bleibt den Trägern einen solche Ausgestaltung durch Integration unbenommen[559]. Ist allerdings ein Leistungstransfer in dieser Weise nicht möglich[560] und können die Ziele des Sachleistungsprinzips[561] auch bei Kostenerstattung erreicht werden, muss das Sachleistungsprinzip der Kostenerstattung als Leistungsgewährungsform dann weichen, wenn es um den Leistungstransfer über die mitgliedstaatlichen Grenzen hinweg geht[562].

2. Zulässigkeit von Beeinträchtigungen

Der EuGH hat in den Entscheidungen Decker und Kohll zwingende Gründe des Allgemeininteresses anerkannt, bei deren Gefährdung inländische Versicherungs-

---

[558] Schulz-Weidner, KrV 1998, S. 241 (242); Belter, Europablätter 1999, S. 3 (8); Becker, NZS 1998, S. 359 (363); Schulte, in: Ebsen (Hrsg.), Gestaltungsvorgaben, S. 13 (33). Ebenso von Maydell, VSSR 1999, S. 3 (14), der jedoch nicht ausschließt, dass im Rahmen einer Konvergenzentwicklung die EG sich zugunsten der weiteren Ausdehnung des Kostenerstattungsprinzips auswirkt.

[559] Zu konkreten Vorschlägen Heinze, PKV-Dokumentation 23, S. 41 (59) im Hinblick auf die Leistungsgewährung durch die gesetzliche Krankenversicherung; dazu auch Domscheit, KrV 1998, S. 246 (247ff.). Eine Möglichkeit bietet auch § 91 SGB XI. § 91 Abs. 1 SGB XI sieht vor, dass zugelassene Pflegeeinrichtungen, die auf eine vertragliche Regelung der Pflegevergütung verzichtet haben, den Preis für die ambulante oder stationären Leistungen unmittelbar mit den Pflegebedürftigen vereinbaren können. Nach § 91 Abs. 2 S. 1 und 2 SGB XI werden dem Pflegebedürftigen die Kosten bis zu 80 von Hundert des Betrags, den die Pflegekasse ansonsten zu leisten gehabt hätte, ersetzt. Allerdings ist auch dafür zunächst eine Zulassung der ausländischen Pflegeeinrichtung notwendig.

[560] Siehe oben § 2 B II 4 a, aa.

[561] Dazu gehören beispielsweise der Schutz der Versicherten durch Vermeidung einer Vorleistungsverpflichtung und Schaffung einer bedarfsgerechten Angebotsstruktur, vgl. Berg, EuZW 1999, S. 587 (589). Außerdem soll der finanzielle Aufwand der Versicherung durch unmittelbare Einflußnahme der Kassen auf die Festlegung zu gewährender Leistungen und die diesbezügliche Vergütung gesteuert werden (Wirtschaftlichkeit), siehe Berg, EuZW 1999, S. 587 (589); Sodan, JZ 1998, S. 1168 (1172), der allerdings das letzte Ziel durch das Sachleistungsprinzip nicht für erreicht ansieht.

[562] Im Hinblick auf Leistungen der gesetzlichen Krankenversicherung so auch Sodan, JZ 1998, S. 1168 (1172); Lenz/Lampert, Pharma Recht 1999, S. 96 (98, 100); Windschild, KrV 1998, S. 254. Für eine Zulassung der Kostenerstattung in diesen Fällen auch Schulte, in: Ebsen (Hrsg.), Gestaltungsvorgaben, S. 13 (34). Gegen eine Finanzierung im Wege der Kostenerstattung durch deutsche Träger Eichenhofer, VSSR 1999, S. 101 (120).

träger die Finanzierung von ausländischen Gesundheitsleistungen ablehnen können[563]. Auch für die deutschen Pflegekassen besteht grundsätzlich die Möglichkeit, sich auf den Schutz dieser Allgemeininteressen zu berufen.

a. Gesundheitsschutz durch Qualitätssicherung[564]

In den genannten Rechtssachen hat die luxemburgische Regierung geltend gemacht, dass das Genehmigungserfordernis als Voraussetzung der späteren Erstattung der Kosten einer Auslandsbehandlung dazu diene, die Qualität der ärztlichen Leistungen[565] bzw. der ordnungsgemäßen Behandlung und Ausführung beim Kauf einer Brille[566] zu sichern und damit die öffentliche Gesundheit zu schützen. Der EuGH hat in beiden Fällen mit Hinweis auf mehrere Koordinierungs- und Harmonisierungsrichtlinien, die die Bedingungen des Zugangs und der Ausübung der Tätigkeit des Arztes und des Zahnarztes[567] bzw. die Bedingungen des Zugangs zu geregelten Berufen und ihrer Ausübung[568] zum Gegenstand haben, die Gleichwertigkeit der Leistungen im mitgliedstaatlichen Ausland anerkannt und deshalb die dem Gesundheitsschutz dienende Aufgabe der Qualitätssicherung als Grund bzw. Rechtfertigung für eine begrenzte Erstattungspflicht im konkreten Fall abgelehnt[569]. Ob sich die Pflegekassen auf ihren Qualitätssicherungsauftrag zum Zwecke des Schutzes der öffentlichen Gesundheit, wie er in § 80 SGB XI festgeschrieben ist, berufen können, um eine Finanzierung von ausländischen Leistungen auszuschließen, hängt daher zunächst davon ab, ob es auch im Hinblick auf Pflegeberufe Rechtsakte des Gemeinschaftsgesetzgebers gibt, durch die auf eine Gleichwertigkeit der Versorgung im Ausland zu schließen ist. Gemäß § 71 Abs. 3 S. 1 SGB XI ist für die Anerkennung als Pfegefachkraft im Sinne des SGB XI neben dem Abschluss einer Ausbildung als Krankenschwester oder Krankenpfleger, als Kinderkrankenschwester oder Kinderkrankenpfleger nach dem Krankenpflegegesetz oder

---

[563] Zur Geltung auch für stationäre Krankenhausdienstleistungen vgl. EuGH, Urteil v. 12. Juli 2001, Rs. C-157/99 (Smits und Peerbooms), Slg. 2001, I-5473 (5533 Rz. 72-74).
[564] Im Rahmen des Gesundheitsschutzes wurde daneben auch die Aufrechterhaltung einer ausgewogenen, allen zugänglichen ärztlichen Versorgung angeführt. Siehe dazu unten § 5 A I 2 b.
[565] EuGH, Urteil v. 28. April 1998, Rs. C-158/96 (Kohll), Slg. 1998, I-1931 (1948 Rz. 43).
[566] EuGH, Urteil v. 28. April 1998, Rs. C-120/95 (Decker), Slg. 1998, I-1831 (1885 Rz. 41). Hier wurde das Argument von der belgischen, deutschen und niederländischen Regierung geltend gemacht.
[567] EuGH, Urteil v. 28. April 1998, Rs. C-158/96 (Kohll), Slg. 1998, I-1931 (1949 Rz. 47). Siehe dazu auch Capelli in: Schermers u. a. (Hrsg.), Free Movement, S. 437 (443/444).
[568] EuGH, Urteil v. 28. April 1998, Rs. C-120/95 (Decker), Slg. 1998, I-1831 (1885 Rz. 42).
[569] Diese Argumentation des Gerichtshofs birgt insoweit Probleme, als die erwähnten Koordinierungs- und Harmonisierungsvorschriften der Gemeinschaft in der Regel den Zugang zum Beruf, nicht aber dessen Ausübung betreffen, vgl. so Schulte, ZFSH/SGB 1999, S. 269 (275).

als Altenpflegerin oder Altenpfleger nach Landesrecht eine praktische Berufserfahrung in dem erlernten Pflegeberuf von zwei Jahren innerhalb der letzten fünf Jahre erforderlich. Im Hinblick auf den Beruf der Krankenschwester bzw. des Krankenpflegers sind 1977 Richtlinien des Rates ergangen[570]. In Anbetracht dessen, dass solche für die anderen bezeichneten Ausbildungswege (noch) nicht existieren[571], können die Pflegekassen im Einzelnen versuchen, den Nachweis zu führen, dass die Qualität bei ausländischer Leistungserbringung nicht gesichert ist. Allerdings müssen bei einer Beurteilung einige Besonderheiten gegenüber der ambulanten ärztlichen Behandlung bedacht werden. Zum einen setzt die Pflegehilfe keine der ärztlichen vergleichbare Ausbildung voraus, was im deutschen Pflegeversicherungsrecht vor allem dadurch belegt wird, dass Angehörige in die Pflege einbezogen werden, §§ 3 S. 1, 37, 45 SGB XI, Pflegekurse zum Erwerb der erforderlichen Kenntnisse ausreichen, § 45 SGB XI, und neben der medizinischen Komponente der Pflege auch die soziale betont wird[572]. Zum anderen wird es der Pflegekasse sowohl bei Integration des ausländischen Leistungserbringers in das Leistungserbringungssystem als auch im Falle der nachträglichen Erstattung einer solchen Inanspruchnahme zu inländischen Tarifen an den Versicherten möglich sein, die Qualität der Leistung zu kontrollieren: Bei einer Integration wird sich der ausländische Leistungserbringer, mit dem ein Versorgungsvertrag geschlossen wird, neben den anderen Anforderungen, die das SGB XI an zugelassene Pflegeeinrichtungen stellt[573], auch den deutschen Qualitätsanforderungen unterwerfen müssen[574]. Selbst

---

[570] Dazu Regelin, in: Preis/Oetker (Hrsg.), EAS Teil B 2300 Rn. 122-124: Hierbei handelt es sich um die Richtlinie des Rates vom 27. Juni 1977 über die gegenseitige Anerkennung der Diplome, Prüfungszeugnisse und sonstigen Befähigungsnachweise der Krankenschwester und des Krankenpflegers, die für die allgemeine Pflege verantwortlich sind, und über Maßnahmen zur Erleichterung der tatsächlichen Ausübung des Niederlassungsrechts und des Rechts auf freien Dienstleistungsverkehr (77/452/EWG), ABl. EG v. 15. 7. 77 Nr. L 176, S. 1, und um die Richtlinie des Rates vom 27. Juni 1977 zur Koordinierung der Rechts- und Verwaltungsvorschriften für die Tätigkeiten der Krankenschwester und des Krankenpflegers, die für die allgemeine Pflege verantwortlich sind (77/453/EWG), ABl. EG v. 15. 7. 77 Nr. L 176, S. 8. Kirchberger, in: Igl (Hrsg.), Europäische Union und gesetzliche Krankenversicherung, S. 104 (107) gibt allerdings zu Bedenken, dass im Gegensatz zum Arzt, dessen Arbeit in allen EU-Staaten durch einen gesetzlich fixierten Tätigkeitsvorbehalt gesichert ist, in der Krankenpflege zwar die Berufsbezeichnung, im allgemeinen jedoch nicht die Tätigkeit selbst geschützt wird.

[571] Siehe Überblick bei Gassner, ZfSH/SGB 1995, S. 470ff.; außerdem Eichenhofer, in: Hailbronner (Hrsg.), 30 Jahre Freizügigkeit, S. 75 (78/79), der darauf hinweist, dass die gemeinschaftsrechtlichen Regelungen über die Anerkennung beruflicher Abschlüsse nach wie vor wesentlich auf die akademischen Ausbildungsgänge beschränkt sind und für die Absolventen nichtakademischer Ausbildungsgänge eine entsprechende Regelung noch aussteht.

[572] Vgl. Igl, in: Sieveking (Hrsg.), Soziale Sicherung bei Pflegebedürftigkeit, S. 19 (32).

[573] Siehe § 71 SGB XI. Zur Anerkennung beruflicher Abschlüsse aus anderen Mitgliedstaaten siehe auch § 5 B III.

im Falle der Kostenerstattung umfasst die Formulierung der Tarife des zuständigen Staats, dass nicht nur die inländischen Sätze, sondern auch die Qualitätsstandards als Maßstab angelegt werden können[575]. Dadurch, dass grenzüberschreitende ambulante Pflege praktisch ausschließlich in Form von Leistung im Inland durch im Ausland ansässige Pflegedienste erbracht wird[576], entstehen bei der Kontrolle der Pflegequalität den Pflegekassen keine zusätzlichen Schwierigkeiten[577].

b. Finanzielles Gleichgewicht des Systems der sozialen Sicherheit (Kontrolle der Gesundheitskosten) - ausgewogene, allen Versicherten offen stehende ärztliche und klinische Versorgung[578]

Der EuGH hat eine erhebliche Gefährdung des finanziellen Gleichgewichts eines Systems der sozialen Sicherheit als zwingenden Grund des Allgemeininteresses anerkannt, der eine Beschränkung der Finanzierung im Ausland erworbener Leistungen rechtfertigen kann. Allerdings lasse sich eine solche Gefährdung nicht feststellen, wenn die Leistungen zu den Tarifen des Versicherungsstaats zu ersetzen seien (anders als im Falle der Sachleistungsaushilfe, bei der der zuständige Träger die dem aushelfenden Träger nach dessen Rechtsvorschriften entstandenen Kosten vollständig ersetzen muss[579]). Nichts anderes kann gelten, wenn die Pflegekassen

---

[574] Zum Problem der Beschränkungswirkung von nationalen Qualitätsanforderungen, Becker, NZS 1998, S. 359 (363/364).

[575] Davon gehen aus Schulz-Weidner, KrV 1998,S. 241 (244); Domscheit, KrV 1998,S. 246 (249). Zu der Möglichkeit grenzüberschreitender Vereinbarungen mit Leistungsanbietern im Ausland, um die Qualität der Leistungen zu gewährleisten und die Kontrolle zu vereinfachen, siehe Heine, Arbeit und Sozialpolitik 9-10/97, S. 9 (13). Gegen die Beibehaltung des Territorialitätsprinzips und für eine Ausdehnung des Sachleistungs- und Vertragsprinzips auf ausländische Anbieter und Einrichtungen, vgl. auch Hollmann/Schulz-Weidner, ZIAS 1998, S. 180 (214).

[576] Dazu oben § 5 A. Diesen Umstand verkennt Eichenhofer, in: Schulin (Hrsg.), HS-PV § 30 Rn. 108, der die grenzüberschreitende Leistungserbringung in der Pflegeversicherung wegen fehlender Kontrollrechte hinsichtlich Qualität und Wirtschaftlichkeit nicht für möglich hält.

[577] Siehe insbesondere § 80 Abs. 2 S. 2 SGB XI: Prüfung der Qualität durch Einzelprüfungen und Sachverständige. Vor allem bestehen keine Konflikte durch eine im Ausland unzulässige hoheitliche Prüfung. Zu diesem Problem vgl. Giesen, Vorgaben des EG-Vertrages, S. 112; Zechel, S. 63; Godry, ZfSH/SGB 1997, 416 (419).

[578] In der Rechtssache Kohll, EuGH, Urteil v. 28. April 1998, Rs. C-158/96 (Kohll), Slg. 1998, I-1931 (1950 Rz. 50), wird die Aufrechterhaltung einer ausgewogenen, allen zugänglichen ärztlichen und klinischen Versorgung auch unter dem Gesichtspunkt des Gesundheitsschutzes erwähnt, wegen fehlenden weiteren Vorbringens Luxemburgs allerdings nicht vertieft. Demnach lässt sich dieses Ziel auch unter den geschriebenen Rechtfertigungsgrund des Art. 46 Abs. 1 EG fassen, ist auf die Einordnung als zwingender Grund des Allgemeininteresses nicht angewiesen und sogar in der Lage, unmittelbare Diskriminierungen zu rechtfertigen.

[579] Vgl. Art. 36 Abs. 1 VO 1408/71.

die ausländischen Leistungserbringer nur nach den eigenen Sätzen vergüten müssen bzw. eine mögliche Kostenerstattung in dieser Höhe begrenzt ist.

Die Kontrolle der Gesundheitskosten wird zudem durch die besondere gesetzliche Ausgestaltung der sozialen Pflegeversicherung begünstigt, die sich auch im Hinblick auf die Inanspruchnahme ausländischer Leistungserbringer als vereinfachend erweist. Zwar ist die Pflegeversicherung im Wesentlichen auf die Gewährung von Sachleistungen ausgerichtet; diese sind aber sämtlich je nach Pflegestufe auf eine monatliche Höchstsumme begrenzt[580]. Anders als in der gesetzlichen Krankenversicherung hat sich der deutsche Gesetzgeber damit gegen eine Vollversicherung und für ein System der sozialen Sicherung in Form unterstützender Hilfeleistungen entschieden[581], die Pflegeversicherung als *Zuschuss zu den*, nicht als *Deckung der* Pflegekosten konzipiert[582]. Während in der gesetzlichen Krankenversicherung die im Leistungskatalog der Krankenkassen enthaltenen Behandlungen ohne zusätzliche Kosten für den Versicherten seinem Bedarf entsprechend erbracht werden, gehen diejenigen Aufwendungen, die über den gesetzlich festgeschriebenen Höchstbeträgen für Pflegesachleistungen liegen, zu Lasten des Versicherten. Insofern sind die Pflegekosten, die im Hinblick auf einen Pflegebedürftigen entstehen können, für die Träger kalkulierbar, unabhängig davon, ob die Leistung im In- oder Ausland bzw. durch einen im In- oder Ausland ansässigen Leistungserbringer in Anspruch genommen werden. Zudem gibt es im sozialen Pflegeversicherungsrecht keine dem § 85 SGB V für die vertragsärztliche Versorgung entsprechende Regelung, die eine Gesamtvergütung anordnet.

Ebensowenig besteht die Gefahr, dass das finanzielle Gleichgewicht der sozialen Pflegeversicherung durch die *zusätzlichen* Leistungserbringer gestört wird. Anders als im gesetzlichen Krankenversicherungsrecht, das Zulassungsbeschränkungen für Ärzte im Rahmen einer Bedarfsplanung vorsieht[583], ist das deutsche Pflegeversicherungsrecht auf die Möglichkeit von Überkapazitäten bei den Leistungs-

---

[580] Siehe zu den genauen Beträgen oben § 1 A II.
[581] Schulin, in: Ruland/von Maydell/Papier (Hrsg.), FS für Zacher, S. 1029 (1035/1036); Steffan, in: LPK-SGB XI, § 9 Rn. 5.
[582] So Schäfer, in: Ruland/von Maydell/Papier (Hrsg.), FS für Zacher, S. 895 (903).
[583] Siehe zur Bedarfsplanung bei Ärzten §§ 99ff. SGB V. Seit dem 1.1.1999 sind die Arztzahlen strikt kontingentiert, § 102 SGB V, vgl. Berg, EuZW 1999, S. 587 (591). Zur Bedeutung der Auslastung der zugelassenen Leistungserbringer für die Funktionsfähigkeit der gesetzlichen Krankenversicherung, vgl. KassKomm-Höfler, § 13 SGB V Rn. 5. Im Krankenversicherungsrecht ergeben sich zusätzliche Probleme durch die Kassenärztliche Vereinigung und die Gesamtvergütung, vgl. Domscheit, KrV 1998, S. 246 (247). Diese entfallen im Hinblick auf Pflegeleistungen, da die Vereinigung gleicher Pflegeeinrichtungen mit der Kassenärztlichen Vereinigung nicht vergleichbar ist. Es gibt zudem keine Gesamtvergütung wie § 85 Abs. 3 S. 2, 1. HS SGB XI beweist, der anordnet, dass die Pflegesatzvereinbarung für jedes zugelassene Pflegeheim gesondert abzuschließen ist; siehe ebenso für Pflegedienste, § 89 Abs. 2 S. 2 SGB XI.

erbringern angelegt[584]. Gemäß § 72 Abs. 3 S. 1, 2. HS SGB XI besteht ein Zulassungsanspruch für Pflegeeinrichtungen, die die gesetzlich bestimmten Anforderungen erfüllen[585], und damit Kontrahierungszwang für die Pflegekassen[586]. Der Wettbewerb der Einrichtungen untereinander sorgt für die Begrenzung der Zahl[587]. Anders auch als im Krankenversicherungsrecht besteht die Gefahr unkontrollierbarer Kostensteigerungen durch zu viele Leistungserbringer im Wege der angebotsindizierten Nachfrage[588] nicht, da die soziale Pflegeversicherung keine volle Absicherung des Risikos der Pflegebedürftigkeit bietet, sondern Sachleistungen monatlich je nach gewählter Leistung und Pflegestufe nur bis zu dem gesetzlich festgeschriebenen Höchstbetrag finanziert[589].

Eine ausgewogene, allen Versicherten offen stehende ärztliche und klinische Versorgung, der das finanzielle Gleichgewicht der Systeme der sozialen Sicherheit dienen soll, ist im Hinblick auf die Versorgung mit Pflegeleistungen Ziel auch der sozialen Pflegeversicherung. Gemäß § 12 S. 1 SGB XI sind die Pflegekassen für die Sicherstellung der pflegerischen Versorgung ihrer Versicherten verantwortlich. Nachdem eine Störung des finanziellen Gleichgewichts durch die Finanzierung ausländischer Pflegeleistungen nicht ersichtlich ist[590], kann der Sicherstellungsauftrag nur dadurch gefährdet werden, dass die Inanspruchnahme ausländischer Pflegedienste die Anzahl inländischer Pflegeeinrichtungen wegen fehlender Nachfrage durch Pflegebedürftige so drastisch reduziert, dass die Pflegekassen Pflegeeinrichtungen nicht mehr flächendeckend vorhalten können. Für eine solche Folge gibt es allerdings keinerlei Anhaltspunkte, und sie ist auch nicht sehr wahrscheinlich[591]. Die gerade bei Pflegebedürftigkeit notwendige ortsnahe Versorgung wird in der

---

[584] Zur indirekten Bedarfsplanung über Länderförderung siehe Schmäing, in: LPK-SGB XI, § 72 Rn. 11. Der Planungs- und Förderungsauftrag der Länder ermächtigt diese jedoch nicht zu einer Angebotssteuerung durch Bedarfsprüfung, Steffan, in: LPK-SGB XI, § 9 Rn. 6. Zur dennoch auf Länderebene durchgeführten Bedarfsplanung und deren wettbewerbsbeschränkenden Wirkungen siehe Rothgang, in: Igl (Hrsg.), Gesundheitswesen, S. 147 (160ff.).

[585] Insoweit unlogisch ist die Formulierung in § 72 Abs. 3 S. 2 SGB XI.

[586] Schulin, NZS 1994, S. 433 (443).

[587] Mit der Zulassung geht nämlich keine Belegungsgarantie einher, vgl. Schmäing, in: LPK-SGB XI, § 72 Rn. 6.

[588] Zum Begriff der angebotsindizierten Nachfrage, siehe Berg, EuZW 99, S. 587 (591); Novak, EuZW 1998, S. 366 (368); Seehofer, KrV 1998, S. 212; Lenz/Lampert, Pharma Recht 1999, S. 66 (70); Wallerath, VSSR 1997, S. 215 (219). Schulte, ZFSH/SGB 1999, S. 347 (356). Zum gleichen Problem unter dem Stichwort der "Anbieterdeterminiertheit der Nachfrage" Giesen, Vorgaben des EG-Vertrages, S. 109.

[589] Dazu schon oben § 1 A II.

[590] Siehe oben § 5 A I 2 b im ersten Abschnitt.

[591] So schon für ärztliche Behandlungsleistungen Lenz/Lampert, Pharma Recht 1999, S. 66 (69); Schulte, ZFSH/SGB 1999, S. 269 (276).

Regel nur durch inländische Pflegedienste verwirklicht werden können. Auch Sprachbarrieren[592] und Vertrauen in die inländische Gesundheitsversorgung werden eine übermäßige Inanspruchnahme ausländischer Pflegedienste verhindern. Darüber hinaus binden die Regeln über die grenzüberschreitende Leistungserbringung alle Mitgliedstaaten gleichermaßen, und es entsteht auch umgekehrt zusätzliche Nachfrage nach Behandlungen im Inland, die durch ausländische Träger vergütet werden[593].

II. Versorgung in stationären Pflegeeinrichtungen (Pflegeheime)

Die Entscheidungen des EuGH in den Rechtssachen Decker und Kohll beziehen sich - wie ausgeführt[594] - auf den ambulanten Sektor der ärztlichen Versorgung bzw. die Versorgung mit Hilfsmitteln. Für den Krankenhaussektor hat der EuGH in den Entscheidungen Vanbraekel[595] und Smits und Peerbooms[596] die uneingeschränkte Anwendbarkeit der Grundfreiheiten bejaht[597]. Fraglich ist, welche Auswirkungen die Urteile auf die stationäre Pflegeversorgung haben.

1. Gesundheitsschutz durch Qualitätssicherung

Im Hinblick auf den Aspekt der Qualitätssicherung gilt das zu den ambulanten Pflegeleistungen Gesagte. Allerdings müssen hier gesonderte Vereinbarungen der Pflegekassen mit den stationären Leistungserbringern im Ausland die Kontrollmöglichkeiten regeln, damit einerseits die Hoheitsbefugnisse der Mitgliedstaaten gewahrt bleiben, andererseits aber für die Pflegekassen die Sicherheit besteht, Qualität und Wirtschaftlichkeit der Versorgung pflegebedürftiger Versicherter im mitgliedstaatlichen Ausland überprüfen zu können[598].

---

[592] Siehe Lenz/Lampert, Pharma Recht 1999, S. 96 (96); Sendler, KrV 1998, S. 285 (287); Reermann, in: Hailbronner (Hrsg.), 30 Jahre Freizügigkeit, S. 9 (12/13).
[593] So auch Eichenhofer, VSSR 1999, S. 101 (115).
[594] Siehe oben § 5 A.
[595] EuGH, Urteil v. 12. Juli 2001, Rs. C-368/98 (Vanbraekel u.a.), Slg. 2001, I-5363ff.
[596] EuGH, Urteil v. 12. Juli 2001, Rs. C-157/99 (Smits und Peerbooms), Slg. 2001, I-5473ff.
[597] EuGH, Urteil v. 12. Juli 2001, Rs. C-368/98 (Vanbraekel u.a.), Slg. 2001, I-5363 (5399 Rz. 41, 42); EuGH, Urteil v. 12. Juli 2001, Rs. C-157/99 (Smits und Peerbooms), Slg. 2001, I-5473 (5528 Rz. 53, 54).
[598] Insofern darf nicht mit Eichenhofer, in: Schulin (Hrsg.), HS-PV § 30 Rn. 108 die Konsequenz gezogen werden, dass wegen Fehlens einer dem § 98 Abs. 2 Nr. 14 SGB V entsprechenden Norm im sozialen Pflegeversicherungsrecht die grenzüberschreitende Erbringung von Pflegeleistungen ausgeschlossen ist. Vielmehr muss als milderes Mittel zunächst die Möglichkeit vertraglicher Vereinbarungen zwischen Pflegekassen und ausländischen Leistungserbringer und deren Wirksamkeit zur Kontrolle von Qualität und Wirtschaftlichkeit getestet werden.

2. Finanzielles Gleichgewicht des Systems der sozialen Sicherheit (Kontrolle der Gesundheitskosten) - ausgewogene, allen Versicherten offen stehende ärztliche und klinische Versorgung

Generalanwalt Tesauro hat in seinen Schlussanträgen zu diesem Problemkreis Stellung genommen und die uneingeschränkte Inanspruchnahme mitgliedstaatlicher Krankenhäuser durch Versicherte (zumindest teilweise) zu Lasten des zuständigen Trägers unter Berufung auf die Dienstleistungsfreiheit abgelehnt[599]. Es seien nicht nur Standort und Anzahl von Krankenhäusern zumeist nach einem Bedarfsplan bestimmt. Auch die Kosten des Aufenthalts einer einzelnen Person im Krankenhaus ließen sich nicht von den Gesamtkosten eines Krankenhauses trennen. Dieses müsse die Kosten für Geräte und Personal weiter tragen, unabhängig von der Auslastung, die durch Inanspruchnahme ausländischer Krankenhäuser reduziert würde. Selbst bei einer Begrenzung auf inländische Sätze sei dadurch die finanzielle Belastung für ein System der sozialen Sicherheit bei Behandlung in einem Krankenhaus eines anderen Mitgliedstaats höher als im Falle einer inländischen Versorgung, was die Wirtschaftlichkeit des Systems gefährden könnte[600].

Dieser Einschätzung wird in der deutschen Literatur gerade auch im Hinblick auf das nationale Planungs- und Finanzierungssystem zugestimmt[601]. Die Krankenhäuser im Inland seien dualistisch finanziert, d.h. Investitionskosten der Krankenhäuser werden aus Steuermitteln aufgebracht, die Betriebskosten auf der Grundlage einer solidarisch finanzierten Krankenversicherung[602]. Durch eine vermehrte Auslandsbehandlung sei mit einem Sinken der Fallzahlen im Inland zu rechnen. Auch wenn innerhalb des die Finanzierung bestimmenden Budgetierungssystems eine nachträgliche Bereinigung des Budgets um die flexiblen Kosten möglich sei, könne es wegen der verbleibenden nicht abziehbaren fixen Kosten zu unwirtschaftlichen Abteilungen oder Krankenhäusern kommen[603]. Deren Schließung wäre jedoch nicht möglich, weil die Notwendigkeit bestehe, eine ausreichende Gesundheitsversorgung aufrecht zu erhalten. Der so bedingte Anstieg der Krankenhauskosten

---

[599] GA Tesauro, Schlussanträge in den Rechtssachen Decker und Kohll, Slg. 1998, I-1831 (1868/1869 Rz. 59). Allerdings folgt daraus nicht die grundsätzliche Unzulässigkeit einer solchen Inanspruchnahme; vielmehr ist lediglich ein Genehmigungsvorbehalt als mildestes Mittel erlaubt. So auch nunmehr EuGH, Urteil v. 12. Juli 2001, Rs. C-157/99 (Smits und Peerbooms), Slg. 2001, I-5473 (5535 Rz. 80, 82) mit der weiteren Einschränkung, dass die Voraussetzungen für die Erteilung einer Genehmigung gerechtfertigt sein und dem Erfordernis der Verhältnismäßigkeit genügen müssen.

[600] GA Tesauro, Schlussanträge in den Rechtssachen Decker und Kohll, Slg. 1998, I-1831 (1868/1869 Rz. 59). So auch Becker, NZS 1998, S. 359 (363).

[601] So auch Domscheit, KrV 1998, S. 246 (249). Berg, EuZW 99, S. 587 (590); Hollmann/Schulz-Weidner, ZIAS 1998, S. 180 (199). Differenzierter Schulte, ZFSH/SGB 1999, S. 269 (276).

[602] Vgl. Wagener, in: Zentrum für Europäisches Wirtschaftsrecht (Hrsg.), 1999, S. 39 (45).

[603] Domscheit, KrV 1998, S. 246 (249).

könne letztlich nur über eine Anhebung der Pflegesätze und diese durch eine Anhebung der Beitragssätze ausgeglichen werden[604]. Das Finanzierungssystem wäre in Gefahr[605].

Fraglich ist, ob diese Überlegungen gleichermaßen für stationäre Pflegeeinrichtungen gelten und deren Belegung im Ausland durch einen Versicherten in Ausübung seiner passiven Dienstleistungsfreiheit teilweise zu Lasten der zuständigen Pflegekasse das finanzielle Gleichgewicht der Pflegeversicherung erschüttern und die allen offen stehende pflegerische Versorgung - logistisch wie finanziell[606] - in Gefahr bringen würde. Dies muss anhand der hinsichtlich der stationären Krankenversorgung angeführten Argumente der Bedarfs- und Standortplanung, der dualistischen Finanzierung und des Budgetierungssystems überprüft werden.

Der Bereitstellung von Pflegeheimen liegt ebenso wie derjenigen von Pflegediensten als ambulante Pflegeeinrichtungen keine Bedarfsplanung zugrunde. Pflegeheime sind selbständig wirtschaftende Einrichtungen, § 71 Abs. 2 SGB XI, die durch die Zulassung keine Belegungsgarantie erhalten[607]. Ihre pflegebedingten Aufwendungen werden gemäß den Vorschriften des SGB XI bis zu einer bestimmten Höhe[608] von der zuständigen Pflegekasse des Versicherten ersetzt. Darüber hinausgehende pflegebedingte Kosten ebenso wie die sog. Hotelkosten gehen zu Lasten des Pflegebedürftigen. Insofern besteht kein Unterschied zu den Pflegediensten. Erst wenn die Inanspruchnahme ausländischer Pflegeeinrichtungen in einer Weise zunimmt, die zahlreiche inländische Pflegeheime zur Existenzaufgabe veranlaßt, kann von einer Gefährdung die Rede sein. Eine solche "Abwanderung" der Pflegebedürftigen ist allerdings nicht sehr wahrscheinlich. Auch wenn klimatische Bedingungen und die im Ausland möglicherweise geringeren Hotelkosten nach Ansicht des Pflegebedürftigen im Einzelfall für ein ausländisches Pflegeheim sprechen können, müssen im Gegenzug die Mehrkosten, die beispielsweise durch die eventuelle Trennung von Verwandten neu entstehen, berücksichtigt werden, genauso wie häufig bestehende sprachliche Hürden.

---

[604] Domscheit, KrV 1998, S. 246 (249).
[605] Schulte, in: Ebsen (Hrsg.), Gestaltungsvorgaben, S. 13 (31) weist jedoch darauf hin, dass auch bei der stationären Krankenversorgung eine Inanspruchnahme der inländischen Einrichtungen durch ausländische Patienten möglicherweise für einen Ausgleich der zusätzlichen finanziellen Belastung sorgt.
[606] In dieser Formulierung GA Tesauro, Schlussanträge in den Rechtssachen Decker und Kohll, Slg. 1998, I-1831 (1869 Rz. 59): Logistisch, weil auch im Inland die Möglichkeit bestehen muss, Versicherungsleistungen, hier die der Pflegeversicherung, ortsnah in Anspruch nehmen; finanziell, weil letztlich per Umlage die zusätzlichen Kosten auf die Versicherten verteilt werden.
[607] Schmäing, in: LPK-SGB XI, § 72 Rn. 6.
[608] Siehe im Einzelnen zu den Begrenzungen für teilstationäre und stationäre Pflege oben § 1 A II 2.

Die duale Finanzierung der Pflegeeinrichtungen[609] lehnt sich in der Tat an das Krankenhausfinanzierungssystem nach dem Krankenhausfinanzierungsgesetz (KHG) an, allerdings bestehen Unterschiede. Während die Investitionskosten im Krankenhauswesen per gesetzlicher Verpflichtung von den Ländern getragen werden, wurde im Rahmen des SGB XI lediglich ein allgemeiner Förderauftrag der Länder ohne bindende Verpflichtung, § 9 SGB XI, festgeschrieben[610]. So gibt es auch zugelassene Pflegeeinrichtungen, die nicht gefördert werden. Sie können dem Pflegebedürftigen die sich dadurch ergebenden zusätzlichen Kosten gesondert ausgewiesen in Rechnung stellen, § 82 Abs. 3 und 4 SGB XI[611].

Aus der dualen Finanzierung von Pflegeeinrichtungen als solche lässt sich eine Einschränkung der Finanzierung ausländischer stationärer Pflegeleistungen durch die Pflegekassen nicht ableiten. Die im Hinblick auf die stationäre Versorgung in Krankenhäusern angeführte Problematik, dass durch die vermehrte Inanspruchnahme ausländischer stationärer Leistungen unwirtschaftlich gewordenen Einrichtungen aufrecht erhalten werden müssen und eine wesentliche finanzielle Belastung für das System darstellen[612], ist keine Folge der dualen Finanzierung, sondern vielmehr eine der Bedarfsplanung. Die Zulassungsanträge der Krankenhäuser werden der Bedarfslage entsprechend beschieden[613]. Bewerben sich mehrere Krankenhäuser um lediglich eine geplante Einrichtung, wird nur ein Antrag bewilligt. Damit wird die Anzahl der bestehenden Krankenhäuser auf den Umfang begrenzt, für den Bedarf besteht. Dieser Versorgungsumfang muss dann aber auch gehalten werden, um eine Notfallversorgung zu gewährleisten, und führt unter Umständen bei geringeren Patientenzahlen zu zusätzlichen Kosten. Eine solche unmittelbare Auswirkung auf das finanzielle Gleichgewicht des Systems ist wegen der gesetzlich angelegten Überkapazitäten bei Pflegeeinrichtungen nicht anzunehmen[614].

In der Ausgestaltung der Finanzierung der Leistungserbringer in der sozialen Pflegeversicherung hat der Gesetzgeber sich sowohl gegen das in der Krankenhausfinanzierung geltende Budgetierungssystem als auch gegen das Selbstkosten-

---

[609] Die Ausführungen an dieser Stelle gelten gleichermaßen für die ambulanten Pflegeeinrichtungen, die Pflegedienste.
[610] Igl, Pflegeversicherungsrecht, S. 114/115; Steffan, in: LPK-SGB XI, § 9 Rn. 7.
[611] In Anbetracht der Letztfinanzierung durch die Pflegebedürftigen bzw. die Sozialhilfeträger spricht Schmäing, in: LPK-SGB XI, § 82 Rn. 8 von einem mehrgliedrigen anstelle eines dualen Finanzierungssystems.
[612] Dazu oben § 5 A II 2.
[613] Vgl. 109 II 2, III SGB V. Heinze, in: Schulin (Hrsg.), HS-KV § 38 Rn. 8.
[614] Kommt es trotz der angelegten Möglichkeit von Überkapazitäten zu *Unter*kapazitäten, kann auch dann die Zulassung ausländischer Leistungserbringer zur Überbrückung des Versorgungsengpasses nur von Vorteil sein. Zu den Problemen bei der Rekrutierung von Pflegekräften siehe auch Schmid, Wohlfahrtsstaaten, S. 258, 262.

deckungsprinzip entschieden und die leistungsgerechte Vergütung eingeführt[615]. Diese wird im Rahmen eines prospektiven Vergütungssystems durch Pflegesatzvereinbarung im Voraus, vor Beginn der jeweiligen Wirtschaftsperiode bestimmt, § 85 Abs. 3 S. 1 SGB X. Überschüsse verbleiben bei dem Pflegeheim, Verluste sind von ihm zu tragen, § 84 Abs. 2 S. 5 SGB XI. Die sich aus dem Budgetierungssystem ergebenden Bedenken[616] im Hinblick auf die Öffnung eines Systems der Sozialen Sicherheit für die stationäre medizinische Leistungserbringung im Ausland lassen sich demnach bezogen auf die soziale Pflegeversicherung nicht anführen.

III. Versorgung mit Pflegehilfsmitteln und technischen Hilfen[617]

Gemäß § 40 Abs. 1 S. 1 SGB XI hat der Pflegebedürftige Anspruch auf Versorgung mit Pflegehilfsmitteln, die zur Erleichterung der Pflege oder zur Linderung der Beschwerden des Pflegebedürftigen beitragen oder ihm eine selbständigere Lebensführung ermöglichen. Pflegehilfsmittel werden wie sämtliche Pflegeleistungen auf Antrag gewährt, §§ 40 Abs. 1 S. 2, 33 Abs. 1 S. 1 SGB XI. Die Finanzierung einer Inanspruchnahme von Leistungserbringern für Pflegehilfsmittel im Ausland unter dem Gesichtspunkt der Warenverkehrsfreiheit kann durch die Pflegekassen nur verweigert werden, wenn die anerkannten Gründe des Gesundheitsschutzes oder des finanziellen Gleichgewichts der Pflegeversicherung dies erfordern[618]. § 40 SGB XI unterscheidet zwischen zum Verbrauch bestimmten Hilfsmitteln (Abs. 2) und technischen Hilfsmitteln (Abs. 3).

Die Finanzierung von Verbrauchsartikeln ist monatlich in Höhe von DM 60 gedeckelt, § 40 Abs. 2 SGB XI. Damit soll die Kostenbelastung der Pflegekassen begrenzt und für sämtliche Beteiligte (Pflegekassen, Leistungserbringer, Pflegebedürftige) ein Anreiz zur Wirtschaftlichkeit gegeben werden[619]. Unter diesem Gesichtspunkt wäre eine Beschaffung der Verbrauchsartikel im Ausland gerade dann sinnvoll, wenn die dortigen Preise unter den inländischen lägen. Liegt der Bedarf eines Pflegebedürftigen an Verbrauchsartikeln monatlich unter DM 60, würden solche Einsparungen den Pflegekassen zugute kommen. Liegt der Bedarf über DM 60, kämen auf die Pflegekasse unabhängig davon, ob der Leistungserbringer im In- oder Ausland niedergelassen ist, nur Kosten in Höhe von DM 60 zu. Der Restbetrag muss vom Pflegebedürftigen getragen werden, der dann selbst von den niedrigen ausländischen Preisen profitieren kann. Eine Finanzierung im Ausland erwor-

---

[615] Für stationäre Pflegeleistungen siehe § 84 Abs. 2 S. 1 SGB XI.
[616] Dazu oben § 5 II 2.
[617] Zu Pflegehilfsmitteln und technischen Hilfen ausführlich mit Beispielen oben § 1 A II 1.
[618] Dazu oben § 5 A I 2.
[619] Vogel, in: LPK-SGB XI, § 40 Rn. 12.

bener Verbrauchsartikel hat für die Pflegekassen folglich keinerlei finanzielle Nachteile. Vielmehr ist das Gegenteil der Fall[620]. Beschränkungen sind demnach mit der Warenverkehrsfreiheit unvereinbar. Ob die Pflegekassen ihrer Finanzierungspflicht durch Verträge mit ausländischen Leistungserbringern oder durch Kostenerstattung nachkommen, bleibt diesen selbst überlassen. Sie können allerdings eine Finanzierung ablehnen, wenn begründete Zweifel an der Qualität der ausländischen Verbrauchsartikel bestehen. Ein entsprechender Nachweis wird nur selten geführt werden können.

Was die Versorgung der Pflegebedürftigen mit technischen Hilfsmitteln angeht, ist der Anwendungsbereich der grenzüberschreitenden Leistungserbringung nicht nur praktisch, sondern auch theoretisch gering. Gemäß § 40 Abs. 3 S. 1 SGB XI haben die Pflegekassen technische Hilfsmittel vorrangig leihweise zur Verfügung zu stellen. In den meisten dieser Fälle wird zur Gewährung zwischen Pflegekasse und Versichertem kein Leistungserbringer eingeschaltet, sondern die Pflegekasse schafft die technischen Hilfsmittel selbst an[621] und vergibt sie dann an den Pflegebedürftigen[622]. Lehnt der Versicherte die leihweise Überlassung ohne zwingenden Grund ab, hat er die Kosten für das technische Hilfsmittel in vollem Umfang selbst zu tragen, § 40 Abs. 3 S. 6 SGB XI. Hier besteht keine Finanzierungsverantwortung der Pflegekasse mehr. Der Pflegebedürftige muss daher frei über einen Bezug des entsprechenden Hilfsmittels von einem ausländischen Leistungserbringer entscheiden dürfen. Ist die leihweise Überlassung durch die Pflegekasse nicht möglich[623], muss der Versicherte zu den Kosten des technischen Hilfsmittels durch Zuzahlungen beitragen, § 40 Abs. 3 S. 4 SGB XI. Darüber hinaus werden die Kosten von der Pflegekasse vollständig getragen, womit ein Unterschied zu den anderen Pflegeleistungen der sozialen Pflegeversicherung besteht, die durchweg gedeckelt sind[624]. Soweit die Finanzierung des technischen Hilfsmittels durch die Pflegekasse auf die deutschen Vergütungssätze beschränkt wird[625], muss der Pflegebedürftige dieses auch bei einem ausländischen Leistungserbringer erwerben können. Die Versorgung durch einen ausländischen Leistungserbringer steht wieder unter dem Qualitätsvorbehalt. Praktische Schwierigkeiten - wie beispielsweise die erschwerte

---

[620] So auch Lenz/Lampert, Pharma Recht 1999, S. 96 (97) für medizinische Erzeugnisse im Rahmen der Krankenversicherung.
[621] Zur Alternative des Leasings, Vogel, in: LPK-SGB XI, § 40 Rn. 13.
[622] Hier gäbe es für die Pflegekasse die Möglichkeit, ausländischen Hersteller in Anspruch zu nehmen, was je nach Preisgestaltung erhebliche Einsparungen bedeuten kann.
[623] So zumindest Vogel, in: LPK-SGB XI, § 40 Rn. 16, der davon ausgeht, dass die leihweise Überlassung ohne Zuzahlung erfolgt.
[624] Vogel, in: LPK-SGB XI, § 40 Rn. 5.
[625] Diese ergeben sich aus den Richtwerten, die die gemäß § 78 Abs. 1 S. 1 SGB XI geschlossenen Versorgungsverträge liefern. Siehe auch Lenz/Lampert, Pharma Recht 1999, S. 96 (98).

Durchsetzung von Gewährleistungsrechten im Ausland - werden auch hier einer übermäßigen Inanspruchnahme entgegen stehen[626].

IV. Ergebnis

Eine Öffnung der sozialen Pflegeversicherung für ausländische Leistungsanbieter - sei es im Rahmen der ambulanten Versorgung mit Pflegeleistungen durch im mitgliedstaatlichen Ausland niedergelassene Pflegedienste, die sich zur Leistungserbringung nach Deutschland begeben, durch Pflegeheime, die von Versicherten im Ausland in Anspruch genommen werden, oder im Hinblick auf die Versorgung mit Pflegehilfsmittel - begegnet weder unter dem Gesichtspunkt des Gesundheitsschutzes im Sinne einer Qualitätssicherung noch im Hinblick auf das finanzielle Gleichgewicht der sozialen Pflegeversicherung und der damit verbundenen allen Versicherten offen stehenden pflegerischen Versorgung zum gegenwärtigen Stand Bedenken[627] [628]. Auch wenn sich die dargestellten Folgen unmittelbar aus der Anwendung primären Gemeinschaftsrechts ergeben, wäre eine deutliche Formulierung in den Vorschriften des SGB XI zur Klärung der aktuellen Rechslage wünschenswert, da von Gesetzen grundsätzlich verlangt werden kann, dass sie über das geltende Recht korrekt Auskunft geben[629].

---

[626] So auch Domscheit, KrV 98, S. 246 (249); Lenz/Lampert, Pharma Recht 1999, S. 96 (96). Das sich bei der Heilmittelversorgung im Rahmen des SGB V ergebende Problem der Verordnungsbegrenzung, § 84 SGB V, entfällt, weil eine ärztliche Verordnung von Pflegehilfsmitteln ausdrücklich im SGB XI nicht vorgesehen ist. Zu den Problemen bei einer Verordnungsbegrenzung Domscheit, KrV 1998, S. 246 (248); ansonsten Vogel, in: LPK-SGB XI, § 40 Rn. 2.

[627] Vielmehr ergeben sich auch Chancen für die inländischen Leistungserbringer mit der Öffnung der Systeme der sozialen Sicherheit der anderen Mitgliedstaaten. Dadurch werden von Versicherten ausländischer Träger deutsche Pflegeeinrichtungen in Anspruch genommen.

[628] Ohne Überprüfung im Detail für die stationäre Verorgung mit Pflegeleistungen auch Schäfer, in: Ruland/von Maydell/Papier (Hrsg.), FS für Zacher, S. 895 (913). Schulte, in: Ebsen (Hrsg.), Gestaltungsvorgaben, S. 13 (38) schließt sich der Ansicht Schäfers mit Verweis auf die vorgenannte Fundstelle ohne nähere Erörterung an.

[629] Vgl. Lenz/Lampert, Pharma Recht 1999, S. 96 (98) mit Verweis auf EuGH, Urteil v. 30. Mai 1991, Rs. 361/88 (Kommission/Deutschland), Slg. 1991, I-2567ff.; ebenso Zuleeg, in: Ebsen (Hrsg.), Gestaltungsvorgaben, S. 103 (108) mit Verweis auf EuGH, Urteil v. 26. Februar 1991, Rs. C-119/89 (Kommission/Spanien), Slg. 1991, I-641 (654 Rz. 10). Zur Pflicht der Mitgliedstaaten, ihre Rechtsordnung anzupassen, vgl. Lenz-Scheuer, Art. 43 Rn. 4. Im konkreten Fall wäre es beispielsweise trotz der offenen Formulierung des § 72 Abs. 1 S. 1 SGB XI hilfreich, wenn sich schon aus dem Normtext ergeben würde, dass auch Pflegeeinrichtungen aus dem mitgliedstaatlichen Ausland zuzulassen sind, wenn sie die entsprechenden Voraussetzungen erfüllen und eine Vereinbarung über Kontrollrechte der Pflegekassen zustande kommt.

B. Vorgaben der Niederlassungsfreiheit

I. Begriff der Niederlassung

Gemäß Art. 43 Abs. 1 S. 1 EG sind Beschränkungen der freien Niederlassung von Staatsangehörigen eines Mitgliedstaates im Hoheitsgebiet eines anderen Mitgliedstaats verboten. Unter Niederlassung wird die tatsächliche Ausübung einer wirtschaftlichen Tätigkeit mittels einer festen Einrichtung in einem anderen Mitgliedstaat auf unbestimmte Zeit verstanden[630]. Natürliche Personen können nach dieser Vorschrift die Freiheit zur Errichtung einer primären Niederlassung in Anspruch nehmen, wenn sie die Staatsangehörigkeit eines Mitgliedstaats besitzen[631]. Art. 43 Abs. 1 S. 2 EG bezieht sich in erster Linie auf Gesellschaften, die über Art. 48 EG im Hinblick auf das Niederlassungsrecht den natürlichen Personen gleichgestellt sind. Hiernach kommt neben dem Staatsangehörigkeitserfordernis des Inhabers noch die weitere Niederlassungsvoraussetzung der Ansässigkeit innerhalb der Gemeinschaft hinzu, wenn eine sekundäre Niederlassung errichtet werden soll. Die Niederlassungsfreiheit erstreckt sich gemäß Art. 43 Abs. 2 EG auf die "Aufnahme und Ausübung selbständiger Erwerbstätigkeiten sowie die Gründung und Leitung von Unternehmen".

Das Betreiben einer Pflegeeinrichtung ist eine selbständige Erwerbstätigkeit, die durch Art. 43 EG geschützt ist. Unter Berufung auf die Niederlassungsfreiheit können sich demnach natürliche Personen mit der Staatsangehörigkeit eines Mitgliedstaats entscheiden, in Deutschland eine Pflegeeinrichtung zu gründen. Ebenso ist es für Inhaber bereits bestehender Pflegeeinrichtungen im mitgliedstaatlichen Ausland möglich, eine sekundäre Niederlassung in Deutschland zu errichten.

II. Inhalt der Niederlassungsfreiheit

Gemäß Art. 43 Abs. 2 EG a. E. bestimmen sich die Modalitäten der selbständigen Erwerbstätigkeit nach den Vorschriften des Aufnahmestaats für seine eigenen Angehörigen[632]. Damit enthält Art. 43 EG ein Gebot der Inländergleichbehandlung

---

[630] EuGH, Urteil v. 25. Juli 1991, Rs. C-221/89 (Factortame u. a.), Slg. 1991, I-3905 (3965 Rz. 20); EuGH, Urteil v. 30. November 1995, Rs. C-55/94 (Gebhard), Slg. 1995, I-4165 (4195 Rz. 25).

[631] Lenz-Scheuer, Art. 43 Rn. 3; EuGH, Urteil v. 25. Juni 1992, Rs. C-147/91 (Ferrer Laderer), Slg. 1992, I-4097 (4115 Rz. 7); EuGH, Urteil v. 7. Juli 1992, Rs. C-369/90 (Micheletti u. a.), Slg. 1992, I-4239 (4262 Rz. 9).

[632] Hierin liegt einer der Unterschiede zwischen Niederlassungs- und Dienstleistungsfreiheit. Bei Ansässigkeit in einem anderen Mitgliedstaat finden auf denjenigen, der von seiner Freiheit nach Art. 43 EG Gebrauch gemacht hat, beispielsweise die Berufsregelungen des Aufnahmestaats

von Angehörigen und Gesellschaften anderer Mitgliedstaaten und stellt sich gleichzeitig als besondere Ausprägung des in Art. 12 EG enthaltenen Verbots der Diskriminierung aufgrund der Staatsangehörigkeit dar[633]. Das Verbot der Diskriminierung ist weit zu verstehen und umfasst nicht nur unmittelbare, sondern auch mittelbare Diskriminierungen[634].

Neben dem Diskriminierungsverbot enthält Art. 43 EG auch noch ein Behinderungsverbot[635]. Die Niederlassungsfreiheit ist damit nicht nur Gleichheitsrecht, sondern auch Freiheitsrecht. Folge des Behinderungsverbots ist, dass neben diskriminierenden Vorschriften auch solche hinderlichen Vorschriften verboten sind, die zwar auf In- und Ausländer in gleicher Weise Anwendung finden, aber objektive Niederlassungshemmnisse, sei es bezüglich der Aufnahme oder der Ausübung einer Tätigkeit, darstellen[636].

III. Anwendung

Als Niederlassungshindernisse stellen sich für Pflegeeinrichtungen insbesondere die Zulassungsanforderungen, Wirtschaftlichkeits- und Qualitätsstandards des SGB XI dar, die mit dem Tätigwerden zu Lasten der deutschen Pflegekassen verbunden sind.

Es dürfen diesbezüglich keine nach der Staatsangehörigkeit unterscheidenden, die Angehörigen anderer Mitgliedstaaten benachteiligenden Regelungen vorhanden sein. Solche sind gemäß Art. 43 Abs. 1 EG verboten[637] und nur der strengen Rechtfertigung nach Art. 46 Abs. 1 EG aus Gründen der öffentlichen Ordnung, Sicherheit und Gesundheit zugänglich. So müssen insbesondere die gemäß §§ 72 Abs. 3

Anwendung, auf den Dienstleistungserbringer nicht. So Hailbronner/Nachbaur, EuZW 1992, S. 105 (106/107).

[633] GTE-Troberg, Art. 52 Rn. 35, 36.
[634] Lenz-Scheuer, Art. 43 Rn. 5.
[635] So die ganz herrschende Meinung: Lenz-Scheuer, Art. 43 Rn. 7; Everling, in: Schön (Hrsg.), GS für Knobbe-Keuk, 1997, S. 607 (612); Roth, in: Schön (Hrsg.), GS für Knobbe-Keuk, 1997, S. 729 (733); Lackhoff, S. 381/382; Eberhartinger, EWS 1997, S. 43 (48). Gegen ein Beschränkungsverbot aus der Niederlassungsfreiheit wohl Bröhmer, in: Calliess/Ruffert (Hrsg.), EUV/EGV, Art. 43 Rn. 29-31; Hailbronner/Nachbaur, EuZW 1992, S. 105 (109). Im Gegensatz zu der vor allem im Rahmen der Warenverkehrsfreiheit in diesem Zusammenhang geläufigen Begrifflichkeit des Beschränkungsverbots wird im Rahmen der Niederlassungsfreiheit zumeist von Behinderungsverbot gesprochen. Die Formulierung ist dadurch bedingt, dass der Begriff der Beschränkung schon durch Art. 43 Abs. 1 EG belegt ist, wo er im Sinne eines Oberbegriffs verstanden wird, der Diskriminierungen und nach der dargestellten überwiegenden Literaturmeinung auch Behinderungen erfasst.
[636] GTE-Troberg, Art. 52 Rn. 46.
[637] Dazu oben § 5 B II.

S. 1, 1. HS, 71 Abs. 3 SGB XI gestellten Anforderungen an die fachliche Qualifikation einer Pflegekraft im Hinblick auf ausländischen Pflegeeinrichtungen so ausgelegt werden, dass auch im Falle fehlender Koordinierungs- und Anerkennungsregeln[638] für Pflegeberufe bei der Zulassungsfrage eine Überprüfung der Gleichwertigkeit der ausländischen Ausbildung stattfindet[639].

Zulassungsanforderungen, die zwar an In- und Ausländer gleichermaßen gestellt werden, aber die Aufnahme oder Ausübung der selbständigen Tätigkeit objektiv behindern, müssen sich in ihrer Anwendung auf EU-Ausländer am Maßstab der Niederlassungsfreiheit messen lassen. Im Hinblick auf die Gründung einer Pflegeeinrichtung in Deutschland kommen als solche insbesondere Wirtschaftlichkeitsstandards, § 79 SGB XI, und Qualitätsanforderungen, § 80 Abs. 2 S. 1 SGB XI, in Betracht. Sie bedürfen in Anwendung auf Berechtigte aus der Niederlassungsfreiheit einer Rechtfertigung, die den Kriterien entsprechen muss, die zur Rechtfertigung unterschiedsloser Regelungen im Bereich der Arbeitnehmer- und Dienstleistungsfreiheit gelten. Die Vorschriften müssen zwingenden Gründen des Allgemeininteresses dienen und den Grundsätzen der Verhältnismäßigkeit genügen[640]. In der Regel werden aber Anforderungen an die Pflegeeinrichtung, die der Qualität und Wirtschaftlichkeit dienen, aus Gründen der Gesundheit der Bevölkerung und der Funktionsfähigkeit des Systems bestehen dürfen.

IV. Ergebnis

Aus der Niederlassungsfreiheit folgt demnach die Verpflichtung der deutschen Pflegekassen, mit Pflegeeinrichtungen, die ihren Sitz im EU-Ausland haben, sich aber in Deutschland niederlassen wollen, gleichfalls Versorgungsverträge abzuschließen[641], wobei die beruflichen Befähigungsnachweise gemäß dem Gleichwertigkeitskriterium zu prüfen und anzuerkennen sind[642].

---

[638] Siehe zur Erleichterung der Niederlassungsfreiheit in diesem Zusammenhang die Rechtssetzungsermächtigung des Art. 47 EG.
[639] Vgl. Lenz-Scheuer, Art. 43 Rn. 13; Hailbronner/Nachbaur, EuZW 1992, S. 105 (111).
[640] Lenz-Scheuer, Art. 43 Rn. 11; GTE-Troberg, Art. 52 Rn. 60.
[641] Zum Problem der Gemeinschaftskonformität des Erfordernisses an sich, einen Versorgungsvertrag abschließen zu müssen, um zu Lasten deutscher Kassen Leistungen erbringen zu können, siehe Sodan, JZ 1998, S. 1168 (1172); Becker, NZS 1998, S. 359 (363/364); Langer, in: Ebsen (Hrsg.), Gestaltungsvorgaben, S. 43 (53).
[642] Füßer, Arbeit und Sozialpolitik 9-10/97, S. 30 (32); Eichenhofer, in: Schulin (Hrsg.), HS-PV § 30 Rn. 105.

§ 6 Die Koordinierung de lege ferenda

Eine Reform der VO 1408/71 wurde schon vor Einführung der deutschen sozialen Pflegeversicherung für notwendig befunden und ihre konkrete Ausgestaltung diskutiert. Dabei gab und gibt es praktisch zu jedem Kapitel der Verordnung und damit im Hinblick auf sämtliche dort koordinierten Risiken Veränderungsvorschläge[643]. Darüber hinaus werden auch von den einzelnen Risiken unabhängige Neuerungen befürwortet, die sich beispielsweise auf den persönlichen Anwendungsbereich der Verordnung beziehen[644] oder auf eine generelle Vereinfachung der Regelungen[645]. Inwieweit von Seiten des Gemeinschaftsgesetzgebers und der Literatur bereits Überlegungen vorliegen, die sich mit der Einbeziehung des Risikos der Pflegebedürftigkeit in die Koordinierungsvorschriften der VO 1408/71 beschäftigen, soll in den sich anschließenden Ausführungen zunächst dargestellt werden. Die Ideen werden dann im Hinblick auf die im ersten Teil der Arbeit gefundenen

---

[643] Zu Krankheit und Mutterschaft, siehe Bieback, in: Eichenhofer (Hrsg.), Reform, S. 55ff.; zu Alter, Invalidität und Tod siehe Schuler, in: Eichenhofer (Hrsg.), Reform, S. 75ff.; zu Arbeitsunfall und Berufskrankheiten siehe Fuchs, in: Eichenhofer (Hrsg.), Reform, S. 93ff.; zu Arbeitsförderung siehe Eichenhofer, in: Eichenhofer (Hrsg.), Reform, S. 101ff.; zu Familienleistungen siehe Igl, in: Eichenhofer (Hrsg.), Reform, S. 109ff. Im Hinblick auf Zusatzsysteme der sozialen Sicherheit rügt Schulte, in: Hailbronner (Hrsg.), 30 Jahre Freizügigkeit, S. 93ff. fehlende Koordinierungsregeln. Zu den Defiziten bei der verwaltungsmäßigen Abwicklung von Leistungsexport und aushelfender Sachleistungsgewährung bei Krankenleistungen siehe Bieback, SDSRV Bd. 36, S. 51 (60), der damit auf den Reformbedarf auch der VO 574/72 hinweist. Ebenso Wicke, SDSRV Bd. 36, S. 71ff.; Neumann-Duesberg, in: Schulte/Zacher (Hrsg.), Wechselwirkungen, S. 83 (108), der sich beispielsweise bei der aushelfenden Erbringung kostenintensiver Leistungen für eine direkte Abrechnung zwischen Leistungserbringer und zuständigem Träger ausspricht.

[644] Zur Einbeziehung sämtlicher versicherter Personen Schulte, in: Schulte/Barwig (Hrsg.), Freizügigkeit und Soziale Sicherheit, S. 42; Schuler, in: Schulte/Barwig (Hrsg.), Freizügigkeit und Soziale Sicherheit, S. 242; Haverkate/Huster, S. 268ff.; Sendler, KrV 1998, S. 285 (289). Für die Einbeziehung von Drittstaatsangehörigen siehe Schmalz-Jacobsen, in: Hailbronner (Hrsg.), 30 Jahre Freizügigkeit, S. 3 (6/7); Bokeloh, in: Leben und Arbeiten in Europa, S. 139 (143); Schulte, ZFSH/SGB 1999, S. 269 (278). Altmaier/Verschueren, in: Social Security in Europe, S. 245 (260/261). So auch der Vorschlag der Kommission, ABl. EG vom 20. 2. 92, Nr. C 46, S. 1ff.

[645] Weißbuch der Kommission "Europäische Sozialpolitik - Ein zukunftsweisender Weg für die Union", KOM (94) 333 endg. vom 27. 07. 1994, IV. B Nr. 10. Mit ausformuliertem Vorschlag Eichenhofer, in: Hailbronner (Hrsg.), 30 Jahre Freizügigkeit, S. 75 (87ff.); außerdem ders., VSSR 1999, S. 101 (122).

Ergebnisse erörtert und zu einem abschließenden Vorschlag einer möglichen künftigen Koordinierung der Leistungen bei Pflegebedürftigkeit vereint.

A. Bisherige Aktivitäten auf Gemeinschaftsebene

Auf Gemeinschaftsebene kann eine zunehmend intensive Beschäftigung mit dem Risiko der Pflegebedürftigkeit und dessen Absicherung in den Mitgliedstaaten der EU festgestellt werden. Der Rat der Europäischen Gemeinschaften[646] hat sich schon 1992 in einer Empfehlung dafür ausgesprochen, dass geeignete Maßnahmen der sozialen Sicherung getroffen werden, "um den speziellen Bedürfnissen älterer Menschen Rechnung zu tragen, wenn diese von der Pflege und den Diensten anderer abhängig sind"[647]. Die EG-Kommission hat jüngst eine vergleichende Studie herausgegeben, in der der vorhandene soziale Schutz bei Pflegebedürftigkeit in den einzelnen Mitgliedstaaten dargestellt und bewertet wird[648]. Dass es demgegenüber im Hinblick auf die *Koordinierung* von Leistungen bei Pflegebedürftigkeit nur vereinzelt Aktivitäten auf Gemeinschaftsebene gibt, ist dadurch zu erklären, dass eine Koordinierung dauerhaft erst dann möglich ist, wenn sämtliche Mitgliedstaaten das Risiko der Pflegebedürftigkeit im Rahmen eines Systems der sozialen Sicherheit abgesichert haben[649].

---

[646] Seit Maastricht "Rat der Europäischen Union" als Organ der Gemeinschaften, Art. 202-212 EG (siehe auch Beschluss 93/591/EU, EG, EGKS, Euratom des Rates vom 8. November 1993 über seine Bezeichnung im Anschluss an das In-Kraft-Treten des Vertrags über die Euopäische Union, ABl. EG v. 16. 11. 93, Nr. L 281, S. 18), im Gegensatz zum "Europäischen Rat" als Institution der Europäischen Union, Art. 4 EU. Vgl. Fischer, Europarecht, S. 21 (Rn. 16); S. 46 (Rn. 18).

[647] Empfehlung des Rates vom 27. Juli 1992 über die Annäherung der Ziele und der Politiken im Bereich des sozialen Schutzes, ABl. EG v. 26. 8. 92 Nr. L 245, S. 49 (52); vgl. auch Schumacher-Hildebrand, in: Leben und Arbeiten in Europa, S. 144 (145); Bokeloh, in: Zentrum für Europäisches Wirtschaftsrecht (Hrsg.), 1997, S. 120/121.

[648] EG-Kommission, Sozialschutz bei Pflegebedürftigkeit im Alter in den 15 EU-Mitgliedstaaten und in Norwegen, Luxemburg 1999.

[649] Zur bisher noch nicht möglichen Koordinierung, Eichenhofer, in: Sieveking (Hrsg.), Soziale Sicherung bei Pflegebedürftigkeit, S. 127 (139); Bokeloh, in: Zentrum für Europäisches Wirtschaftsrecht, 1997, S. 154/155.

I. Erste Ideen der EG-Kommission (1994)

Die Kommission der Europäischen Gemeinschaften hat schon im Juli 1994 in dem Weißbuch "Europäische Sozialpolitik - Ein zukunftsweisender Weg für die Union"[650] eine ihrer Aufgaben für die Entwicklungsphase der Sozialpolitik 1995-1999 darin gesehen, Vorschläge für Koordinierungsbestimmungen zu unterbreiten, die von einzelnen Mitgliedstaaten eingeführte moderne Formen von Zuwendungen betreffen. Ausdrücklich genannt wurde das Pflegegeld[651] als eine dieser koordinierungsbedürftigen neuen Leistungen[652].

II. Vorschlag zur Aufhebung und Ersetzung der VO 1408/71 (1998/1999)

Die Kommission hat am 21. Dezember 1998 einen Vorschlag für eine Verordnung des Rates zur Koordinierung der Systeme der sozialen Sicherheit vorgelegt, der die Aufhebung und Ersetzung der bisherigen VO 1408/71 anregt[653]. Die vorgeschlagene Verordnung stützt sich, wie schon die VO 1408/71, auf Art. 51 und Art. 235 EG-Vertrag (jetzt Art. 308 EG). Als zusätzliche Ermächtigungslage wird außerdem der durch den Vertrag von Maastricht[654] neugeschaffene Art. 8a EG-Vertrag (nach Änderung jetzt Art. 18 EG) hinzugezogen. Auf dieser Vorschrift beruht eine der wesentlichen Neuerungen der Verordnung, die Erweiterung ihres persönlichen Anwendungsbereichs auf alle Personen, die den Rechtsvorschriften über soziale Sicherheit eines Mitgliedstaats unterliegen[655]. So sollen neben der erwerbstätigen Bevölkerung auch Studenten sowie in gewissem Umfang Drittstaatsangehörige

---

[650] Weißbuch der Kommission "Europäische Sozialpolitik - Ein zukunftsweisender Weg für die Union", KOM (94) 333 endg. vom 27. 07. 1994, IV. B Nr. 11.
[651] Langer, in: Sieveking (Hrsg.), Soziale Sicherung bei Pflegebedürftigkeit, S. 251 (252) liest daraus sogar ein Postulat für eigenes Kapitel Pflege in der VO 1408/71.
[652] Im Weißbuch der Kommission "Europäische Sozialpolitik - Ein zukunftsweisender Weg für die Union", KOM (94) 333 endg. vom 27. 07. 1994, VI. A Nr. 8 ist auch der Plan für eine Empfehlung über eine langfristige Pflegeversicherung für Menschen, die auf Hilfe angewiesen sind, enthalten.
[653] Vorschlag für eine Verordnung (EG) des Rates zur Koordinierung der Systeme der sozialen Sicherheit, KOM (1998) 779 endg.; Ratsdok. 5133/99; BR-Dr. 32/99; ABl. EG v. 12. 2. 1999 Nr. C 38 S.10. Zur Aufhebung und Ersetzung siehe vorletzter Erwägungsgrund und Art. 73 der vorgeschlagenen Verordnung. Zur Aufhebung der Durchführungsverordnung VO 574/72 siehe ebenfalls Art. 73 der vorgeschlagenen Verordnung. Die Durchführungsverordnung wird ebenfalls ersetzt durch eine auf Art. 71 der vorgeschlagenen Verordnung beruhenden Durchführungsverordnung.
[654] Siehe dazu oben Fn. 398.
[655] Vgl. den zweiten Erwägungsgrund und Art. 1 der vorgeschlagenen Verordnung.

dem Geltungsbereich der Verordnung unterliegen[656]. Mit dieser Erweiterung geht auch eine neue allgemeine kollisionsrechtliche Anknüpfung einher. Für Personen, die nicht erwerbstätig sind, gelten gemäß Art. 8 Abs. 4 lit. d der vorgeschlagenen Verordnung unbeschadet anderer besonderer Bestimmungen die Rechtsvorschriften des Wohnstaats.

Was den sachlichen Geltungsbereich betrifft, sollen gemäß Art. 2 Abs. 1 lit. j der vorgeschlagenen Verordnung einzig Vorruhestandsleistungen durch neue eigene Regelungen in die Koordinierung einbezogen werden[657]. Die übrigen Änderungen des sachlichen Geltungsbereichs vollziehen sich ausschließlich innerhalb der bereits in der VO 1408/71 koordinierten Risiken[658]. Insbesondere ist danach keine gesonderte Aufführung des Risikos der Pflegebedürftigkeit vorgesehen.

Auch im Titel III Kapitel 1 der vorgeschlagenen Verordnung, in dem die besondere Vorschriften für die Leistungen bei Krankheit und Mutterschaft enthalten sind, kann kein Hinweis darauf gefunden werden, dass die Besonderheiten der Leistungen bei Pflegebedürftigkeit berücksichtigt werden sollen[659]. Die Koordinierungsregeln hier sind in erster Linie sprachlich vereinfacht worden. Inhaltlich ist beispielsweise die Sonderregelung für Grenzgänger weggefallen. Sie sind nun ohne ausdrückliche Erwähnung in den Bestimmungen über den Leistungsbezug bei Auseinanderfallen von Wohn-/Aufenthaltsort und Beschäftigungsort enthalten. Auch die Regelungen für den Leistungsbezug durch Rentenberechtigte ist von einem eigenen Abschnitt in der VO 1408/71 auf nur wenige Vorschriften, Art. 20 und 21, in der vorgeschlagenen Verordnung reduziert worden. Art. 22 Abs. 1 lit. c VO 1408/71 ist durch Art. 18 der vorgeschlagenen Verordnung ersetzt worden. Danach können Personen, die vom zuständigen Träger die Genehmigung erhalten haben, sich in einen anderen Mitgliedstaat begeben, um dort Sachleistungen im Wege der

---

[656] So Europa-Report, EuZW 1999, S. 642. Auch Beamte und ihnen gleichgestellte Personen, die gemäß Art. 4 Abs. 4 VO 1408/71 noch von der Anwendbarkeit der Verordnung ausgeschlossen waren, sollen gemäß Art. 8 Abs. 4 lit. b der vorgeschlagenen Verordnung in diese einbezogen sein.

[657] Vgl. auch 21. Erwägungsgrund und Art. 7 lit. s, 52 der vorgeschlagenen Verordnung.

[658] Der sachliche Geltungsbereich ändert sich insoweit gegenüber der VO 1408/71, als dass in Art. 2 Abs. 1 lit. a und b die Leistungsfälle Krankheit und Mutterschaft getrennt aufgeführt werden, obwohl sie in Titel III Kapitel 1 der vorgeschlagenen Verordnung wieder gemeinsam behandelt werden. Das in Art. 4 Abs. 1 lit. f VO 1408/71 erwähnte Sterbegeld wird in der vorgeschlagenen Verordnung für die Zwecke der Koordinierung als Sachleistung bei Krankheit behandelt und deshalb nicht mehr ausdrücklich im sachlichen Geltungsbereich aufgeführt, vgl. den achtzehnten Erwägungsgrund und Art. 14ff. der vorgeschlagenen Verordnung.

[659] Der EuGH hat in der Rechtssache Molenaar (EuGH, Urteil v. 5. März 1998, Rs. C-160/96 (Molenaar), Slg. 1998, I-843ff.) die Leistungen bei Pflegebedürftigkeit der deutschen sozialen Pflegeversicherung als solche bei Krankheit eingeordnet, so dass bei einer Neuregelung, die auch das Risiko der Pflegebedürftigkeit umfasst, entsprechende Regelungen in sachlicher Nähe zu den Koordinierungsvorschriften zum Leistungsbezug bei Krankheit vermutet werden können.

Sachleistungsaushilfe zu erhalten, Art. 18 S. 1 der vorgeschlagenen Verordnung. Die Genehmigung ist gemäß Art. 18 S. 2 der vorgeschlagenen Verordnung zu erteilen, wenn die betreffenden Sachleistungen im Leistungskatalog des zuständigen Trägers oder desjenigen des Wohnorts enthalten sind und die Leistungsberechtigten diese "in Anbetracht ihres derzeitigen Gesundheitszustands und des voraussichtlichen Verlaufs der Krankheit" nicht in einem "normalerweise erforderlichen Zeitraum" empfangen können. Die Kommission hat sich mit dieser Formulierung dagegen entschieden, die Modalitäten der genehmigungsfreien Inanspruchnahme von Sachleistungen außerhalb des zuständigen Staats, so wie sie vom EuGH in den Rechtssachen Decker und Kohll entwickelt wurden, in die Koordinierungsvorschriften aufzunehmen[660].

Trotz der frühen Erkennung der Relevanz des Risikos der Pflegebedürftigkeit für den Bereich der sozialen Sicherheit durch die Kommission[661] enthält der jüngste Vorschlag zur Reform der VO 1408/71 bzw. zu deren Ersetzung durch eine neue Verordnung zur Koordinierung der Systeme der sozialen Sicherheit in dieser Hinsicht keine Entwürfe.

B. Diskussionsstand in der Literatur

Die Diskussion um die Integration von Vorschriften zur Koordinierung der Leistungen bei Pflegebedürftigkeit in die VO 1408/71 wird sowohl im Hinblick auf die Form der Einbeziehung als auch deren inhaltliche Ausgestaltung geführt. Häufig sind die beiden Elemente miteinander verbunden. Je umfangreicher sich die geforderten inhaltlichen Veränderungen gegenüber den Vorschriften zur Koordinierung der Leistungen bei Krankheit darstellen, desto eher wird auch formell eine separate Regelung befürwortet.

---

[660] Siehe demgegenüber den Vorschlag für eine diesbezügliche Neuregelung innerhalb der Verordnung von Eichenhofer, VSSR 1999, S. 101 (121) und ders., in: Igl (Hrsg.), Europäische Union und gesetzliche Krankenversicherung, S. 45 (58): "Die von einem System sozialer Sicherheit in einem Mitgliedstaat erfaßte Person hat aufgrund dieses Rechtsverhältnisses Anspruch auf sämtliche Dienst- und Sachleistungen, die sie nach dem Recht ihres Staats beanspruchen kann, auch gegenüber den Leistungserbringern anderer Mitgliedstaaten. Die Leistungserbringer rechnen mit dem Träger des zuständigen Staates auf der Basis der für ihre Leistungen im Erbringungsstaat maßgeblichen Sätze ab; eine Beschränkung der Vergütung auf die im zuständigen Staat für vergleichbare Leistungen gewährte Vergütung ist unstatthaft." Der letzte Halbsatz ist allerdings unter dem Gesichtspunkt des finanziellen Gleichgewichts der Sozialschutzsysteme problematisch.

[661] Dazu oben § 6 A I.

I. Form

Beide Möglichkeiten der Einbeziehung von Leistungen bei Pflegebedürftigkeit in die VO 1408/71 werden in der Literatur vertreten, sowohl diejenige der Auslegung und Ergänzung der vorhandenen Regeln zur Koordinierung der Leistungen bei Krankheit als auch die der Schaffung eines gesonderten Abschnitts/Kapitels für die Pflegebedürftigkeit als eigenes Risiko.

1. Auslegung und Ergänzung der Koordinierungsvorschriften für Leistungen bei Krankheit

Klein[662] hält eine Änderung des Koordinationsrechts im Hinblick auf Leistungen bei Pflegebedürftigkeit nicht für *erforderlich*. Die Vorschriften zur Koordinierung von Leistungen bei Krankheit in ihrer Anwendung auf Pflegeleistungen seien ausreichend, um auch im Hinblick auf die Koordinierung Letzterer zu vertretbaren Ergebnissen zu führen[663]. Er befürwortet aber eine punktuelle Änderung und Ergänzung der vorhandenen Vorschriften als *nützlich*. Hier mache vor allem die Ergänzung der in Art. 4 Abs. 1 lit. a VO 1408/71 aufgeführten Begriffe Krankheit und Mutterschaft um den der Pflegebedürftigkeit zum Zwecke der Klarstellung Sinn. Ebenso verhalte es sich bei der Überschrift für das Kapitel 1 im Titel III der Verordnung[664]. Darüber hinaus macht *Klein* den Vorschlag, einen zusätzlichen, ausschließlich für die Koordinierung von Leistungen bei Pflegebedürftigkeit geltenden Artikel in dem genannten Titel aufzunehmen, der eine gesonderte Regelung zur Kostentragung im Falle der Leistungsgewährung enthält[665].

---

[662] Klein, S. 185ff.
[663] Klein, S. 186. So wohl auch Bokeloh, in: Zentrum für Europäisches Wirtschaftsrecht (Hrsg.), 1997, S. 115 (148), der darauf abstellt, dass die Konzeption der sozialen Pflegeversicherung in Deutschland als eigener Versicherungszweig keinen Unterschied machen kann. Der deutsche Gesetzgeber hätte ebensogut die Leistungen in die Krankenversicherung integrieren und die Beiträge erhöhen können. Dann hätte sich die Koordinierungsfrage auch nicht gestellt.
[664] Klein, S. 196.
[665] Klein, S. 197/198. Siehe hierzu ausführlich unten § 6 B II.

2. Neues Kapitel zur Pflege

Die mehrheitlich in der Literatur vertretene Ansicht spricht sich für die Schaffung eines neuen Abschnitts[666] oder sogar Kapitels[667] in der VO 1408/71 zur Koordinierung der Leistungen bei Pflegebedürftigkeit aus und damit für eine neben den vorhandenen Vorschriften zur Koordinierung der Leistungen bei Krankheit bestehende eigene Regelung.

Dieser Ansatz wird vor allem mit der daraus folgenden koordinationsrechtlichen Klarheit begründet[668]. Die extensive Interpretation des Krankheitsbegriffs bzw. die Suche nach Anbindungen und Ausweitungen im gegenwärtigen Regelungsbestand der Verordnung seien keine dem Risiko der Pflegebedürftigkeit entsprechenden Vorgehensweisen[669]. Das folge auch aus den inhaltlichen Neuregelungen[670], die zur Koordinierung von Pflegeleistungen erforderlich seien[671].

II. Inhalt

Vorschläge zur inhaltlichen Ausgestaltung von Vorschriften, die allein der Koordinierung von Leistungen bei Pflegebedürftigkeit dienen sollen, sind in der Literatur von *Eichenhofer*[672], *Giesen*[673], *Klein*[674] und *Langer*[675] gemacht worden. Auch wenn

---

[666] So Schulte, in: von Maydell/Ruland (Hrsg.), SRH, Kap. 32 Rn. 70. Hier würde dann im Titel III, Kapitel 1 ein zusätzlicher Abschnitt mit Regelungen zur Koordinierung von Pflegeleistungen eingefügt.

[667] Diese Änderung ist im Vergleich zu derjenigen eines neuen Abschnitts innerhalb des Kapitels über die Leistungen bei Krankheit weitreichender. Mit der Schaffung eines neuen Kapitels wird das Risiko der Pflegebedürftigkeit von dem der Krankheit abgekoppelt. Zu dieser Alternative Eichenhofer, VSSR 1994, 323 (338); ders., in: Schulin (Hrsg.), HS-PV § 30 Rn. 81; Giesen, Vorgaben des EG-Vertrages, S. 147; Igl, in: Sieveking (Hrsg.), Soziale Sicherung bei Pflegebedürftigkeit, S. 19 (32/33). Befürwortend, aber skeptisch hinsichtlich der Durchsetzung Langer, in: Sieveking (Hrsg.), Soziale Sicherung bei Pflegebedürftigkeit, S. 251 (268). Reuter-Krauß, in: Schulte/Barwig (Hrsg.), Freizügigkeit und Soziale Sicherheit, S. 387 (394) spricht zwar von der Schaffung eines neuen "Titels", meint aber wohl Kapitel, was die gleichzeitige Bezugnahme auf eine Ausdehnung des sachlichen Anwendungsbereichs zeigt, dessen Leistungsarten jeweils Kapitel mit den im Einzelnen geltenden besonderen Vorschriften zugeordnet werden.

[668] Igl, in: Sieveking (Hrsg.), Soziale Sicherung bei Pflegebedürftigkeit, S. 19 (32); Schulte, in: von Maydell/Ruland, SRH, Kap. 32 Rn. 70; Reuter-Krauß, in: Schulte/Barwig (Hrsg.), Freizügigkeit und Soziale Sicherheit, S. 387 (394).

[669] Igl, in: Sieveking (Hrsg.), Soziale Sicherung bei Pflegebedürftigkeit, S. 33.

[670] Dazu unten § 6 B II.

[671] Eichenhofer, VSSR 1994, 323 (338); Giesen, Vorgaben des EG-Vertrages, S. 147; Igl, in: Sieveking (Hrsg.), Soziale Sicherung bei Pflegebedürftigkeit, S. 19 (32). Siehe zu diesen inhaltlichen Änderungen im Einzelnen im Anschluß unter § 6 B II.

[672] Eichenhofer, VSSR 1994, S. 323ff.; ders., in: Schulin (Hrsg.), HS-PV § 30 Rn. 81; ders., in:

sich die Ideen teilweise decken, sollen die Konzepte einzeln dargestellt werden, damit der jeweilige gedankliche Zusammenhang bestehen bleibt.

Ein früher Vorschlag von *Eichenhofer*[676] sollte die Diskussion über zu schaffende Koordinierungsregeln für Leistungen bei Pflegebedürftigkeit anstoßen[677] und hat dies auch getan, wie die häufigen Bezugnahmen auf diese ersten Umrisse durch andere Autoren zeigen[678].

Zunächst spricht *Eichenhofer* sich für die Schaffung einer wohl Art. 18 VO 1408/71 des Kapitels über Krankheit und Mutterschaft entsprechenden Vorschrift aus. Diese soll anordnen, dass die in unterschiedlichen nationalen Systemen sozialer Sicherheit, die eigens oder in Verbund mit anderen Leistungen Schutz bei Pflegebedürftigkeit vorsehen, zurückgelegten Versicherungszeiten bei Ermittlung der Anspruchsberechtigung zusammengerechnet werden[679]. Die Lasten der Leistungsgewährung bei Pflegebedürftigkeit sollen unter den Mitgliedstaaten "pro rata temporis" aufgeteilt werden[680]. Diese - von der für Leistungen bei Krankheit geltenden alleinigen Kostentragung durch den zum Zeitpunkt des Risikoeintritts zuständigen Träger - abweichende Regelung wird von *Eichenhofer* nicht näher erläutert[681]. Die weiteren Ausführungen zur Leistungsgewährung bleiben unklar. Stichwortartig wird angeregt, der Berechtigte solle Pflegeleistungen als Sachleistungen im Wohnstaat erhalten, soweit dieser solche erbringe, hingegen Aufwendungsersatz, sofern der Wohnstaat Pflegeleistungen als Sachleistungen nicht erbringe. In diesem Fall sei der Aufwendungsersatz dann durch die zuständigen Staaten anteilsmäßig auszuführen. Dies klingt wie die bereits bekannte Sachleistungsaushilfe einerseits und der Export von Pflegegeld andererseits[682]. Die Ausführungen, die dieser stichwort-

---

Sieveking (Hrsg.), Soziale Sicherung bei Pflegebedürftigkeit, S. 127ff.; ders., in: DGB (Hrsg.), Pflegeversicherung und ausländische Arbeitnehmer, S. 18ff.
[673] Giesen, Vorgaben des EG-Vertrages, S. 147f.
[674] Klein, S. 185ff.
[675] Langer, in: Sieveking (Hrsg.), Soziale Sicherung bei Pflegebedürftigkeit, S. 251ff.
[676] Eichenhofer, VSSR 1994, S. 323 (338f.); so auch nochmal ders., in: Schulin (Hrsg.), HS-PV § 30 Rn. 81.
[677] So Eichenhofer, VSSR 1994, S. 323 (339) selbst zur Intention des Vorschlags.
[678] Vgl. auch unten Giesen, Vorgaben des EG-Vertrages, S. 147, Fn. 498; Klein, S. 183/184.
[679] Eichenhofer, VSSR 1994, S. 323 (338); ders., in: Schulin (Hrsg.), HS-PV § 30 Rn. 81.
[680] Eichenhofer, VSSR 1994, S. 323 (339); ders., in: Schulin (Hrsg.), HS-PV § 30 Rn. 81.
[681] Dazu aber Klein unter Bezugnahme auf diesen Vorschlag von Eichenhofer, siehe unten § 6 B II.
[682] In diesem Fall wäre allerdings fraglich, warum der Bezug von Pflegegeld im Ausland nur dann möglich sein soll, wenn dort keine Sachleistungen bei Pflegebedürftigkeit zur Verfügung stehen. Das entspräche nicht der im SGB XI angelegten Alternativität von Pflegegeld und Pflegesachleistung und der diesbezüglich bestehenden Wahlfreiheit durch den Berechtigten. Diese dürfte auch bei Aufenthalt im Ausland nicht verlorengehen. Auch bei vorhandener Pflegesach-

artigen Zusammenfassung vorangehen, deuten allerdings auf eine andere, sehr komplizierte Konstruktion hin: Sämtliche Pflegeleistungen der sozialen Pflegeversicherung, sowohl das Pflegegeld als auch die Pflegesach-/dienstleistungen werden nach Ansicht *Eichenhofers* als Geldzahlungen erbracht. Sie stellen aber gemeinschaftsrechtlich Sachleistungen dar. Dementsprechend würde eigentlich das Prinzip der aushelfenden Sachleistungsgewährung gelten und die Leistungsinanspruchnahme von dem Vorhandensein von Leistungen im Wohnland abhängen. Werden diese dort in Diensten gewährt, soll der Leistungsberechtigte in das Dienstleistungssystem eingebunden werden. Werden sie in Geld gewährt, soll dieses nicht im Wege der Sachleistungsaushilfe durch den Wohnstaat erbracht und in dieser Höhe durch den/die zuständigen Staat(en) ersetzt werden, sondern direkt vom zuständigen Staat in dessen Höhe ausgeführt werden als ein Aufwendungsersatz.[683].

Diese Konstruktion findet keine Erwähnung mehr in einem späteren Koordinierungsvorschlag *Eichenhofers*[684]. Vielmehr geht er darin davon aus, dass einer sinnvollen Koordinierung von Leistungen bei Pflegebedürftigkeit zunächst ein Tätigwerden auf Gemeinschaftsebene in der Weise vorausgehen muss, dass eine Richtlinie eine Mindestsicherung für Pflegebedürftige in allen Mitgliedstaaten einführt. Diese müsse auf Art. 51 i.V.m. Art. 235 EG-Vertrag gestützt werden[685], könne notfalls aber auch auf dem Abkommen und Sozialprotokoll beruhen[686]. Auf dieser Grundlage sei dann die Zusammenrechnung von anspruchsbegründenden Zeiten und die auf dem Prinzip der Abgeltung "pro rata temporis" beruhende Aufteilung der Finanzierungslasten für Pflegebedürftige unter den verschiedenen nationalen Sozialversicherungsträgern entsprechend den Zeiträumen, für die der einzelne Pflegebedürftige Vorsorge getroffen hat, koordinationsrechtlich anzuordnen[687]. *Eichenhofer* regt in diesem Vorschlag darüber hinaus die Begründung der Primärzu-

---

[683] leistungsstruktur im Wohnstaat könnte sich der Pflegebedürftige für die Gewährung von Pflegegeld durch den zuständigen Staat entscheiden.
Auslegungsschwierigkeiten bei diesem Vorschlags haben auch Klein, S. 184, der unter dem genannten "Aufwendungsersatz" im Hinblick auf das SGB XI lediglich das Pflegegeld versteht, und Bokeloh, in: Zentrum für Europäisches Wirtschaftsrecht (Hrsg.), 1997, S. 115 (151), nach dessen Ansicht Eichenhofer mit seinem Vorschlag den vollen Export sämtlicher Pflegeleistungen befürwortet.
[684] Eichenhofer, in: Sieveking (Hrsg.), Soziale Sicherung bei Pflegebedürftigkeit, S. 127 (140); ders. auch schon, in: DGB (Hrsg.), Pflegeversicherung und ausländische Arbeitnehmer, S. 18 (21/22).
[685] Eichenhofer, in: DGB (Hrsg.), Pflegeversicherung und ausländische Arbeitnehmer, S. 18 (21).
[686] Eichenhofer, in: Sieveking (Hrsg.), Soziale Sicherung bei Pflegebedürftigkeit, S. 127 (140); ders. auch schon, in: DGB (Hrsg.), Pflegeversicherung und ausländische Arbeitnehmer, S. 18 (21). Das Sozialprotokoll ist mit dem Vertrag von Amsterdam in den EG-Vertrag integriert worden. Als mögliche Ermächtigungsnorm käme Art. 137 Abs. 2, Abs. 3, 1. Spiegelstrich EG in Betracht.
[687] Zu diesen beiden Aspekten siehe auch schon seinen frühen Vorschlag oben § 6 B II.

ständigkeit desjenigen Mitgliedstaats an, in dessen Gebiet der Pflegebedürftige Leistungen nachfragt. Diese Regel folge dem zuständigkeitsbegründenden Prinzip der Krankenversicherung der Rentner in Art. 27 VO 1408/71.

Giesen[688] spricht sich im Hinblick auf mögliche Neuregelungen für Pflegeleistungen beim internationalen Sachrecht dafür aus, dass die zu schaffende Äquivalenzregel über die Zurücklegung von Wartezeiten auf diejenigen Zeiten beschränkt wird, die innerhalb eines Pflegeversicherungssystems verbracht wurde. Die bekannten Koordinierungsprinzipien der Sachleistungsaushilfe und des Exports von Geldleistungen sollen seiner Ansicht nach erhalten bleiben. Allerdings müsse es möglich sein, die Höhe des Pflegegeldes von den jeweiligen örtlichen Gegebenheiten abhängig zu machen. Darüber hinaus hält *Giesen* eine zusätzliche Verordnungsregelung dahingehend für hilfreich, dass auch ausländische Pflegedienste zur Leistungserbringung zugelassen werden müssen.

Klein[689] befürwortet den von *Eichenhofer* angeregten Vorschlag, die Finanzierungslasten für Pflegebedürftige unter den Sozialleistungsträgern der Mitgliedstaaten, die an der Versicherungsbiographie eines Pflegebedürftigen beteiligt waren, "pro rata temporis" aufzuteilen[690]. Die von *Eichenhofer* ohne weitere Erläuterungen aufgeworfene Idee wird durch *Klein* begründet und näher ausgeführt.

Die Struktur der Pflegeversicherung weise trotz ihrer organisatorischen Anbindung an die Krankenversicherung auch Ähnlichkeiten zur Rentenversicherung auf, insbesondere im Hinblick auf das Verhältnis zwischen Beitragsentrichtung und Leistungsbezug. Während die Leistungen bei Krankheit in jeder Altersstufe erforderlich seien, komme den Leistungen bei Pflegebedürftigkeit häufig erst im Alter Bedeutung zu[691]. Beiträge werden danach ein Leben lang gezahlt, der Leistungsbezug erfolge jedoch erst im Alter und regelmäßig auf unbestimmte Zeit. Deshalb sehe die deutsche Pflegeversicherung ebenso wie Altersrentensysteme eine Wartezeit vor und gewähre Leistungen erst nach deren Erfüllung. Für die Rentenversicherung sei nach europäischen Recht aus diesen Gründen eine Beteiligung aller früheren und zum Zeitpunkt der Gewährung zuständigen Träger an den Leistungen vorgesehen. Im Gegensatz dazu gelte für die Pflegeversicherung die auf Krankenleistungen zugeschnittene Regelung der VO 1408/71, nach der für die gesamten Kosten der Pflegebedürftigkeit allein der bei Risikoverwirklichung zuständige Träger aufzukommen hat. Folge sei, dass frühere Träger trotz möglicherweise hoher empfangener Beitragszahlungen in keiner Weise an den Kosten der Pflegebedürftigkeit beteiligt sind, der aktuell zuständige Träger aber auch bei nur wenigen auf

---

[688] Giesen, Vorgaben des EG-Vertrages, S. 147f.
[689] Klein, S. 185ff.
[690] Siehe zu dem Vorschlag Eichenhofers oben § 6 B II.
[691] Klein, S. 190/191.

ihn entfallenen Beiträgen als einziger belastet wird[692]. Durch die Beteiligung aller zwischenzeitlich zuständigen Träger an der Kostentragung nach Zeitanteilen könne diese überproportionale Belastung des (letzt)zuständigen Trägers behoben werden, ohne die Systematik der VO 1408/71 zu sprengen[693]. *Klein* legt im Anschluss dar, wie sich die Proratisierung im Hinblick auf Pflegeleistungen im Einzelnen vollziehen könnte. Die VO 1408/71 kenne zwei verschiedene Ausgestaltungen des "pro rata temporis"-Prinzips. Zum einen komme es bei der Berechnung von Teilleistungen zum Tragen, die sich der Höhe nach an dem Zeitraum orientieren, während dessen Beiträge an einen bestimmten Träger gezahlt wurden (Proratisierung der Leistungen)[694]. Zum anderen sei auch die Aufteilung von Kosten eines Versicherungfalls zwischen verschiedenen Trägern in dieser Weise vorgesehen (Proratisierung der Kosten)[695]. Aufgrund der praktischen Schwierigkeiten bei anteiliger Leistungsgewährung durch mehrere Träger, hält *Klein* eine Anwendung des "pro rata temporis"-Prinzips auf Pflegeleistungen in Form der Aufteilung der Kosten der Pflegebedürftigkeit unter denjenigen Trägern, die im Laufe des Arbeitnehmerlebens von Beiträgen des Pflegebedürftigen profitiert haben, für sinnvoll[696]. Der bei Risikoeintritt zuständige Träger könne danach einen Anteil der durch die Leistungsgewährung entstandenen Kosten von früher zuständigen Trägern zurückverlangen. Ebenso sei ein solcher Rückgriff möglich, wenn der zuständige Träger seiner Leistungspflicht im Wege der Kostenerstattung an einen aushelfend tätig gewordenen Träger nachkomme.

Ein weiterer Ansatz zur Koordinierung von Leistungen bei Pflegebedürftigkeit findet sich bei *Langer*[697]. Sie spricht sich im Hinblick auf das Risiko der Pflegebedürftigkeit für eine Durchbrechung des Prinzips der primären Zuständigkeit des Beschäftigungsstaats aus und dessen Ersetzung durch das Eingliederungsprinzip[698]. Danach habe jeder, der in einem Mitgliedstaat wohne, Zugang zu den dortigen Leistungen. Dieser Leistungsberechtigung entpreche die Pflicht zur Beitragsentrichtung durch jeden Einwohner, wenn die Gesetzgebung des Wohnlandes eine

---

[692] Klein, S. 191.
[693] Klein, S. 191.
[694] Klein, S. 193.
[695] Klein, S. 194.
[696] Klein, S. 195f.
[697] Langer, in: Sieveking (Hrsg.), Soziale Sicherung bei Pflegebedürftigkeit, S. 251 (266/267). Zum Anknüpfungskriterium Wohnstaat siehe auch Sieveking, in: DGB (Hrsg.), Pflegeversicherung und ausländische Arbeitnehmer, S. 7 (13/14), der im Hinblick auf das Risiko der Pflegebedürftigkeit die Anknüpfung an den Beschäftigungsort in Art. 13 Abs. 1, 2 lit. a VO 1408/71 in Frage stellt.
[698] Den gleichen Vorschlag macht sie für die Koordinierung von Leistungen bei Krankheit, da die Krankenversorgung in der Mehrzahl der Mitgliedstaaten ohnehin einwohnerbezogen sei. Vgl. Langer, in: Sieveking (Hrsg.), Soziale Sicherung bei Pflegebedürftigkeit, S. 251 (266).

solche zur Finanzierung dieser Leistungen vorsehe, unabhängig davon, wo der Einzelne arbeite bzw. woher er seine Rente beziehe. Die dadurch entstehenden neuen Probleme, beispielsweise der aufgespaltenen Beitragspflicht und der Anspruchswahrung durch Zusammenrechnung von Wohnzeiten, seien durch die Formulierung entsprechender neuer Koordinierungsvorschriften zu lösen. Darüber hinaus spricht sich auch *Langer*, wie *Eichenhofer* und *Klein*[699], für eine Verteilung der Finanzierungskosten zwischen den Mitgliedstaaten "pro rata temporis" nach den Zeiten vorangegangener Beschäftigung aus[700].

C. Stellungnahme und eigener Lösungsvorschlag

I. Stellungnahme

1. Form

Die Entscheidung über die Form der Einbeziehung von Leistungen bei Pflegebedürftigkeit in die VO 1408/71 hängt in erster Linie davon ab, inwieweit inhaltlich neue, von den Vorschriften der Verordnung über Krankenleistungen abweichende Regelungen zur Koordinierung von Leistungen bei Pflegebedürftigkeit für erforderlich gehalten werden. Nur bei lediglich vereinzelt für notwendig befundenen Änderungen der bestehenden Vorschriften und Zusätzen kann auf eine separate Regelung verzichtet werden, ohne dass damit der Verlust von Rechtssicherheit und Klarheit einhergeht. Im Hinblick auf den im ersten Teil herausgearbeiteten Neukoordinierungsbedarf kommt diese Alternative allerdings nicht in Betracht. Auch das Schaffen eines zusätzlichen Abschnitts innerhalb des Kapitels 1 "Krankheit und Mutterschaft" kann den Besonderheiten des Risikos der Pflegebedürftigkeit und dessen Absicherung gerade im Vergleich zu dem Risiko der Krankheit nicht ausreichend Rechnung tragen.Nur das Einfügen von "Leistungen bei Pflegebedürftigkeit" als gesonderter Buchstabe in den Katalog des Art. 4 Abs. 1 VO 1408/71 und die damit einhergehende Aufnahme eines weiteren Kapitels im Rahmen des Titels III der Verordnung werden diesem Bedarf gerecht[701].

---

[699] Siehe oben § 6 B II.
[700] Fraglich ist, wieso auch Langer für die Proratisierung auf zurückgelegte *Beschäftigungs*zeiten abstellt. Ist nach ihrem Modell stets der Träger des Wohnorts für die Leistungsgewährung bei Pflegebedürftigkeit zuständig, werden hinsichtlich dieses Risikos auch immer nur im Wohnort Beiträge entrichtet. Die Aufteilung der Kosten müsste sich also folgerichtig nach Wohnzeiten bestimmen und zwischen den jeweiligen Trägern der Wohnländer stattfinden.
[701] Siehe zu dem inhaltlichen Bedarf im Einzelnen unten § 6 C II 1.

2. Inhalt

Eichenhofer setzt in seinem neueren Vorschlag[702] für eine sinnvolle Koordinierung die Existenz von Pflegeleistungen in allen Mitgliedstaaten voraus und fordert den Gemeinschaftsgesetzgeber auf, durch den Erlass einer Richtlinie Mindeststandards zu schaffen. Dementsprechend gehen auch seine nachfolgenden koordinationsrechtlichen Regelungsvorschläge von einer vorhandenen Pflegeinfrastruktur in der gesamten EU aus.

Es ist unzweifelhaft, dass eine Koordinierung von Leistungen der sozialen Sicherheit dann wesentlich erleichtert wird, wenn solche in allen Mitgliedstaaten vorhanden sind. Aus diesem Grund umfasst auch der Katalog des Art. 4 Abs. 1 VO 1408/71 nur konventionelle soziale Risiken. Diese Feststellung trägt aber nicht zur Beantwortung der Frage nach der koordinationsrechtlichen Behandlung von Leistungen sozialer Sicherungssysteme bei, die nur in wenigen Mitgliedstaaten der EU existieren und zu denen bisher noch die Leistungen bei Pflegebedürftigkeit zählen[703]. Selbst wenn der Gemeinschaftsgesetzgeber sich entschließt, durch eine Richtlinie Mindeststandards vorzuschreiben, bleibt es in der Zeit bis zu deren Umsetzung in allen Mitgliedstaaten bei der aufgezeigten unvollkommenen Rechtslage. Ihr muss auch im Hinblick auf mögliche zukünftige unbekannte Systeme sozialer Sicherheit, die von einem Mitgliedstaat geschaffen werden, mit einer koordinationsrechtlichen Lösung begegnet werden[704]. Insoweit sind die Ausführungen *Eichenhofers* noch nicht umfassend und weitgehend genug, wenn auch sowohl seinem Vorschlag über die Zusammenrechnung von anspruchsbegründenden Zeiten als auch der Aufteilung der Finanzierungslasten für Pflegebedürftige beruhend auf dem Prinzip der Abgeltung "pro rata temporis" im Ergebnis zuzustimmen ist[705].

Eichenhofer spricht sich in seinem Vorschlag weiterhin für das Prinzip der Einführung der Primärzuständigkeit des Staats aus, in dessen Gebiet der Pflegebedürftige Leistungen nachfragt und verweist auf die ähnliche Regelung des Art. 27 VO 1408/71 im koordinierenden Krankenversicherungsrecht der Rentner. Art. 27 VO 1408/71 ordnet die Primärzuständigkeit des Wohnlandes für den Fall an, dass ein Rentner nach den Rechtsvorschriften von mindestens zwei Mitgliedstaaten, unter anderem denen seines Wohnlandes, zum Bezug einer Rente berechtigt ist und

---

[702] Sein erster Vorschlag soll hier unberücksichtigt bleiben, weil er wohl auch aus Sicht des Autors durch den neueren überholt wurde.
[703] Zu dieser europasozialpolitischen Problemstellung vgl. auch Igl, in: Sieveking (Hrsg.), Soziale Sicherung bei Pflegebedürftigkeit, S. 19 (33/34), der in diesem Zusammenhang die grundsätzliche Frage nach der Fortentwicklung des Koordinierungsrechts vor dem Hintergrund qualitativ und quantitativ sehr ungleich gestalteter nationaler sozialer Sicherungssysteme stellt.
[704] Siehe dazu insbesondere für die Erbringung von Sachleistungen die Ausführungen oben § 2 B II 6 d und den Formulierungsvorschlag unten § 6 C II 1.
[705] Siehe dazu bereits oben § 4 A II.

er im Wohnland Anspruch auf Leistungen bei Krankheit hat. Diese Vorschrift fügt sich in das System der VO 1408/71 ein, indem sie den kollisionsrechtlichen Anknüpfungspunkt des Beschäftigungsortes, Art. 13 Abs. 2 lit. a VO 1408/71, auf den des ehemaligen Beschäftigungsorts ausdehnt. Erst in einem zweiten Schritt wird dann demjenigen ehemaligen Beschäftigungsort, der gleichzeitig Wohnort ist, die Primärzuständigkeit zugewiesen und damit Art. 13 Abs. 1 S. 1 VO 1408/71 Rechnung getragen, der die Zuständigkeit immer nur eines Mitgliedstaats vorschreibt. Es ist nicht ersichtlich, warum diese auf den Bezug mehrerer Renten zugeschnittene Regelung auf alle von der Verordnung umfassten Personen übertragen werden soll. Ebensowenig wird klar, ob die Begründung der Primärzuständigkeit wie in Art. 27 VO 1408/71 von der Anspruchsberechtigung auf Leistungen bei Krankheit bzw. Pflegebedürftigkeit im Wohnland abhängig ist[706] oder ob im Hinblick auf die Leistungen bei Pflegebedürftigkeit eine neue kollisionsrechtliche Anknüpfung - die des Wohnorts alleine - geschaffen werden soll[707].

Giesen ist wie auch *Eichenhofer* insoweit zuzustimmen, als die Zusammenrechnung von anspruchsbegründenden Zeiten auch bei der Koordinierung von Leistungen bei Pflegebedürftigkeit gewährleistet sein muss. Allerdings sind die diesbezüglichen Ausführungen bei *Giesen* missverständlich, weil darin die Anrechnung von Versicherungszeiten von deren Zurücklegung innerhalb eines Pflegeversicherungssystems abhängig gemacht wird[708]. Hier dürfen nicht nur eigenständige Pflegeversicherungen zählen, sondern auch solche, die im Verbund mit anderen Leistungen sozialer Sicherheit Pflegeleistungen vorsehen. Die Einschränkung auf ein selbständiges System würde eine unzulässige Vorgabe an die Ausgestaltung der nationalen Sozialsysteme der Mitgliedstaaten bedeuten[709]. Der Vorschlag von *Giesen* ist auch insofern zu befürworten, als er von der Möglichkeit der Anpassung des Pflegegeldes an die Gegebenheiten des Wohnlandes im Falle eines Exports ausgeht[710]. Allerdings wird die Beibehaltung des Prinzips der Sachleistungsaushilfe als einziges Koordinierungsprinzip für Sachleistungen dem Risiko der Pflegebedürftigkeit nicht gerecht[711]. Die sekundärrechtliche Verankerung der Zulassung ausländischer Pflegedienste zur Leistungserbringung beschreibt *Giesen* selbst als hilfreich, aber nicht zwingend.

Die Kosten der Pflegebedürftigkeit zwischen den verschiedenen nationalen Sozialleistungsträgern, die im Laufe einer Versicherungsbiographie entsprechende

---

[706] Bei fehlender Anspruchsberechtigung im Wohnland ist nämlich nach dem Krankenversicherungsrecht der Rentner Art. 28 VO 1408/71 einschlägig.
[707] Zu letzterem Punkt siehe unten § 6 C I 2.
[708] Giesen, Vorgaben des EG-Vertrages, S. 147.
[709] Siehe dazu oben § 2 B II.
[710] Siehe dazu bereits oben § 2 C II und unten § 6 C II 1.
[711] Siehe dazu oben § 2 B II 7 und unten § 6 C II 1.

Beiträge erhalten haben, "pro rata temporis" zu teilen, wie es *Klein* unter Berufung auf die ursprüngliche Idee *Eichenhofers* vorschlägt, ist im Hinblick auf die strukturellen Ähnlichkeiten des Risikos der Pflegebedürftigkeit selbst und dessen Absicherung mit Rentenleistungen im Alter sinnvoll[712]. Allerdings kann mit dieser neuen Regelung zur Kostentragung nur ein Aspekt der koordinationsrechtlichen Probleme, die sich im Zusammenhang mit den Leistungen der sozialen Pflegeversicherung ergeben, gelöst werden[713].

Langer spricht sich in ihrem Vorschlag im Hinblick auf die Koordinierung von Pflegeleistungen für die Ablösung des kollisionsrechtlichen Anknüpfungspunktes der Beschäftigung und damit des Exportprinzips durch die primäre Zuständigkeit des Wohnlandes in Verbindung mit dem Eingliederungsprinzip aus. Dieser Vorschlag stellt sich neben der partiell auf die Pflege bezogene Neuregelung als ein das System der Verordnung in seinen Grundelementen betreffenden Vorstoß dar. Hiermit wird eine Lösung des Koordinierungsproblems nicht innerhalb des Systems der Verordnung gesucht, sondern im Wege einer Gesamtreform. Problematisch ist bei diesem Weg, dass die Verordnung bei einer solchen Änderung nationalen Sozialschutzsystemen, die die Versicherungspflicht von der Beschäftigung abhängig machen, vorschreiben würde, den Versichertenkreis auf alle Einwohner zu erweitern. Eine solche europarechtliche Vorgabe käme einer Sozialrechtsharmonisierung gleich, die mit der Schaffung eines Koordinierungssystems - Abstimmung der nationalen Systeme unter Berücksichtigung der Unterschiede zwischen den Mitgliedstaaten - gerade nicht angestrebt wird.

Was die Aufteilung der Kosten der Pflegebedürftigkeit zwischen mehreren Sozialversicherungsträgern "pro rata temporis" angeht, gilt das zu den Vorschlägen von *Eichenhofer* und *Klein* Gesagte[714].

II. Eigener Lösungsvorschlag

Im Folgenden sollen nun die im Rahmen der Arbeit gefundenen Ergebnisse zu einem Vorschlag vereint werden, der die de lege lata bestehenden, anhand der deutschen sozialen Pflegeversicherung herausgearbeiteten Probleme der Koordinierung von Leistungen bei Pflegebedürftigkeit beseitigt.

---

[712] Siehe dazu bereits oben § 4 A II.
[713] Siehe im übrigen § 6 C II 1.
[714] Siehe oben § 6 C I 2.

1. Inhalt der Vorschriften

Es ist danach erforderlich, dass der Gemeinschaftsgesetzgeber ein eigenes Kapitel innerhalb des Titels III der bestehenden VO 1408/71 schafft und die Leistungen bei Pflegebedürftigkeit in den Katalog des Art. 4 Abs. 1 VO 1408/71 durch einen separaten Buchstaben aufnimmt[715]. Das neu einzufügende Kapitel sollte inhaltlich den folgenden Ausführungen entsprechende Regelungen vorsehen[716].

Es bedarf einer Vorschrift, die die Zusammenrechnung sämtlicher anspruchsbegründender Zeiten - seien es Versicherungs-, Beschäftigungs- oder Wohnzeiten - anordnet, die in einem System der sozialen Sicherheit der Mitgliedstaaten zum Schutz vor Pflegebedürftigkeit zurückgelegt wurden. Dabei darf es nicht darauf ankommen, ob es sich bei diesen Systemen der sozialen Sicherheit um solche handelt, die ausschließlich oder in Verbund mit anderen Sozialleistungen Pflegeleistungen vorsehen.

Eine weitere Vorschrift ist zur Neuregelung der Lastentragungspflicht erforderlich. Für die Lasten der Gewährung von Pflegeleistungen kommen sämtliche Mitgliedstaaten, die Beiträge zur Absicherung des Risikos der Pflegebedürftigkeit von dem Leistungsberechtigten erhalten haben, entsprechend dem Verhältnis der in ihnen zurückgelegten Zeiträume ("pro rata temporis") auf.

Kollisionsrechtlicher Anknüpfungspunkt bleibt im Sinne der allgemeinen Vorschriften der Art. 13ff. VO 1408/71 auch für die Koordinierung von Pflegeleistungen der Beschäftigungsort.

Wohnt der Pflegebedürftige in einem anderen Mitgliedstaat als dem zuständigen Staat, bedarf es gesonderter Vorschriften, die den Leistungsbezug auch in diesem Fall sicherstellen.
Geldleistungen werden dann durch den zuständigen Staat nach dessen Rechtsvorschriften exportiert. Es besteht aber die Möglichkeit, eine Geldleistung der Höhe nach den Gegebenheiten im Wohnland anzupassen, wenn ihr keine Lohnersatzfunktion zukommt. Der aus einer solchen Anpassung resultierende Betrag darf der Höhe nach denjenigen nicht übersteigen, der im zuständigen Staat hätte ausgezahlt werden müssen. Detaillierte Vorgaben zur Berechnung der Anpassung können in der VO 574/72 festgeschrieben werden.

---

[715] Siehe so schon oben § 6 C I 1.
[716] Die diesbezüglichen Neuerungen werden auch zusätzliche Vorschriften innerhalb der VO 574/72 notwendig machen.

Was die Inanspruchnahme von Sachleistungen angeht, muss danach unterschieden werden, ob auch der Wohnstaat innerhalb eines Systems der sozialen Sicherheit Sachleistungen bei Pflegebedürftigkeit vorsieht. Ist dies der Fall, werden Pflegesachleistungen durch den dortigen Träger nach dessen Rechtsvorschriften zu Lasten des zuständigen Trägers gewährt (Prinzip der aushelfenden Sachleistungsgewährung). Sehen hingegen die Träger der sozialen Sicherheit im Wohnstaat solche Leistungen nicht vor, müssen diese durch den zuständigen Träger erbracht werden. Dies geschieht im Wege der nachträglichen Kostenerstattung der durch den Pflegebedürftigen im mitgliedstaatlichen Ausland beschafften Leistungen. Die Erstattung ist begrenzt auf den Wert der bei Wohnort im zuständigen Inland erbrachten Leistung. Insbesondere hier zeigt sich die Notwendigkeit weiterer Durchführungsbestimmungen innerhalb der VO 574/72. Probleme, die nur angerissen werden sollen, ergeben sich vor allem im Hinblick auf die Feststellung des Grades der Pflegebedürftigkeit des Leistungsberechtigten mit Wohnsitz außerhalb des zuständigen Staats. Die in Art. 87 VO 1408/71 enthaltene Anordnung zur internationalen Amtshilfe bezogen auf ärztliche Gutachten[717] und die Rechtsprechung des EuGH zu der Verbindlichkeit von Arbeitsunfähigkeitsbescheinigungen ausländischer Träger gemäß Art. 18 VO 574/72 zur Feststellung des Versicherungsfalls Krankheit[718] helfen zunächst nicht weiter, da die Notwendigkeit des Exports von Sachleistungen gerade auf dem Umstand beruht, dass im mitgliedstaatlichen Ausland ein vergleichbarer Träger *nicht* vorhanden ist, dementsprechend auch zur Amtshilfe nicht hinzugezogen werden kann. Die Gewährung deutscher Pflegeleistungen beispielsweise hängt jedoch nach den Vorschriften des SGB XI von der Stellung eines Antrags und der Bestimmung des Grades der Pflegebedürftigkeit durch den MDK ab[719]. Neue Regelungen zur organisatorischen Koordinierung sind daher unabdingbar.

Auch im Hinblick auf pflegebedürftige Rentenbezieher sind gesonderte Regelungen erforderlich.

Rentner, die nach den Rechtsvorschriften mehrerer Mitgliedstaaten zum Bezug einer Rente berechtigt sind, darunter denen ihres Wohnlandes, und im Wohnstaat

---

[717] Siehe zur gegenseitigen Amtshilfe zwischen den Mitgliedstaaten gemäß Art. 84, 87 VO 1408/71 Stahlberg, S. 221ff., der in diesem Zusammenhang auch auf TESS (Technik für die soziale Sicherheit) hinweist und darin den Grundstein für einen immer schneller werdenden Informationsfluß im Bereich der sozialen Sicherheit erkennt.

[718] EuGH, Urteil v. 12. März 1987, Rs. 22/86 (Rindone), Slg. 1987, 1339ff.; EuGH, Urteil v. 3. Juni 1992, Rs. C-45/90 (Paletta I), Slg. 1992, I-3423ff.

[719] Siehe dazu oben § 1 A I 3. Grundlage für die Ermittlung des berechtigten Personenkreises und damit für die Feststellung des Versicherungsfalls Pflegebedürftigkeit sind im deutschen Recht die gemäß § 17 SGB XI erlassenen Richtlinien; vgl. Udsching, in: Gitter/Schulin/Zacher (Hrsg.), FS für Krasney, S. 677 (680).

Anspruch auf Leistungen bei Pflegebedürftigkeit haben, erhalten diese alleine durch den dortigen Träger als den zuständigen Träger. Ein Anspruch auf Leistungen bei Pflegebedürftigkeit muss allerdings verneint werden und damit auch die Einschlägigkeit dieser dem Art. 27 VO 1408/71 im Kapitel über die Koordinierung von Leistungen bei Krankheit insoweit vergleichbaren Regelung, wenn das System der sozialen Sicherheit des Wohnstaats Pflegeleistungen nicht vorsieht.

Rentner, die nach den Rechtsvorschriften eines oder mehrerer Mitgliedstaaten zum Bezug einer Rente berechtigt sind, in ihrem Wohnland aber keinen Anspruch auf Leistungen bei Pflegebedürftigkeit haben - entweder weil der jeweilige Rentenbezieher dem dortigen System sozialer Sicherheit nicht unterfällt oder weil keine Pflegeleistungen vorgesehen werden -, erhalten diese dennoch, soweit nach dem Recht zumindest eines rentegewährenden Staates ein dahingehender Anspruch bestünde, wenn der Pflegebedürftige dort seinen Wohnsitz hätte. Dieser primär zuständige Träger gewährt Geldleistungen nach dem Exportprinzip. Pflegesachleistungen hingegen werden im Wege der Sachleistungsaushilfe durch den Träger des Wohnstaats erbracht, soweit solche nach dortigem Recht existieren, im Wege der Erstattung der Kosten an den Pflegebedürftigen für privat beschaffte Leistungen durch den zuständigen Träger, soweit Pflegeleistungen im System der sozialen Sicherheit des Wohnstaats nicht vorhanden sind.

Wohnt ein Rentenberechtigter in einem Mitgliedstaat, der Pflegeleistungen im Rahmen eines Einwohnersicherungssystems vorsieht und hat er nach den dortigen Rechtsvorschriften keinen Rentenanspruch, bezieht er Pflegeleistungen durch den Träger eines Mitgliedstaats, nach dessen Rechtsvorschriften er eine Rente bezieht und gegen den er bei dortigem Wohnsitz einen Anspruch auf diese Leistungen hätte. Dies gilt für Geld- und für Sachleistungen, wobei die Geldleistungen durch den zuständigen Träger exportiert, die Sachleistungen hingegen im Wege der Sachleistungsaushilfe durch den Träger des Wohnlandes erbracht werden.

Der durch ein System der sozialen Sicherheit, das Leistungen bei Pflegebedürftigkeit vorsieht, erfasste Versicherte eines Mitgliedstaats kann auch die Leistungserbringer anderer Mitgliedstaaten zu Lasten des zuständigen Trägers in Anspruch nehmen[720]. Sind zwischen dem Leistungserbringer und dem zuständigen Träger keine Abrechnungs- oder Vergütungsmodalitäten vereinbart, muss der Träger die Aufwendungen des Versicherten bis zu der Höhe erstatten, die einer Leistungsge-

---

[720] Nach obigen (§ 5 A IV) Ausführungen gilt das für Mitglieder der deutschen soziale Pflegeversicherung sowohl im Hinblick auf die ambulante als auch auf die stationäre Versorgung mit Pflegeleistungen. Das kann in diesem Umfang nicht ohne weiteres auf andere mitgliedstaatliche Systeme der Absicherung gegen das Risiko der Pflegebedürftigkeit übertragen werden, sondern bedarf in jedem einzelnen Fall einer Prüfung insbesondere unter dem Gesichtspunkt der Gefährdung des finanziellen Gleichgewichts des jeweiligen Systems der sozialen Sicherheit.

währung im Inland entspricht. Darüber hinaus anfallende Kosten gehen zu Lasten des Versicherten. Das Vorstehende gilt nicht, wenn sich die Inanspruchnahme eines ausländischen Leistungserbringers im Rahmen der Sachleistungsaushilfe vollzieht.

2. Umsetzung

Die Änderung der Verordnung durch Hinzufügung von Vorschriften zur Koordinierung mitgliedstaatlicher Pflegeleistungen kann auf Art. 42 und Art. 308 EG gestützt werden. Die durch Art. 137 EG seit dem Vertrag von Amsterdam primärrechtlich bestehenden originären sozialpolitischen Kompetenzen der Gemeinschaft[721] kommen als Ermächtigungsgrundlage nicht in Betracht. Sie umfassen zwar gemäß Art. 137 Abs. 3, 1. Spiegelstrich EG auch eine Regelungsbefugnis für den Bereich der sozialen Sicherung und des sozialen Schutzes der Arbeitnehmer. Die gemeinschaftliche Rechtsetzung ist aber auf Regelungen in Gestalt von Richtlinien und inhaltlich auf den Erlass von Mindestvorschriften[722] beschränkt, Art. 137 Abs. 2 S. 1 EG.

---

[721] So Haverkate/Huster, S. 58 (Rn. 40).
[722] Zum Begriff der Mindestvorschriften oder des Mindeststandards, vgl. Heinze, in: Due/Lutter/Schwarze (Hrsg.), FS für Everling, S. 433 (442), der auf die rein formale Bedeutung dieser Rechtsbegriffe hinweist und klarstellt, dass damit nicht die gemeinschaftsrechtliche Festlegung des national jeweils vorhandenen niedrigsten Niveaus, sondern vielmehr das von allen Mitgliedstaaten tragbare höchste Niveau angestrebt wird. Zur Bedeutung europäischer Mindestvorschriften im verwandten arbeitsrechtlichen Kontext, siehe Heinze, ZfA 1992, S. 331 (356).

§ 7 Zusammenfassung

1. Der EuGH hat mit seiner Entscheidung vom 5. März 1998 in der Rs. C-160/96 (Molenaar) die Diskussion um die europarechtliche Behandlung der deutschen sozialen Pflegeversicherung vorläufig beendet, indem er die Leistungen des SGB XI als Leistungen bei Krankheit im Sinne von Art. 4 Abs. 1 lit. a VO 1408/71 eingeordnet und gleichzeitig das Pflegegeld als Geldleistung, die übrigen Leistungen als Sachleistungen im gemeinschaftsrechtlichen Sinne qualifiziert hat[723].

2. Aus der Entscheidung ergeben sich gravierende Folgen für die Rechtsstellung der pflegebedürftigen Leistungsberechtigten der deutschen sozialen Pflegeversicherung, für die Versicherer und die Erbringer von Pflegeleistungen, wenn die drei wesentlichen Prinzipien zur Koordinierung von Leistungen bei Krankheit: Zusammenrechnung von Versicherungszeiten, Prinzip der aushelfenden Sachleistungsgewährung, Export von Geldleistungen auf Pflegeleistungen uneingeschränkt übertragen werden[724].

3. Während die Rechtsstellung der Pflegebedürftigen durch die Gleichstellung der Risiken Krankheit und Pflegebedürftigkeit im Hinblick auf den Grundsatz der Zusammenrechnung von Versicherungszeiten nicht nachteilig berührt wird[725], verstößt das Prinzip der aushelfenden Sachleistungsgewährung in der Auslegung als ausschließliches Koordinierungsinstrument für Leistungen bei Pflegebedürftigkeit gegen Art. 39 und Art. 43 EG. Nur bei zweckgerichteter (einschränkender) Auslegung kann Art. 19 Abs. 1 lit. a VO 1408/71 primärrechtskonform auch auf Pflegeleistungen angewandt werden. Die dabei entstehende Regelungslücke muss durch Rückgriff auf die Arbeitnehmerfreizügigkeit und die Niederlassungsfreiheit geschlossen werden. Den Grundfreiheiten kann zu ihrer vollen Wirksamkeit nur dann verholfen werden, wenn Leistungsberechtigten aus der sozialen Pflegeversicherung mit Wohnort in einem Mitgliedstaat ohne Pflegeleistungen bei Risikoeintritt Sachleistungen durch den zuständigen Staat im Wege der Kostenerstattung gewährt werden[726]. Ohne Verletzung der Rechte der Pflegebedürftigen kann bei einem Export von Geldleistungen bei Pflegebedürftigkeit die Höhe an die Gegebenheiten des Wohnlandes angepaßt werden[727].

---

[723] Siehe § 1 B III.
[724] Siehe § 1 C; §§ 2-5.
[725] Siehe § 2 A; § 3 A.
[726] Siehe § 2 B; § 3 B.
[727] Siehe § 2 C; § 3 C.

4. Die Gleichstellung der Risiken Krankheit und Pflegebedürftigkeit führt im Hinblick auf die Versicherer zu überzogenen Leistungspflichten. Das gilt insbesondere für diejenigen zuständigen Träger, die Leistungen bei Pflegebedürftigkeit vorsehen und deren Leistungspflicht schon durch das Zurücklegen von Krankenversicherungszeiten in anderen Mitgliedstaaten ausgelöst wird. Ebenfalls belastet sind primärzuständige Träger in Mitgliedstaaten ohne Pflegeabsicherung, die im Falle der Sachleistungsaushilfe durch einen Träger mit Pflegeleistungen Erstattung in unverhältnismäßiger Höhe leisten müssen. Hier führen insbesondere die Trennung der Risiken Krankheit und Pflegebedürftigkeit de lege ferenda zu Lösungen, ergänzt durch eine Lastentragung beteiligten Träger "pro rata temporis"[728]. Die Monopolstellung der deutschen Pflegekassen ist primärrechtskonform[729].

5. Die Grundgedanken der Rechtsprechung des EuGH in den Rechtssachen Decker und Kohll zur grenzüberschreitenden Inanspruchnahme von ambulanten medizinischen Leistungen lassen sich auf die Versorgung mit Pflegeleistungen durch die deutsche soziale Pflegeversicherung übertragen. Es sind weder im Hinblick auf die ambulante noch bezogen auf die stationäre Pflege zwingende Gründe des Allgemeininteresses ersichtlich, die eine Einschränkung der Geltung der Waren- und Dienstleistungsfreiheit in diesem Zusammenhang gebieten[730].

6. De lege ferenda ist es erforderlich, die Pflegebedürftigkeit als eigenständiges Risiko in die VO 1408/71 aufzunehmen und Koordinierungsregeln zu schaffen, die den Besonderheiten des Risikos und der Leistungen zu seiner Absicherung Rechnung tragen[731].

---

[728] Siehe § 4 A, B.
[729] Siehe § 4 D.
[730] Siehe § 5 A.
[731] Siehe § 6 C.

Literaturverzeichnis

Altmaier, Peter: Europäisches koordinierendes Sozialrecht - Ende des Territorialitätsprinzips?, in: Eichenhofer, Eberhard/Zuleeg, Manfred (Hrsg.), Die Rechtsprechung des Europäischen Gerichtshofs zum Arbeits- und Sozialrecht im Streit, Köln 1995, S. 71-91 (zit.: Altmaier, in: Eichenhofer/Zuleeg (Hrsg.), Rechtsprechung des EuGH)

Altmaier, Peter/Verschueren, Herwig: Consequences and options with regard to the extension of the scope of regulation 1408/71 to nationals of non-member countries, in: Departamento de Relacoes Internacionais e Convencoes de Seguranca Social, Social Security in Europe - Equality between nationals and non-nationals, Lisbon 1995, S. 245-261 (zit.: Altmaier/Verschueren, in: Social Security in Europe)

Baldwin, Sally: Cash and care in the mixed economy of care for frail elderly people: The United Kingdom experience, in: The International Social Security Association, The social protection of the frail elderly, Geneva 1990, S. 165-176 (zit.: Baldwin, in: Social protection)

Becker, Ulrich: Brillen aus Luxemburg und Zahnbehandlung in Brüssel - Die Gesetzliche Krankenversicherung im europäischen Binnenmarkt, in: NZS 1998, S. 359-364

Becker, Ulrich: Gesetzliche Krankenversicherung zwischen Markt und Regulierung, in: JZ 1997, S. 534-544

Belter, Philipp: Zur Europäisierung von Krankenkassenleistungen - Die deutsche GKV nach den Entscheidungen des Europäischen Gerichtshofes in den Rechtssachen Kohll und Decker, in: Europablätter 1999, S. 3-10

Benicke, Christoph: EG-Wirtschaftsrecht und die Einrichtungen der freien Wohlfahrtspflege, in: ZFSH/SGB 1998, S. 22-35 (Anmerkung: Die "Zeitschrift für Sozialhilfe und Sozialgesetzbuch ZfSH/SGB - Monatszeitschrift für deutsches, ausländisches und internationales Sozialrecht und den europäischen Sozialraum" trägt seit Nr. 1 des 36. Jahrgangs den neuen Namen "ZFSH/SGB - Sozialrecht in Deutschland und Europa")

Berg, Werner: Grenzüberschreitende Krankenversicherungleistungen in der EU, in: EuZW 1999, S. 587-591

Beyer, Thomas C. W./Freitag, Wolfgang: Das Sozialrecht in den Zeiten des Binnenmarktes - EuGH, EuZW 1998, 217, 343, 345, in: JuS 2000, S. 852-856

Bergmann, Jan Michael: Grundstrukturen der Europäischen Gemeinschaft und Grundzüge des gemeinschaftlichen Sozialrechts, in: SGb 1998, S. 449-461

Bieback, Karl-Jürgen: Die Kranken- und Pflegeversicherung im Wettbewerbsrecht der EG, in: EWS 1999, S. 361-372

Bieback, Karl-Jürgen: Diskriminierungs- und Behinderungsverbote im europäischen Sozialrecht, in: SGb 1994, S. 301-309

Bieback, Karl-Jürgen: Krankheit und Mutterschaft, in: Eichenhofer, Eberhard (Hrsg.), Reform des Europäischen koordinierenden Sozialrechts, Köln u. a. 1993, S. 55-71 (zit.: Bieback, in: Eichenhofer (Hrsg.), Reform)

Bieback, Karl-Jürgen: Soziale Sicherung für den Fall der Krankheit und Mutterschaft, in: Europäisches Sozialrecht, Schriftenreihe des Deutschen Sozialrechtsverbandes (SDSRV) Band 36, Wiesbaden 1992, S. 51-69 (zit.: Bieback, SDSRV Bd. 36)

Bleckmann, Albert: Europarecht, 6. Auflage, Köln u. a. 1997 (zit.: Bearbeiter, in: Bleckmann, Europarecht)

Bleckmann, Albert: Begründung und Anwendungsbereich des Verhältnismäßigkeitsprinzips, in: JuS 1994, S. 177-183

Bokeloh, Arno: Die Koordinierung der sozialen Sicherungssysteme innerhalb der Gemeinschaft, in: Leben und Arbeiten in Europa, Europäische Union und Sozialpolitik, Bonn 2000, S. 139-143 (zit.: Bokeloh, in: Leben und Arbeiten in Europa)

Bokeloh, Arno: Export von Pflegeleistungen innerhalb der Europäischen Union, in: Zentrum für Europäisches Wirtschaftsrecht (Hrsg.), Die Krankenversicherung in der Europäischen Union, 8. Bonner Europa-Symposion 1997, S. 115-162 (zit.: Bokeloh, in: Zentrum für Europäisches Wirtschaftsrecht (Hrsg.), 1997)

Brackmann, Kurt: Handbuch der Sozialversicherung, Band1/3 - Gesetzliche Krankenversicherung, Soziale Pfegeversicherung, 12. Auflage, Loseblattsammlung, St. Augustin, Stand: April 2002 (zit.: Bearbeiter, in: Brackmann, Handbuch der Sozialversicherung)

Burgi, Martin: Die öffentlichen Unternehmen im Gefüge des primären Gemeinschaftsrechts, in: EuR 1997, S. 261-290

Calliess, Christian/Ruffert, Matthias (Hrsg.): Kommentar zum EU-Vertrag und EG-Vertrag, 2. Auflage, Neuwied/Kriftel 2002 (zit.: Bearbeiter, in: Calliess/Ruffert (Hrsg.), EUV/EGV)

Capelli, F.: The free movement of professionals in the European Community, in: Schermers, Henry G./Flinterman, Cees/Kellermann, Alfred E./van Haersolte, Johan C./van de Meent, Gert-Wim A. (Hrsg.): Free Movement of Persons in Europe, Legal Problems and Experiences, Dordrecht u. a. 1993, S.437-449 (zit.: Capelli, in: Schermers u. a. (Hrsg.), Free Movement)

Dalichau, Gerhard/Grüner, Hans/Müller-Alten, Lutz: Pflegeversicherung, Sozialgesetzbuch (SGB) Elftes Buch (XI), Kommentar sowie Bundes-, Europa- und Landesrecht, Loseblattsammlung, Starnberg-Percha, Stand: Oktober 2002 (zit.: Dalichau/Grüner/Müller-Alten, SGB XI)

Dauses, Manfred A. (Hrsg.): Handbuch des EU-Wirtschaftsrechts, Band 1, Loseblattsammlung, München, Stand: März 2002 (zit.: Bearbeiter, in: Dauses (Hrsg.), Hdb. EU-WirtschaftsR)

Dautzenberg, Norbert: Der Vertrag von Maastricht, das neue Grundrecht auf allgemeine Freizügigkeit und die beschränkte Steuerpflicht der natürlichen Personen, in: BB 1993, S. 1563-1568

Devetzi, Stamatia: Die Kollisionsnormen des Europäischen Sozialrechts, Berlin 2000 (zit.: Devetzi)

Dietrich, Marcel: Die Freizügigkeit der Arbeitnehmer in der Europäischen Union - unter Berücksichtigung des schweizerischen Ausländerrechts -, Zürich 1995 (zit.: Dietrich)

Domscheit, Antje: Freier EG-Binnenmarkt rüttelt an den nationalen Sozialversicherungssystemen, in: KrV 1998, S. 246-250

Eberhartinger, Michael: Konvergenz und Neustrukturierung der Grundfreiheiten, in: EWS 1997, S. 43-52

Ebsen, Ingwer: Der Behandlungsanspruch des Versicherten in der gesetzlichen Krankenversicherung und das Leistungserbringungsrecht, in: Gitter, Wolfgang/Schulin, Bertram/Zacher, Hans F. (Hrsg.), Festschrift für Otto Ernst Krasney zum 65. Geburtstag, München 1997, S. 81-107 (zit.: Ebsen, in: Gitter/Schulin/Zacher (Hrsg.), FS für Krasney)

Eichenhofer, Eberhard: Sozialrecht, 3. Auflage, Tübingen 2000 (zit.: Eichenhofer, Sozialrecht)

Eichenhofer, Eberhard: Internationales Sozialrecht, München 1994 (zit.: Eichenhofer, Internationales Sozialrecht)

Eichenhofer, Eberhard: Der Zugang zu Leistungen der Kranken- und Pflegeversicherung der EU-Bürger - Situation des Koordinierungsrechts und Veränderungsbedarf, in: Igl, Gerhard (Hrsg.), Europäische Union und gesetzliche Krankenversicherung; Sozialpolitik in Europa, Band 3, Wiesbaden 2000, S. 45-59 (zit.: Eichenhofer, in: Igl (Hrsg.), Europäische Union und gesetzliche Krankenversicherung)

Eichenhofer, Eberhard: Dienstleistungsfreiheit und freier Warendverkehr als Rechtsgrundlagen für grenzüberschreitende Behandlungsleistungen, in: Zentrum für Europäisches Wirtschaftsrecht (Hrsg.), Grenzüberschreitende Behandlungsleistungen im Binnenmarkt, 11. Bonner Europa-Symposion 1999, S. 1-20 (zit.: Eichenhofer, in: Zentrum für Europäisches Wirtschaftsrecht (Hrsg.), 1999)

Eichenhofer, Eberhard: Das Europäische koordinierende Krankenversicherungsrecht nach den EuGH-Urteilen Kohll und Decker, in: VSSR 1999, S. 101-122

Eichenhofer, Eberhard: Export von Sozialleistungen nach Gemeinschaftsrecht, in: SGb 1999, S. 57-62

Eichenhofer, Eberhard: Europäische Wirksamkeit der Pflegeversicherung, in: NZA 1998, S. 742-743

Eichenhofer, Eberhard: Neuer Koordinierungsbedarf für Pflegeleistungen in Europa, in: Sieveking, Klaus (Hrsg.), Soziale Sicherung bei Pflegebedürftigkeit in der Europäischen Union, Baden-Baden 1998, S. 127-141 (zit.: Eichenhofer, in: Sieveking (Hrsg.), Soziale Sicherung bei Pflegebedürftigkeit)

Eichenhofer, Eberhard: Referat zum Thema "Soziale Rechte und Zugang zum Beruf", in: Hailbronner, Kay (Hrsg.), 30 Jahre Freizügigkeit in Europa - Beiträge anläßlich des Symposiums vom 3. bis 5. Dezember 1997 in Konstanz, Heidelberg 1998, S. 75-92 (zit.: Eichenhofer, in: Hailbronner (Hrsg.), 30 Jahre Freizügigkeit)

Eichenhofer, Eberhard: Umbau des Sozialstaats und Europarecht, in: VSSR 1997, S. 71-85

Eichenhofer, Eberhard: Einordnung der deutschen Pflegeversicherung in die Europäische Sozialpolitik, in: DGB (Hrsg.), Pflegeversicherung und ausländische Arbeitnehmer - Dokumentation der Fachtagung in Niederpöcking am 18. bis 20. September 1996, Düsseldorf 1997, S. 18-22 (zit.: Eichenhofer, in: DGB (Hrsg.), Pflegeversicherung und ausländische Arbeitnehmer)

Eichenhofer, Eberhard: Nationales und supranationales Sozialrecht, in: VSSR 1996, S. 187-204

Eichenhofer, Eberhard: Der Europäische Gerichtshof und das Europäische Sozialrecht, in: Due, Ole/Lutter, Marcus/Schwarze, Jürgen (Hrsg.), Festschrift für Ulrich Everling, Band 1, Baden-Baden 1995, S. 297-314 (zit.: Eichenhofer, in: Due/Lutter/Schwarze (Hrsg.), FS für Everling)

Eichenhofer, Eberhard: Europarechtliche Probleme der sozialen Pflegeversicherung, in: VSSR 1994, S. 323-339

Eichenhofer, Eberhard: Arbeitsförderung, in: Eichenhofer, Eberhard (Hrsg.), Reform des Europäischen koordinierenden Sozialrechts, Köln u. a. 1993, S. 101-106 (zit.: Eichenhofer, in: Eichenhofer (Hrsg.), Reform)

Eichenhofer, Eberhard: Die Rolle des Europäischen Gerichtshofes bei der Entwicklung des Europäischen Sozialrechts, in: SGb 1992, S. 573-580

Epiney, Astrid: Umgekehrte Diskriminierungen, Köln u. a. 1995 (zit.: Epiney)

Everling, Matthias: Leistungsexport der gesetzlichen Krankenversicherer - Genügt die VO Nr. 1408/71 den Anforderungen der Dienstleistungsfreiheit, Art. 59 EGV?, in: Zentrum für Europäisches Wirtschaftsrecht (Hrsg.), Die Krankenversicherung in der Europäischen Union, 8. Bonner Europa-Symposion 1997, S. 67-114 (zit.: Everling, in: Zentrum für Europäisches Wirtschaftsrecht (Hrsg.), 1997)

Everling, Ulrich: Das Niederlassungsrecht in der EG als Beschränkungsverbot - Tragweite und Grenzen, in: Schön, Wolfgang (Hrsg.), Gedächtnisschrift für Brigitte Knobbe-Keuk, Köln 1997, S. 607-625 (zit.: Everling, in: Schön (Hrsg.), GS für Knobbe-Keuk)

Everling, Ulrich: Vertragsverhandlungen 1957 und Vertragspraxis 1987 - dargestellt an den Kapiteln Niederlassungsrecht und Dienstleistungen des EWG-Vertrages -, in: Mestmäcker, Ernst-Joachim/Möller, Hans/Schwarz, Hans-Peter (Hrsg.), Eine Ordnungspolitik für Europa, Festschrift für Hans von der Groeben zu seinem 80. Geburtstag, Baden-Baden 1987, S. 111-130 (zit.: Everling, in: Mestmäcker/Möller/Schwarz (Hrsg.), FS für von der Groeben)

Fesenmair, Joseph: Öffentliche Dienstleistungsmonopole im europäischen Recht, Berlin 1996 (zit.: Fesenmair)

Fischer, Hans Georg: Europarecht, 3. Auflage, München 2001 (zit.: Fischer, Europarecht)

Fischer, Hans Georg: Die Unionsbürgerschaft, in: EuZW 1992, S. 566-569

Fuchs, Maximilian (Hrsg.): Kommentar zum Europäischen Sozialrecht, 3. Auflage, Baden-Baden 2002 (zit.: Bearbeiter, in: Fuchs (Hrsg.), Europäisches Sozialrecht)

Fuchs, Maximilian: Die Vereinbarkeit von Sozialversicherungmonopolen mit dem EG-Recht, in: ZIAS 1996, S. 339-354

Fuchs, Maximilian: Arbeitsunfall und Berufskrankheiten, in: Eichenhofer, Eberhard (Hrsg.), Reform des Europäischen koordinierenden Sozialrechts, Köln u. a. 1993, S. 93-99 (zit.: Fuchs, in: Eichenhofer (Hrsg.), Reform)

Füßer, Klaus: Die Vereinigung Europas und das Sozialversicherungsrecht: Konsequenzen der Molenaar-Entscheidung des EuGH, in: NJW 1998, S. 1762-1763

Füßer, Klaus: Transfer sozialversicherungsrechtlicher Komplexleistungen ins Ausland - zur Öffnungsbereitschaft des aktuellen Sozialversicherungsrechts aus der Sicht des europäischen Gemeinschaftsrechts, in: Arbeit und Sozialpolitik 9-10/97, S. 30-49

Gassner, Ulrich M.: Pflegeversicherung und Arbeitnehmerfreizügigkeit, in: NZS 1998, S. 313-318

Gassner, Ulrich M.: Dimensionen des allgemeinen Diskriminierungsverbots im Europäischen Sozialrecht, in: VSSR 1995, S. 255-275

Gassner, Ulrich M.: Der Einfluß des Europäischen Gemeinschaftsrechts in Rechtsetzung und Rechtsprechung auf die freien Heilberufe, in: ZfSH/SGB 1995, S. 470-483

Geiger, Rudolf: EUV/EGV, Kommentar, 3. Auflage, München 2000 (zit.: Geiger, EUV/EGV)

Giesen, Richard: Die Vorgaben des EG-Vertrages für das Internationale Sozialrecht, Köln u. a. 1999 (zit.: Giesen, Vorgaben des EG-Vertrages)

Giesen, Richard: Sozialversicherungsmonopol und EG-Vertrag - Eine Untersuchung am Beispiel der gesetzlichen Unfallversicherung in der Bundesrepublik Deutschland, Baden-Baden 1995 (zit.: Giesen, Sozialversicherungsmonopol)

Giesen, Richard: Die Konkurrenz von freiwilliger Sozialversicherung und Privatversicherung im europäischen Wettbewerbsrecht, in: VSSR 1996, S. 311-341

Giesen, Richard: Die Anwendung der sozialrechtlichen Aus- und Einstrahlungsregeln durch die Sozialversicherungsträger, in: NZS 1996, S. 309-313

Giesen, Richard: Pflegeversicherung und Europäisches Gemeinschaftsrecht, in: SGb 1994, S. 63-71

Gitter, Wolfgang/Schmitt, Jochem: Sozialrecht, 5. Auflage, München 2001 (zit.: Gitter/Schmitt, Sozialrecht)

Godry, Rainer: Krankenbehandlung ohne Grenzen - Anmerkungen zu einem Modellprojekt im niederländisch-deutschen Grenzgebiet, in: ZFSH/SGB 1997, S. 416-421

Göbel-Zimmermann, Ralph: Problemanzeigen des Aufenthaltsrechts von Unionsbürgern und ihrer Familienangehörigen unter besonderer Berücksichtigung aufenthaltsbeendender Maßnahmen, in: Hailbronner, Kay (Hrsg.), 30 Jahre Freizügigkeit in Europa - Beiträge anläßlich des Symposiums vom 3. bis 5. Dezember 1997 in Konstanz, Heidelberg 1998, S. 41-57 (zit.: Göbel-Zimmermann, in: Hailbronner (Hrsg.), 30 Jahre Freizügigkeit)

Grabitz, Eberhard/Hilf, Meinhard:
zu Art. 6 EGV: Kommentar zur Europäischen Union, Altband I, München, Stand: Oktober 1999
zu Art. 17, 18, 28 EG: Das Recht der Europäische Union, Band 1 EUV/EGV, Amsterdamer Fassung, München, Stand: Februar 2002
(zit.: Bearbeiter, in: Grabitz/Hilf)

Greber, Pierre-Yves/Kahil-Wolff, Bettina: Transformation von Systemen sozialer Sicherheit - Rechtsentwicklung unter dem Einfluß des Europäischen Rechts unter besonderer Berücksichtigung des Beispiels Schweiz, in: ZIAS 2000, S. 1-16

Greisler, Peter: Pflegeversicherung in der politischen Diskussion, in: Hopp, Franz Wilhelm/Mehl, Georg (Hrsg.), Versicherungen in Europa heute und morgen, Geburtstags-Schrift für Georg Büchner, Karlsruhe 1991, S. 583-586 (zit.: Greisler, in: Hopp/Mehl (Hrsg.), Versicherungen in Europa)

von der Groeben, Hans/Thiesing, Jochen/Ehlermann, Claus-Dieter (Hrsg.): Kommentar zum EU-/EG-Vertrag, 5. Auflage, Baden-Baden 1997
Band 1, Artikel A-F EUV, Artikel 1-84 EGV; Band 4, Art. 137-209a EGV (zit.: GTE-Bearbeiter)

Haack, Karl Hermann: Perspektiven der deutschen Sozial- und Gesundheitspolitik in Europa: Grundsätze und Zielvorstellungen, in: KrV 1998, S. 235-240

Hailbronner, Kay: Die soziale Dimension der EG-Freizügigkeit - Gleichbehandlung und Territorialitätsprinzip, in: EuZW 1991, S. 171-180

Hailbronner, Kay: Aufenthaltsbeschränkungen gegenüber EG-Angehörigen und neuere Entwicklungen im EG-Aufenthaltsrecht, in: ZAR 1985, S. 108-116

Hailbronner, Kay/Nachbaur, Andreas: Die Dienstleistungsfreiheit in der Rechtsprechung des EuGH, in: EuZW 1992, S. 105-113

Hänlein, Andreas/Kruse, Jürgen: Einflüsse des Europäischen Wettbewerbsrechts auf die Leistungserbringung in der gesetzlichen Krankenversicherung, in: NZS 2000, S. 165-176

Handoll, John: Free movement of Persons in the EU, Chichester u. a. 1995 (zit.: Handoll)

Haverkate, Görg/Huster, Stefan: Europäisches Sozialrecht, Baden-Baden 1999 (zit.: Haverkate/Huster)

Heine, Wolfgang: Transfer sozialversicherungsrechtlicher Komplexleistungen ins Ausland - zur Öffnungsbereitschaft des aktuellen Sozialversicherungsrechts aus der Sicht des Territorialitätsprinzips, in: Arbeit und Sozialpolitik 9-10/97, S. 9-29

Heinemann, Andreas: Grenzen staatlicher Monopole im EG-Vertrag, München 1996 (zit.: Heinemann)

Heinze, Meinhard: Die Auswirkungen der Rechtsprechung des Europäischen Gerichtshofes auf den Markt der substitutiven privaten Krankenversicherung, in: Verband der privaten Krankenversicherung e.V., PKV-Dokumentation 23, Perspektiven der PKV in Europa, Köln 1999, S. 41-62 (zit.: Heinze, PKV-Dokumentation 23)

Heinze, Meinhard: Die Gemeinschaftscharta der sozialen Grundrechte der Arbeitnehmer und die Vertragsrevision des Unionsvertrages 1996, in: Anzinger, Rudolf/Wank, Rolf (Hrsg.), Entwicklungen im Arbeitsrecht und Arbeitsschutzrecht, Festschrift für Otfried Wlotzke zum 70. Geburtstag, München 1996, S. 669-682 (zit.: Heinze, in: Anzinger/Wank (Hrsg.), FS für Wlotzke)

Heinze, Meinhard: Die substitutive private Krankenversicherung - ein Modell für Europa?, in: ZVersWiss, 85. Band, 1996, S. 281-303

Heinze, Meinhard: Europarechtliche Rahmenbedingungen der deutschen Unfallversicherung, in: Heinze, Meinhard/Schmitt, Jochem (Hrsg.), Festschrift für Wolfgang Gitter zum 65. Geburtstag am 30. Mai 1995, Wiesbaden 1995, S. 355-374 (zit.: Heinze, in: Heinze/Schmitt (Hrsg.), FS für Gitter)

Heinze, Meinhard: Zum Einfluß des europäischen Rechts auf das deutsche Arbeits- und Sozialrecht, in: Due, Ole/Lutter, Marcus/Schwarze, Jürgen (Hrsg.), Festschrift für Ulrich Everling, Band 1, Baden- Baden 1995, 433-445 (zit.: Heinze, in: Due/Lutter/Schwarze (Hrsg.), FS für Everling)

Heinze, Meinhard: Europarechtliche Rahmenbedingungen der deutschen Sozialversicherung, in: Die BG 1995, S. 89-98

Heinze, Meinhard: Der Einfluß der europäischen Integration auf die Sozialpolitik, in: Döring, Diether/Hauser, Richard (Hrsg.), Soziale Sicherheit in Gefahr - Zur Zukunft der Sozialpolitik, Frankfurt am Main 1995, S. 183-221 (zit.: Heinze, in: Döring/Hauser (Hrsg.), Soziale Sicherheit in Gefahr)

Heinze, Meinhard: Freiheit und Bindung bei der Leistungserbringung im Gesundheitswesen: Versorgung mit Arznei-, Heil- und Hilfsmitteln, in: Freiheit und Bindung bei der Leistungserbringung im Gesundheitswesen, Schriftenreihe des Deutschen Sozialrechtsverbandes (SDSRV) Band 38, Wiesbaden 1994, S. 69-86 (zit.: Heinze, SDSRV Bd. 38)

Heinze, Meinhard: Europa und das nationale Arbeits- und Sozialrecht - Maastricht und die Konsequenzen -, in: Heinze, Meinhard/Söllner, Alfred (Hrsg.), Arbeitsrecht in der Bewährung, Festschrift für Otto Rudolf Kissel zum 65. Geburtstag, München 1994, S. 363-386 (zit.: Heinze, in: Heinze/Söllner (Hrsg.), FS für Kissel)

Heinze, Meinhard: Europarecht im Spannungsverhältnis zum nationalen Arbeitsrecht - Von formaler Verdichtung zur offenen Arbeitsrechtsordnung -, in: ZfA 1992, S. 331-359

Herdegen, Matthias: Europarecht, 4. Auflage, München 2002 (zit.: Herdegen, Europarecht)

Heyer, Jörg: Diskriminierungs- und Beschränkungsverbot im Rahmen der gemeinschaftsrechtlichen Arbeitnehmerfreizügigkeit, Köln 1996 (zit.: Heyer)

Hintersteininger, Margit: Binnenmarkt und Diskriminierungsverbot, Berlin 1999 (zit: Hintersteininger)

Hof, Bernd: Auswirkungen und Konsequenzen der demographischen Entwicklung für die gesetzliche Kranken- und Pflegeversicherung, Verband der privaten Krankenversicherung e. V., PKV-Dokumentation 24, Köln 2001 (zit.: Hof, PKV-Dokumentation 24)

Hoffmann, Michael: Die Grundfreiheiten des EG-Vertrags als koordinationsrechtliche und gleichheitsrechtliche Abwehrrechte, Baden-Baden 2000 (zit.: Hoffmann)

Hollmann, Susanne/Schulz-Weidner, Wolfgang: Der Einfluß der EG auf das Gesundheitswesen der Mitgliedstaaten, in: ZIAS 1998, S. 180-214

Holloway, John: Social Policy Harmonisation in the European Community, Westmead 1981 (zit.: Holloway)

Huster, Stefan: Grundfragen der Exportpflichtigkeit im europäischen Sozialrecht, in: NZS 1999, S. 10-17

Ibenfeldt Schulz, Lisa: Leistungen bei Pflege in Dänemark, in: Sieveking, Klaus (Hrsg.), Soziale Sicherung bei Pflegebedürftigkeit in der Europäischen Union, Baden-Baden 1998, S. 99-106 (zit.: Ibenfeldt Schulz, in: Sieveking (Hrsg.), Soziale Sicherung bei Pflegebedürftigkeit)

Igl, Gerhard: Das neue Pflegeversicherungsrecht; Soziale Pflegeversicherung (Sozialgesetzbuch - Elftes Buch), München 1995 (zit.: Igl, Pflegeversicherungsrecht)

Igl, Gerhard: Pflegeversicherung als neuer Gegenstand sozialrechtlicher Regulierung, in: Sieveking, Klaus (Hrsg.), Soziale Sicherung bei Pflegebedürftigkeit in der Europäischen Union, Baden-Baden 1998, S. 19-34 (zit.: Igl, in: Sieveking (Hrsg.), Soziale Sicherung bei Pflegebedürftigkeit)

Igl, Gerhard: Probleme der europäischen Sozialrechtskoordinierung auf Grund von Veränderungen in den Sozialleistungssystemen der EU-Mitgliedstaaten, in: Gitter, Wolfgang/Schulin, Bertram/Zacher, Hans F. (Hrsg.), Festschrift für Otto Ernst Krasney zum 65. Geburtstag, München 1997, S. 199-220 (zit.: Igl, in: Gitter/Schulin/Zacher (Hrsg.), FS für Krasney)

Igl, Gerhard: Familienleistungen, in: Eichenhofer, Eberhard (Hrsg.), Reform des Europäischen koordinierenden Sozialrechts, Köln u. a. 1993, S. 109-115 (zit.: Igl, in: Eichenhofer (Hrsg.), Reform)

Igl, Gerhard/Stadelmann, Falk: Die Pflegeversicherung in Deutschland, in: Sieveking, Klaus (Hrsg.), Soziale Sicherung bei Pflegebedürftigkeit in der Europäischen Union, Baden-Baden 1998, S. 37-49 (zit.: Igl/Stadelmann, in: Sieveking (Hrsg.), Soziale Sicherung bei Pflegebedürftigkeit)

Immenga, Ulrich/Mestmäcker, Ernst-Joachim (Hrsg.): EG-Wettbewerbsrecht, Kommentar, Band II, München 1997 (zit.: Bearbeiter, in: Immenga/Mestmäcker (Hrsg.), EG-WbR)

Isensee, Josef: Soziale Sicherheit im europäischen Markt, in: VSSR 1996, S. 169-185.

Jäkel, Hans Karl: Pflegeversicherung - Möglichkeiten der Privaten Krankenversicherung (PKV), in: Hopp, Franz Wilhelm/Mehl, Georg (Hrsg.), Versicherungen in Europa heute und morgen, Geburtstags-Schrift für Georg Büchner, Karlsruhe 1991, S. 593-601 (zit.: Jäkel, in: Hopp/Mehl (Hrsg.), Versicherungen in Europa)

Kasseler Kommentar: Sozialversicherungsrecht, Band 1, Loseblattsammlung, München, Stand: August 2002 (zit.: KassKomm-Bearbeiter)

Kerschen, Nicole: Die Einführung einer Pflegeversicherung in Luxemburg - Die Grundlinien des Gesetzesentwurfes, in: Sieveking, Klaus (Hrsg.), Soziale Sicherung bei Pflegebedürftigkeit in der Europäischen Union, Baden-Baden 1998, S. 67-74 (zit.: Kerschen, in: Sieveking (Hrsg.), Soziale Sicherung bei Pflegebedürftigkeit, Luxemburg)

Kerschen, Nicole: Die neue "spezifische" Pflegeleistung in Frankreich, in: Sieveking, Klaus (Hrsg.), Soziale Sicherung bei Pflegebedürftigkeit in der Europäischen Union, Baden-Baden 1998, S. 75-80 (zit.: Kerschen, in: Sieveking (Hrsg.), Soziale Sicherung bei Pflegebedürftigkeit, Frankreich)

Ketelsen, Jörg Volker: Sozialhilfe und Gemeinschaftsrecht, in: ZSR 1990, S. 331-342

Kewenig, Wilhelm A.: Niederlassungsfreiheit, Freiheit des Dienstleistungsverkehrs und Inländerdiskriminierung, in: JZ 1990, S. 20-24

Kingreen, Thorsten: Die Struktur der Grundfreiheiten des Europäischen Gemeinschaftsrechts, Berlin 1999 (zit.: Kingreen)

Kirchberger, Stefan: Freizügigkeit und Qualitätssicherung in der EG: Ärzte und Pflegepersonal, in: Igl, Gerhard (Hrsg.), Europäische Union und gesetzliche Krankenversicherung; Sozialpolitik in Europa, Band 3, Wiesbaden 2000, S. 104-127 (zit.: Kirchberger, in: Igl (Hrsg.), Europäische Union und gesetzliche Krankenversicherung)

Klang, Klaus A.: Soziale Sicherheit und Freizügigkeit im EWG-Vertrag: Analyse der Grundsatzproblematik einer Norminterpretation durch den Gerichtshof der Europäischen Gemeinschaften, Baden-Baden 1986 (zit.: Klang)

Klein, Stefan: Deutsches Pflegeversicherungsrecht versus Europarecht? - Vereinbarkeit der deutschen Pflegeversicherung mit der europarechtlichen Arbeitnehmerfreizügigkeit, Baden-Baden 1998 (zit.: Klein)

Klie, Thomas/Krahmer, Utz (Hrsg.): Soziale Pflegeversicherung, Lehr- und Praxiskommentar (LPK-SGB XI), Baden-Baden 1998 (zit.: Bearbeiter, in: LPK-SGB XI)

Koch, Erich: Die Entscheidung des EuGH zum Leistungsexport des Pflegegeldes vom 5. März 1998 (Rs. C-160/96), in: ZFSH/SGB 1998, S. 451-454

Koenig, Christian/Pechstein, Matthias: Die Europäische Union - Der Vertrag von Maastricht, Tübingen 1995 (zit.: Koenig/Pechstein)

Kotalakidis, Nikolaos: Von der nationalen Staatsangehörigkeit zur Unionsbürgerschaft - Die Person und das Gemeinwesen, Baden-Baden 2000 (zit.: Kotalakidis)

Krasney, Otto: Zum Pflegegeld des § 37 SGB XI, in: SGb 1996, S. 253-256

Krauskopf, Dieter (Hrsg.): Soziale Krankenversicherung, Pflegeversicherung, Kommentar, Loseblattsammlung, München, Stand: April 2002 (zit.: Krauskopf-Bearbeiter, SozKV)

Kukla, Gerd: Erster Bericht über die Entwicklung der Pflegeversicherung, in: KrV 1998, S. 45-46

Kukla, Gerd: Export von Pflegegeld, in: KrV 1998, S. 251-253

Lackhoff, Klaus: Die Niederlassungsfreiheit des EGV - nur ein Gleichheits- oder auch ein Freiheitsrecht?, Berlin 2000 (zit.: Lackhoff)

Langer, Rose: Der Beitrag des Europäischen Gerichtshofs zu den gemeinschaftsrechtlichen Gestaltungsvorgaben für das Sozialrecht, in: Ebsen, Ingwer (Hrsg.), Europarechtliche Gestaltungsvorgaben für das deutsche Sozialrecht, Baden-Baden 2000, S. 43-56 (zit.: Langer, in: Ebsen (Hrsg.), Gestaltungsvorgaben)

Langer, Rose: Künftige rechtliche Koordinierung der Pflegeversicherung in Europa, in: Sieveking, Klaus (Hrsg.), Soziale Sicherung bei Pflegebedürftigkeit in der Europäischen Union, Baden-Baden 1998, S. 251-272 (zit.: Langer, in: Sieveking (Hrsg.), Soziale Sicherung bei Pflegebedürftigkeit)

Lenz, Carl Otto (Hrsg.): EG-Vertrag, Kommentar, 2. Auflage, Köln 1999 (zit.: Lenz-Bearbeiter)

Lenz, Otto/Lampert, Thomas: Gemeinsamer Binnenmarkt und Leistungserbringung in der Gesetzlichen Krankenversicherung - Konsequenzen der Rechtsprechung des EuGH in den Rechtssachen "Decker" und "Kohll" für den Arzneimittelmarkt in der Gesetzlichen Krankenversicherung, in: Pharma Recht 1999, S. 67-75 (Teil 1) und S. 96-102 (Teil 2)

Luthe, Ernst-Wilhelm: Privilegien der Freien Wohlfahrtspflege aus gemeinschaftsrechtlicher Sicht, in: SGb 2000, S. 505-516 und S. 585-595

Lyon-Caen, Antoine: Social Security and the principle of equal treatment in the treaty and regulation no. 1408/71, in: Departamento de Relacoes Internacionais e Convencoes de Seguranca Social, Social Security in Europe - Equality between nationals and non-nationals, Lisbon 1995, S. 45-73 (zit.: Lyon-Caen, in: Social Security in Europe)

Manin, Philippe: Les Communautés Européennes, L' Union Européenne, Droit Institutionnel, 3ème édition, Paris 1997 (zit.: Manin)

Marschner, Andreas (Hrsg.): Kommentar zum Pflege-Versicherungsgesetz (SGB XI), Loseblattsammlung, Neuwied u. a., Stand: August 2000 (zit.: Marschner, PflegeVG)

Martin, Denis: La libre circulation des personnes dans l'Union européenne, Bruxelles 1994 (zit.: Martin)

von Maydell, Bernd: Die dogmatischen Grundlagen des inter- und supranationalen Sozialrechts, in: VSSR 1973/1974, Band 1, S. 347-368

von Maydell, Bernd: Auf dem Wege zu einem gemeinsamen Markt für Gesundheitsleistungen in der Europäischen Gemeinschaft, in: VSSR 1999, S. 3-19

von Maydell, Bernd/Ruland, Franz (Hrsg.): Sozialrechtshandbuch (SRH), 2. Auflage, Neuwied u.a. 1996 (zit.: Bearbeiter, in: von Maydell/Ruland (Hrsg.), SRH)

Meyering, Gerhard: Der internationale Bezug, in: BArBl. 8-9/1994, S. 58-60

Meyering, Gerhard: Pflegebedürftigkeit - Internationale Erfahrungen, in: BArBl. 9/1993, S. 12-15

Müller-Graff, Peter-Christian: Dienstleistungsfreiheit und Erbringungsformen grenzüberschreitender Dienstleistungen, in: Leßmann, Herbert/Großfeld, Bernhard/Vollmer, Lothar (Hrsg.), Festschrift für Rudolf Lukes zum 65. Geburtstag, Köln u. a. 1989, S. 471-493 (zit.: Müller-Graff, in: Leßmann/Großfeld/Vollmer (Hrsg.), FS für Lukes)

Münnich, Lutz: Art. 7 EWGV und Inländerdiskriminierung, in: ZfRV 1992, S. 92-100

Nachbaur, Andreas: Anmerkung zu EuGH, Urt. v. 23. 2. 1994 - Rs. C-419/92 (Ingetraut Scholz/Opera Universitaria di Cagliari u. Cinzia Porcedda), in: EuZW 1994, S. 281-282

Neumann-Duesberg, Rüdiger: Grenzüberschreitende Behandlungsleistungen - Die Praxis in der gesetzlichen Krankenversicherung, in: Zentrum für Europäisches Wirtschaftsrecht (Hrsg.), Grenzüberschreitende Behandlungsleistungen im Binnenmarkt, 11. Bonner Europa-Symposion 1999, S. 21-38 (zit.: Neumann-Duesberg, in: Zentrum für Europäisches Wirtschaftsrecht (Hrsg.), 1999)

Neumann-Duesberg, Rüdiger: Krankenversicherung, in: Schulte, Bernd/Zacher, Hans F. (Hrsg.), Wechselwirkungen zwischen dem Europäischen Sozialrecht und dem Sozialrecht der Bundesrepublik Deutschland, Berlin 1991, S. 83-109 (zit.: Neumann-Duesberg, in: Schulte/Zacher (Hrsg.), Wechselwirkungen)

Nielsen, Ruth/Szyszczak, Erika: The Social Dimension of the European Community, Copenhagen 1991 (zit.: Nielsen/Szyszczak)

Nomos Kommentar zum Europäischen Sozialrecht, Loseblattsammlung, Grundwerk, Baden-Baden 1994 (zit.: Bearbeiter, in: NKES (Grundwerk))

Nomos Kommentar zum Europäischen Sozialrecht, Loseblattsammlung, Baden-Baden, Stand: Juni 1999 (zit.: Bearbeiter, in: NKES)

Novak, Meinhard: EG-Grundfreiheiten und Europäisches Sozialrecht, in: EuZW 1998, S. 366-369

Nowak, Carsten/Schnitzler, Jörg: Erweiterte Rechtfertigungsmöglichkeiten für mitgliedstaatliche Beschränkungen der EG-Grundfreiheiten, in: EuZW 2000, S. 627-631

Ohne Verfasser: Europareport, in: EuZW 1999, S. 642

Ohne Verfasser: Deutsche Pflegeversicherung vor dem EuGH, in: DOK 1996, S. 638

Ohne Verfasser: Pflegeversicherung - In Europa übliche Leistungen, in: ZfS 1992, S. 241

Okma, Kieke G. H.: Die Pflegeversicherung in den Niederlanden, in: Sieveking, Klaus (Hrsg.), Soziale Sicherung bei Pflegebedürftigkeit in der Europäischen Union, Baden-Baden 1998, S. 91-98 (zit.: Okma, in: Sieveking (Hrsg.), Soziale Sicherung bei Pflegebedürftigkeit)

Oppermann, Thomas: Europarecht, 2. Auflage, München 1999 (zit.: Oppermann, Europarecht)

Pechstein, Matthias/Bunk, Artur: Das Aufenthaltsrecht als Auffangrecht - Die fehlende unmittelbare Anwendbarkeit sowie die Reichweite des Art. 8a Abs. 1 EGV, in: EuGRZ 1997, S. 547-554

Pelzl, Alexander: Vorrang des Gemeinschaftsrechts auch gegenüber individuellen Verwaltungsakten, in: ELR 1999, S. 197-200

Peters-Lange, Susanne: Export des Pflegegeldes nach § 37 SGB XI in andere Mitgliedstaaten der EU?, in: ZfSH/SGB 1996, S. 624-627

Pfeil, Walter J.: Die Pflegevorsorge in Österreich, in: Sieveking, Klaus (Hrsg.), Soziale Sicherung bei Pflegebedürftigkeit in der Europäischen Union, Baden-Baden 1998, S. 51-66 (zit.: Pfeil, in: Sieveking (Hrsg.), Soziale Sicherung bei Pflegebedürftigkeit)

Pfeil, Walter J.: Die Neuregelung der Pflegevorsorge in Österreich, in: VSSR 1994, S. 185-217

Plute, Gerhard: Das Risiko der Pflegebedürftigkeit - Europäische Modelle, DOK 1996, S. 253-256

Plute, Gerhard: Dienstleistungsfreiheit und Leistungserbringer im Binnenmarkt der EU, in: DOK 1994, S. 421-425

Pompe, Peter: Leistungen der sozialen Sicherheit bei Alter und Invalidität für Wanderarbeitnehmer nach Europäischem Gemeinschaftsrecht, Köln u. a. 1986 (zit.: Pompe)

Reermann, Olaf: Referat zum Thema "Perspektiven, Probleme und Defizite bei der Umsetzung des EG-Freizügigkeitsrechts in Deutschland", in: Hailbronner, Kay (Hrsg.), 30 Jahre Freizügigkeit in Europa - Beiträge anläßlich des Symposiums vom 3. bis 5. Dezember 1997 in Konstanz, Heidelberg 1998, S. 9-19 (zit.: Reermann, in: Hailbronner (Hrsg.), 30 Jahre Freizügigkeit)

Regelin, Sabine: Berufliche Befähigungsnachweise und ihre Anerkennung, in: Preis, Ulrich/Oetker, Hartmut (Hrsg.), Europäisches Sozialrecht, EAS, Systematische Darstellungen, Teil B 2300, Loseblattsammlung, Heidelberg, Stand: November 2002 (zit.: Regelin, in: Preis/Oetker (Hrsg.), EAS)

Reindl, Petra: "Negative Dienstleistungsfreiheit" im EWG-Vertrag - Die Rechtsstellung der Nichterwerbstätigen als Empfänger von Dienstleistungen gemäß Art. 59 ff. EWG-Vertrag, München 1992 (zit.: Reindl)

Reitmaier, Marion-Angela: Inländerdiskriminierungen nach dem EWG-Vertrag, Kehl am Rhein/ Straßburg 1984 (zit.: Reitmaier)

Reuter-Krauß, Wiebke: Europäisches koordinierendes Sozialrecht aus Sicht der Bundesregierung, in: Schulte, Bernd/Barwig, Klaus (Hrsg.), Freizügigkeit und Soziale Sicherheit - Die Durchführung der Verordnung (EWG) 1408/71 über die Soziale Sicherheit der Wanderarbeitnehmer in Deutschland, Baden-Baden 1999, S. 387-395 (zit.: Reuter-Krauß, in: Schulte/Barwig (Hrsg.), Freizügigkeit und Soziale Sicherheit)

Rolfs, Christian: Europarechtliche Grenzen für die Monopole der Sozialversicherungsträger?, in: SGb 1998, S. 202-208

Roth, Wulf-Henning: Die Niederlassungsfreiheit zwischen Beschränkungs- und Diskriminierungsverbot, in: Schön, Wolfgang (Hrsg.), Gedächtnisschrift für Brigitte Knobbe-Keuk, Köln 1997, S. 729-742 (zit.: Roth, in: Schön (Hrsg.), GS für Knobbe-Keuk)

Roth, Wulf-Henning: Versicherungsmonopole und EWG-Vertrag, in: Baur, Jürgen F./Hopt, Klaus J./Mailänder, K. Peter, Festschrift für Ernst Steindorff zum 70. Geburtstag am 13. März 1990, Berlin/NewYork 1990, S. 1313-1332 (zit.: Roth, in: Baur/Hopt/Mailänder (Hrsg.), FS für Steindorff)

Rothgang, Heinz: Wettbewerb in der Pflegeversicherung, in: Igl, Gerhard (Hrsg.), Das Gesundheitswesen in der Wettbewerbsordnung; Sozialpolitik in Europa, Band 4, Wiesbaden 2000, S. 147-172 (zit.: Rothgang, in: Igl (Hrsg.), Gesundheitswesen)

Ruland, Franz: Europarechtliche Vorgaben für die gesetzliche Pflege- und Krankenversicherung, in: JuS 1999, S. 410-413

Sachs, Michael (Hrsg.): Grundgesetz, Kommentar, 3. Auflage, München 2003 (zit.: Bearbeiter, in: Sachs (Hrsg.), GG-Kommentar)

Sahmer, Sybille: Krankenversicherung in Europa - Die wettbewerbsrechtliche Stellung der Kranken- und Pflegeversicherungsträger im Bereich der freiwilligen Versicherung, in: NZS 1997, S. 260-266

Sánchez-Rodas Navarro, Cristina: Pflegeversicherung in Europa - Die spanische Perspektive, in: Sieveking, Klaus (Hrsg.), Soziale Sicherung bei Pflegebedürftigkeit in der Europäischen Union, Baden-Baden 1998, S. 81-90 (zit.: Sánchez-Rodas Navarro, in: Sieveking (Hrsg.), Soziale Sicherung bei Pflegebedürftigkeit)

Schaaf, Michael: Die Urteile des EuGH zur Leistungsgewährung in der GKV - Gefahr für die deutsche Gesundheitspolitik?, in: SGb 1999, S. 274-282

Schaaf, Michael: Das Pflegeurteil des Europäischen Gerichtshofs, in: WzS 1998, S. 204-212

Schäfer, Dieter: Läßt SGB XI (Euro-)Märkte zu? Oder: Über einige sozial-nützliche Ungereimtheiten des Pflege-(versicherungs-)Rechts, in: Ruland, Franz/von Maydell, Bernd Baron/ Papier, Hans-Jürgen (Hrsg.), Verfassung, Theorie und Praxis des Sozialstaats, Festschrift für Hans F. Zacher zum 70. Geburtstag, Heidelberg 1998, S. 895-917 (zit.: Schäfer, in: Ruland/ von Maydell/Papier (Hrsg.), FS für Zacher)

Schilling, Theodor: Gleichheitssatz und Inländerdiskriminierung, in: JZ 1994, S. 8-17

Schirp, Wolfgang: Pflegeversicherung und Freizügigkeit der Arbeitnehmer, in: NJW 1996, S. 1582-1583

Schmalz-Jacobsen, Cornelia: Referat zum Thema "Perspektiven, Probleme und Defizite bei der Umsetzung des EG-Freizügigkeitsrechts in Deutschland", in: Hailbronner, Kay (Hrsg.), 30 Jahre Freizügigkeit in Europa - Beiträge anläßlich des Symposiums vom 3. bis 5. Dezember 1997 in Konstanz, Heidelberg 1998, S. 3-7 (zit.: Schmalz-Jacobsen, in: Hailbronner (Hrsg.), 30 Jahre Freizügigkeit)

Schmid, Josef: Wohlfahrtsstaaten im Vergleich - Soziale Sicherungssysteme in Europa: Organisation, Finanzierung, Leistungen und Probleme, Opladen 1996 (zit.: Schmid, Wohlfahrtsstaaten)

Schötz, Jürgen: Soziale Pflegeversicherung im Rahmen des über- und zwischenstaatlichen Rechts, in: DAngVers 1995, S. 177-185

Schomburg, Horst/Schulz, Michael: Pflegeversicherungsgesetz, St. Augustin 1996 (zit.: Schomburg/Schulz, Pflegeversicherungsgesetz)

Schuler, Rolf: Das internationale Sozialrecht der Bundesrepublik Deutschland, Baden-Baden 1988 (zit.: Schuler, Das internationale Sozialrecht)

Schuler, Rolf: Die europarechtliche Koordinierung der Krankenversicherung der Rentner, in: SGb 2000, S. 523-527

Schuler, Rolf: Das Europäische koordinierende Sozialrecht aus der Sicht der Rechtsprechung, in: Schulte, Bernd/Barwig, Klaus (Hrsg.), Freizügigkeit und Soziale Sicherheit - Die Durchführung der Verordnung (EWG) 1408/71 über die Soziale Sicherheit der Wanderarbeitnehmer in Deutschland, Baden-Baden 1999, S. 233-251 (zit.: Schuler, in: Schulte/Barwig (Hrsg.), Freizügigkeit und Soziale Sicherheit)

Schuler, Rolf: Alter, Invalidität und Tod, in: Eichenhofer, Eberhard (Hrsg.), Reform des Europäischen koordinierenden Sozialrechts, Köln u. a. 1993, S. 75-89 (zit.: Schuler, in: Eichenhofer (Hrsg.), Reform)

Schulin, Bertram (Hrsg.): Handbuch des Sozialversicherungsrechts, Band 4, Pflegeversicherungsrecht, München 1997 (zit.: Bearbeiter, in: Schulin (Hrsg.), HS-PV)

Schulin, Bertram (Hrsg.): Handbuch des Sozialversicherungsrechts, Band 1, Krankenversicherungsrecht, München 1994 (zit.: Bearbeiter, in: Schulin (Hrsg.), HS-KV)

Schulin, Bertram: Grundstrukturen der sozialen Pflegeversicherung, in: Ruland, Franz/von Maydell, Bernd Baron/Papier, Hans-Jürgen (Hrsg.), Verfassung, Theorie und Praxis des Sozialstaats, Festschrift für Hans F. Zacher zum 70. Geburtstag, Heidelberg 1998, S. 1029-1046 (zit.: Schulin, in: Ruland/von Maydell/Papier (Hrsg.), FS für Zacher)

Schulin, Bertram: Die soziale Pflegeversicherung des SGB XI - Grundstrukturen und Probleme, in: NZS 1994, S. 433-444

Schulte, Bernd: Europäisches Wirtschaftsrecht und die Grundfreiheiten in der EU als Rahmenbedingungen für die nationale Sozialgesetzgebung - Erfahrungen in der Vergangenheit, Perspektiven für die Zukunft -, in: Ebsen, Ingwer (Hrsg.), Europarechtliche Gestaltungsvorgaben für das deutsche Sozialrecht, Baden-Baden 2000, S. 13-42 (zit.: Schulte, in: Ebsen (Hrsg.), Gestaltungsvorgaben)

Schulte, Bernd: Einführung in die Thematik der Tagung: Freizügigkeit und soziale Sicherheit, in: Schulte, Bernd/Barwig, Klaus (Hrsg.), Freizügigkeit und Soziale Sicherheit - Die Durchführung der Verordnung (EWG) 1408/71 über die Soziale Sicherheit der Wanderarbeitnehmer in Deutschland, Baden-Baden 1999, S. 39-88 (zit.: Schulte, in: Schulte/Barwig (Hrsg.), Freizügigkeit und Soziale Sicherheit)

Schulte, Bernd: "Zur Kur nach Abano Therme, zum Zahnarzt nach Antwerpen?" - Europäische Marktfreiheiten und nationales Krankenversicherungsrecht. Zugleich eine Anmerkung zur Rechtsprechung des EuGH zur Frage der Kostenerstattung im Rahmen der Krankenversicherung bei Inanspruchnahme von Leistungen im EG-Ausland (Rs. C-120/95 (Decker) u. C-158/96 (Kohll)), in: ZFSH/SGB 1999, S. 269-278 und S. 347-362

Schulte, Bernd: Referat zum Thema "Soziale Rechte und Zugang zum Beruf", in: Hailbronner, Kay (Hrsg.), 30 Jahre Freizügigkeit in Europa - Beiträge anläßlich des Symposiums vom 3. bis 5. Dezember 1997 in Konstanz, Heidelberg 1998, S. 93-114 (zit.: Schulte, in: Hailbronner (Hrsg.), 30 Jahre Freizügigkeit)

Schulte, Bernd: Europäisches Sozialrecht - Juristische Einführung und Überblick, in: Europäisches Sozialrecht, Schriftenreihe des Deutschen Sozialrechtsverbandes (SDSRV) Band 36, Wiesbaden 1992, S. 7-50 (zit.: Schulte, SDSRV Bd. 36)

Schultz, Klaus-Peter: Krankenkassen als Adressaten des Kartellrechts, in: NZS 1998, S. 269-274

Schulz-Weidner, Wolfgang: Sozialversicherungsmonopole - ihre Einordnung und ihre Zulässigkeit nach europäischem Wirtschaftsrecht am Beispiel der gesetzlichen Unfallversicherung, in: Ebsen, Ingwer (Hrsg.), Europarechtliche Gestaltungsvorgaben für das deutsche Sozialrecht, Baden-Baden 2000, S. 57-66 (zit.: Schulz-Weidner, in: Ebsen (Hrsg.), Gestaltungsvorgaben)

Schulz-Weidner, Wolfgang: Rechtliche Entwicklungen bei Krankenkassenleistungen im Ausland, in: KrV 1998, S. 241-245

Schumacher, Christoph: Einführungsreferat zum Thema "Grenzgänger: Soziale und steuerliche Aspekte", in: Hailbronner, Kay (Hrsg.), 30 Jahre Freizügigkeit in Europa - Beiträge anläßlich des Symposiums vom 3. bis 5. Dezember 1997 in Konstanz, Heidelberg 1998, S. 199-217 (zit.: Schumacher, in: Hailbronner (Hrsg.), 30 Jahre Freizügigkeit)

Schumacher-Hildebrand, Christoph: Sozialer Schutz und Europäische Union, in: Leben und Arbeiten in Europa, Bonn 2000, S. 144-148 (zit.: Schumacher-Hildebrand, in: Leben und Arbeiten in Europa)

Schwemer, Rolf-Oliver: Die Bindung des Gemeinschaftsgesetzgebers an die Grundfreiheiten, Frankfurt am Main 1995 (zit.: Schwemer)

Seehofer, Horst: Wir müssen die Auszehrung unserer Gesetzlichen Krankenversicherung verhindern, in: KrV 1998, S. 212

Sendler, Hans: Europäisches Gesundheitswesen offensiv gestalten, in: KrV 1998, S.285-290

Sesselmeier, Werner: Koreferat zu Diether Döring: Die Alterssicherung in der EU und veränderte erwerbsbiographische Muster, in: Schneider, Hilmar (Hrsg.), Europas Zukunft als Sozialstaat, Baden-Baden 2000, S. 34-38 (zit.: Sesselmeier, in: Schneider (Hrsg.), Europas Zukunft)

Sieveking, Klaus: Vorwort, in: Sieveking, Klaus (Hrsg.), Soziale Sicherung bei Pflegebedürftigkeit in der Europäischen Union, Baden-Baden 1998, S. 9-10 (zit.: Sieveking, in: Sieveking (Hrsg.), Soziale Sicherung bei Pflegebedürftigkeit)

Sieveking, Klaus: Pflegeversicherung und Migranten, in: ZAR 1997, S. 17-24

Sieveking, Klaus: Wie sind MigrantInnen von der Pflegeversicherung betroffen?, in: DGB (Hrsg.), Pflegeversicherung und ausländische Arbeitnehmer - Dokumentation der Fachtagung in Niederpöcking am 18. bis 20. September 1996, Düsseldorf 1997, S. 7-17 (zit.: Sieveking, in: DGB (Hrsg.), Pflegeversicherung und ausländische Arbeitnehmer)

Sodan, Helge: Anmerkung zu EuGH, Urteil v. 28. 4. 1998 - Rs. C-158/96 Raymond Kohll ./. Union des caisses de maladie, in: JZ 1998, S. 1168-1172

Sozialschutz bei Pflegebedürftigkeit im Alter in den 15 Mitgliedstaaten und in Norwegen; Zusammenfassung im Auftrag der Europäischen Kommission und des belgischen Ministers für soziale Angelegenheiten, Luxemburg 1999 (zit.: Sozialschutz bei Pflegebedürftigkeit)

Stahlberg, Jürgen: Europäisches Sozialrecht, Bonn 1997 (zit.: Stahlberg)

Terwey, Franz: Der Euro und die Deutsche Sozialversicherung - Modernisierung des Sozialschutzes in Europa, in: Europablätter 1998, S. 159-164

Thorslund, Mats: Home Care in Sweden: Past and Future Trends, in: Evers, Adalbert/van der Zanden, Gerard H. (Hrsg.), Better Care for Dependent People Living at Home - Meeting the New Agenda in Services for the Elderly, Bunnik 1993, S. 97-114 (zit.: Thorslund, in: Evers/van der Zanden (Hrsg.), Better Care)

Traupe, Christian A.: Anmerkung zu SG Koblenz, Urt. v. 27. 3. 1998 - S 4 P 412/97, in: NZS 1999, S. 89-91

Trenk-Hinterberger, Peter: Eigenverantwortung in der sozialen Pflegeversicherung, in: Ruland, Franz/von Maydell, Bernd Baron/Papier, Hans-Jürgen (Hrsg.), Verfassung, Theorie und Praxis des Sozialstaats, Festschrift für Hans F. Zacher zum 70. Geburtstag, Heidelberg 1998, S. 1163-1171 (zit.: Trenk-Hinterberger, in: Ruland/von Maydell/Papier (Hrsg.), FS für Zacher)

Udsching, Peter: SGB XI - Soziale Pflegeversicherung, Kommentar, München 1995 (zit.: Udsching, SGB XI)

Udsching, Peter: SGB XI - Soziale Pflegeversicherung, Kommentar, 2. Auflage, München 2000 (zit.: Udsching, SGB XI, 2. Auflage)

Udsching, Peter: Richtlinien in der Pflegeversicherung, in: Gitter, Wolfgang/Schulin, Bertram/ Zacher, Hans F. (Hrsg.), Festschrift für Otto Ernst Krasney zum 65. Geburtstag, München 1997, S. 677-696 (zit.: Udsching, in: Gitter/Schulin/Zacher (Hrsg.), FS für Krasney)

Veltmann, Doris: Der Anwendungsbereich des Freizügigkeitsrechts der Arbeitnehmer gem. Art. 48 EGV (Art. 39 EGV n. F.), Münster 2000 (zit.: Veltmann)

Verschueren, Herwig: The commision's proposal to extend regulation (EEC) No 1408/71 to third country nationals, in: Jorens, Yves/Schulte, Bernd (Hrsg.), European Social Security Law and Third Country Nationals, Bruxelles 1998, S. 187-208 (zit.: Verschueren, in: Jorens/ Schulte (Hrsg.), European Social Security Law)

Völker, Stefan: Passive Dienstleistungsfreiheit im Europäischen Gemeinschaftsrecht, Berlin 1990 (zit.: Völker)

Vollmer, Rudolf J./Vollmer, Patrick M.: Pflege-Handbuch, SGB XI, Soziale Pflegeversicherung, Band 1, Loseblattsammlung, Remagen, Stand: November 2002 (zit.: Vollmer, Pflege-Handbuch)

Vogel, Georg/Schaaf, Michael: Soziale Pflegeversicherung SGB XI, München 1995 (zit.: Vogel/ Schaaf, Soziale Pflegeversicherung)

Wagener, Andreas: Grenzüberschreitende stationäre Behandlung - Chancen und Risiken aus Sicht der Krankenhausträger, in: Zentrum für Europäisches Wirtschaftsrecht (Hrsg.), Grenzüberschreitende Behandlungsleistungen im Binnenmarkt, 11. Bonner Europa-Symposion 1999, S. 39-49 (zit.: Wagener, in: Zentrum für Europäisches Wirtschaftsrecht (Hrsg.), 1999)

Wallerath, Maximilian: Staatliche Regulierung und Wettbewerb im Recht sozialer Sicherung, in: VSSR 1997, S. 215-241

Wannagat, Georg (Hrsg.): Sozialgesetzbuch, Kommentar zum Recht des Sozialgesetzbuches, SGB XI - Pflegeversicherung, Loseblattsammlung, Köln u. a., Stand: März 2002 (zit.: Bearbeiter, in: Wannagat, SGB XI)

Weber, Axel/Leienbach, Volker: Die Systeme der Sozialen Sicherung in der Europäischen Union, 4. Auflage, Baden-Baden 2000 (zit.: Weber/Leienbach, Systeme der Sozialen Sicherung)

Weber, Axel/Leienbach, Volker/Dohle, Anne: Soziale Sicherung in Europa - Die Sozialversicherung in den Mitgliedstaaten der Europäischen Gemeinschaft, 2. Auflage, Baden-Baden 1991 (zit.: Weber/Leienbach/Dohle, Soziale Sicherung in Europa)

van der Weijden, C. J.: Workable Competition versus Workable Monopoly, in: Hermans, H. E. G. M./Casparie, A. F./Paelinck, J. H. P. (Hrsg.), Health Care in Europe after 1992, Aldershot u. a. 1992, S. 51-53 (zit.: van der Weijden, in: Hermans/Casparie/Paelinck (Hrsg.), Health Care in Europe)

Westerhäll, Lotta: Pflegebeihilfe und Unterstützung für ältere Menschen in Schweden aus der Sicht der Wanderarbeitnehmer, in: Sieveking, Klaus (Hrsg.), Soziale Sicherung bei Pflegebedürftigkeit in der Europäischen Union, Baden-Baden 1998, S. 107-124 (zit.: Westerhäll, in: Sieveking (Hrsg.), Soziale Sicherung bei Pflegebedürftigkeit)

Wetzel, Uwe: Die Dienstleistungsfreiheit nach den Art. 59-66 des EWG-Vertrages: Ein Beitrag zu Inhalt und Wirkungen des Primärrechts, Dortmund 1992 (zit.: Wetzel)

Wicke, Georg: Statement, in: Europäisches Sozialrecht, Schriftenreihe des Deutschen Sozialrechtsverbandes (SDSRV) Band 36, Wiesbaden 1992, S. 71-77 (zit.: Wicke, SDSRV Bd. 36)

Wicke, Vera: Symposium "Pflegeversicherung in Europa" - Diskussionsbericht -, in: EuroAS 1997, S. 74-76

von Wilmowsky, Peter: Zugang zu den öffentlichen Leistungen anderer Mitgliedstaaten (Das Integrationskonzept des EWG-Vertrags in der Leistungsverwaltung), in: ZaöRV Band 50 (1990), S. 231-278

Windschild, Günther: Global und historisch - Erwägungen zu den EuGH-Urteilen, in: KrV 1998, S. 254

Wollenschläger, Michael: Kommentar zum Thema "Soziale Rechte und Zugang zum Beruf", in: Hailbronner, Kay (Hrsg.), 30 Jahre Freizügigkeit in Europa - Beiträge anläßlich des Symposiums vom 3. bis 5. Dezember 1997 in Konstanz, Heidelberg 1998, S. 125-130 (zit.: Wollenschläger, in: Hailbronner (Hrsg.), 30 Jahre Freizügigkeit)

Zechel, Stephan: Die territorial begrenzte Leistungserbringung der Krankenkassen im Lichte des EG-Vertrags, Berlin 1995 (zit.: Zechel)

Zöllner, D./Großjohann, K.: Soziale Sicherung bei Pflegebedürftigkeit in europäischen Nachbarländern - Eine Untersuchung der Gesellschaft für sozialen Fortschritt -, in: Sozialer Fortschritt 1985, S. 193-197

Zuleeg, Manfred: Europarechtliche Probleme der gesetzlichen Pflegeversicherung - Leistungsexporte, Einordnung in das europarechtliche Leistungssystem, Koordinationsprobleme -, in: Ebsen, Ingwer (Hrsg.), Europarechtliche Gestaltungsvorgaben für das deutsche Sozialrecht, Baden-Baden 2000, S. 103-118 (zit.: Zuleeg, in: Ebsen (Hrsg.), Gestaltungsvorgaben)

Zuleeg, Manfred: Die Einwirkung des Europäischen Gemeinschaftsrechts auf die deutsche Pflegeversicherung, in: DVBl. 1997, S. 445-452

Zuleeg, Sigrid: Zur Einwirkung des Europäischen Gemeinschaftsrechts auf die Sozialhilfe nach dem Bundessozialhilfegesetz, in: NDV 1987, S. 342-347

FORUM ARBEITS- UND SOZIALRECHT

Ascheid, Reiner
Beweislastfragen im Kündigungsschutzprozeß
Bd. 1, 1989, 215 + XIX S.,
ISBN 978-3-89085-268-3, 24,54 € (vergriffen)

Braunert, Ulrich:
Schranken der kollektivrechtlichen Regelung
flexibler Arbeitszeitverträge
Bd. 2, 1990, 298 S.,
ISBN 978-3-89085-490-8, 35,28 €

Oberklus, Volkmar
Die rechtlichen Beziehungen des zu einem Tochterunternehmen
im Ausland entsandten Mitarbeiters zum Stammunternehmen
Bd. 3, 1991, 223 + XLVI S.,
ISBN 978-3-89085-510-3, 22,50 €

Urbatsch, Peter
Grundzüge der betrieblichen Altersversorgung und des
Versorgungsausgleichs. Unter besonderer Berücksichtigung der
neueren Änderungen im Recht der Scheidungsfolgen sowie der Reform
der Hinterbliebenenversorgung in der gesetzlichen Rentenversicherung
Bd. 4, 1991, 514 + LII S.,
ISBN 978-3-89085-603-2, 29,65 €

Hübner, Betina
Die individualrechtliche Versetzungsbefugnis und
Versetzungspflicht des Arbeitgebers unter besonderer
Berücksichtigung von Schwerbehinderten und
älteren Arbeitnehmern
Bd. 5, 1992, 233 + XXXV S.,
ISBN 978-3-89085-636-0, 24,54 €

Boerner, Dietmar
Altersgrenzen für die Beendigung von Arbeitsverhältnissen
in Tarifverträgen und Betriebsvereinbarungen.
Bd. 6, 1992, 356 S.,
ISBN 978-3-89085-705-3, 35,28 €

Schartel, Klaus
Rechtsprobleme unternehmensübergreifender
Sozialplandotierung
Bd. 7, 1992, 205 + XXXV S.,
ISBN 978-3-89085-711-4, 29,65 €

Fecker, Jörg
Rechte, Pflichten und Regelungsmöglichkeiten des
privaten Arbeitgebers im Hinblick auf Alkoholkonsum
von Arbeitnehmern. Unter Berücksichtigung der Alkoholkrankheit
Bd. 8, 1992, 297 + LX S.,
ISBN 978-3-89085-709-1, 34,77 €

CENTAURUS VERLAG

FORUM ARBEITS- UND SOZIALRECHT

Schulenburg, Werner Graf von der
Der tarifliche Rationalisierungsschutz im deutschen und schweizerischen privaten Bankgewerbe
Bd. 9, 1993, 239 S.,
ISBN 978-3-89085-718-3, 29,65 €

Federlin, Ulrich
Der kollektive Günstigkeitsvergleich
Bd. 10, 1993, 207 + XXX S.,
ISBN 978-3-89085-762-6, 29,65 €

Ricken, Oliver
Rechtliche Probleme bei der Standortplanung von medizinisch-technischen Großgeräten. Eine Untersuchung unter Berücksichtigung der Vorschriften des Gesundheits-Reformgesetzes und des Gesundheitsstrukturgesetzes
Bd. 11, 994, 224 S.,
ISBN 978-3-89085-979-8, 35,28 €

Robben-Vahrenhold, Andrea
Die Haftung der Treuhandanstalt für Sozialplanansprüche der Arbeitnehmer
Bd. 12, 1995, 142 S.,
ISBN 978-3-89085-998-9, 29,65 €

Lohse, Eva
Grenzen gesetzlicher Mitbestimmung. Eine Untersuchung neuerer Tendenzen der Rechtsprechung zur Mitbestimmung in Arbeitszeitfragen
Bd. 13, 1995, 194 + XXXIV S.,
ISBN 978-3-8255-0053-5, 34,77 €

Poletti, Elisabeth
Auswirkungen fehlender oder fehlerhafter Beteiligung des Betriebsrats bei der Versetzung auf das Einzelarbeitsverhältnis
Bd. 14, 1996, 226 + XXII S.,
ISBN 978-3-8255-0057-3, 35,28 €

Sievers, Jochen
Die mittelbare Diskriminierung im Arbeitsrecht
Bd. 15, 1997, 192 S.,
ISBN 978-3-8255-0136-5, 35,28 €

Trefz, Ulrich
Der Rechtsschutz gegen die Entscheidung der Schiedsstellen nach § 18 a KHG
Bd. 16, 2002, 386 S.,
ISBN 978-3-8255-0385-7, 34,80 €

CENTAURUS VERLAG

If you have any concerns about our products,
you can contact us on
ProductSafety@springernature.com

In case Publisher is established outside the EU,
the EU authorized representative is:
**Springer Nature Customer Service Center GmbH
Europaplatz 3, 69115 Heidelberg, Germany**

Printed by Libri Plureos GmbH
in Hamburg, Germany